GW01606322

Cura tu soledad

ERIKA J. CHOPICH
Y
MARGARET PAUL

Cura tu soledad

Cómo encontrar el amor y la plenitud a través de Tu Niño Interior

MADRID - MÉXICO - BUENOS AIRES - SANTIAGO
2022

Título del original inglés: HEALING YOUR ALONELESS

Diseño de la cubierta: Gerardo Domínguez

Editorial Edaf, S. L. U.
Jorge Juan, 68. 28009 Madrid, España
Tel. (34) 91 435 82 60 - Fax (34) 91 431 52 81
http://www.edaf.net
edaf@edaf.net

Algaba Ediciones, S. A. de C. V.
Calle 21 - Poniente 3701. Colonia Belisario Domínguez
Puebla 72180, México
Tel. 52 22 22 11 13 87
jaime.breton@edaf.com.mx

Edaf del Plata, S. A.
Chile, 2222
1227 Buenos Aires, Argentina
Tel./Fax (54) 11 43 08 52 22
edaf4@speedy.com.ar

Edaf Chile, S. A.
Avda. Charles Aranguiz Sandoval, 0367, Ex. Circunvalación
Puente Alto, Santiago, Chile
Tel. (56) 2/335 75 11 - (56) 2/334 84 17 - Fax (56) 2/231 13 97
comercialedafchile@edafchile.cl

11.ª edición, junio 2022

ISBN: 978-84-414-3181-2
Depósito legal: M-23.137-2012

PRINTED IN SPAIN IMPRESO EN ESPAÑA

Cofas, S. A., Móstoles (Madrid)

En recuerdo de mi tía, Lucile Ralph, veterana de la Segunda Guerra Mundial, cuyo espíritu de niña está siempre conmigo. Y a Danielle Ray, mi hija «adoptiva», cuyo espíritu valiente ayuda a desarrollarse a mi Adulto amoroso.

ERIKA J. CHOPICH

A mis padres, Charlotte e Izzy Brustein,
y a mi tía, Anne Louis, por su amor y su
apoyo incondicionales.

MARGARET PAUL

Índice

SEGUNDA PARTE

PROCESOS

Prefacio

En todos los libros de autoayuda se plantean las mismas preguntas: ¿Por qué existen tantos matrimonios infelices? ¿Por qué existe tanta delincuencia, tanta violencia y tanto odio? ¿Por qué existe tanta tensión, tanta angustia y tantas enfermedades? ¿Por qué existen tantas personas infelices, tantas personas que sufren, tantas personas con poco amor propio, tantas personas que se sienten solas y vacías?

Nuestra cultura está saturada de personas que son adictas a algo: al alcohol, a las drogas, a la comida, al tabaco, al trabajo, a la televisión, al dinero, al poder, a las relaciones personales, a la religión, a la aprobación por los demás, a ser tuteladas, al sexo, al afecto, a las aventuras amorosas... modos, todos ellos, de llenarnos desde fuera de nosotros mismos.

¿Por qué? ¿Por qué estamos tan vacíos que buscamos continuamente nuevos modos de llenarnos desde fuera? ¿Qué ha sucedido en nuestra sociedad para producirnos tal vacío?

Nuestra sociedad atraviesa una crisis espiritual profunda, una crisis que es consecuencia de haber seguido un camino equivocado hace millares de años. Estamos viviendo las consecuencias de habernos desconectado internamente de nuestros propios corazones, una desconexión que empezó antes incluso del nacimiento de Cristo.

El estado natural humano es un corazón lleno hasta el borde de amor y de luz; tan lleno que se desborda y vierte amor y luz en cada aliento. Pero muchos de nosotros estamos lejos de ese estado natural; tan lejos, que no sentimos más que una sensación de vacío en nuestros corazones. Y cuando nuestros corazones están vacíos, y cuando no sabemos cómo llenarlos desde dentro, entonces solo nos queda intentar llenarlos desde fuera. Las adicciones y la codependencia no son más que eso: intentar llenarse desde fuera.

Nuestro mundo se encuentra en una encrucijada. Cada uno de nosotros nos vemos obligados a elegir entre el amor, la paz y la vida, o el miedo, la guerra y la muerte. Hemos conseguido muchas cosas en este planeta, pero ¿a qué precio? A pesar de todo lo que hemos conseguido, todavía nos queda la contaminación del agua y del aire, las guerras, el hambre, la delincuencia, el miedo y el sufrimiento. ¿Qué es lo que ha fallado? ¿Qué es lo que falta en el mundo en su conjunto, y en nuestras relaciones personales, en nuestras familias y en nosotros mismos?

La supervivencia de nuestro planeta depende de que todos comprendamos y vivamos el hecho de que todos somos uno. Cuando somos capaces de mirar a los demás seres humanos con un sentimiento de unidad, ya no podemos seguir haciéndonos violencia los unos a los otros física ni emocionalmente. Solo podremos conseguir este sentimiento de unidad con toda la vida cuando nos sintamos unificados dentro de nosotros mismos. Solo podemos trascender nuestro sentimiento de aislamiento y de soledad a base de vivir la plenitud y la conexión interiores.

Cuando nos desconectamos de nosotros mismos, nos sentimos solos, y nos sentimos solos porque no podemos conectar con los demás hasta que no conectamos con nosotros mismos. Este libro trata de cómo llegamos a desconectarnos tanto de nosotros mismos y de cómo podemos reconectarnos y aprender a llenarnos a nosotros mismos desde dentro. Trata de cómo aprendimos a abandonarnos a nosotros mismos y de lo que debemos hacer para amarnos a nosotros mismos. Solo cuando nos amamos a nosotros mismos se llenan nuestros corazones y el amor desborda sobre los demás. No podemos amar a los demás más de lo que nos amamos a nosotros mismos, y no podemos recibir el amor de los demás mientras no recibamos el nuestro propio.

Reconocimientos

Deseamos expresar nuestro agradecimiento a Michael Toms, nuestro editor, que apreció el valor de nuestro libro y nos puso en contacto con la editorial Harper & Row.

Damos las gracias a los doctores David y Rebeca Grudermeyer y a Jackie Benster, que leyeron el manuscrito y nos ofrecieron muchos comentarios útiles.

Asimismo, damos las gracias a Sheryl Paul y a Danielle Ray, que leyeron el manuscrito y lo llevaron a la práctica en sus propias vidas.

Sobre todo, queremos manifestar nuestro agradecimiento a nuestros pacientes, que se han compartido a sí mismos con nosotros, nos han permitido presentar sus sesiones como ejemplo y han escrito diversos pasajes que reproducimos en el libro.

Introducción

Este libro trata del Niño Interior que se encuentra dentro de todo ser humano y de la necesidad de conectar a ese Niño con su Adulto Interior amoroso. Erika Chopich, una de las autoras, describe así su propia vivencia de su Niño Interior y de su Adulto Interior.

> No conozco a nadie que no se haya sentido verdaderamente aislado y solo en algún momento determinado. Parece que algunas personas tienen un sentimiento crónico y fastidioso de soledad interior. Otras están en un estado constante de conflicto en sus relaciones personales: tiran cada una de la otra para quitarse de encima sus sentimientos de soledad, o intentan asegurarse de que no se quedarán solas. Parece que todo el mundo pasa una buena parte del tiempo ocupándose de sentimientos de aislamiento y de soledad. Es posible que todos los libros, todos los seminarios y todas las psicoterapias no pretendan en realidad más que una sola cosa: ayudarnos a sentirnos conectados para que no nos sintamos solos.
>
> Yo tuve una infancia muy difícil y aislada, pero superé pronto los sentimientos de soledad adoptando a mi Niño Interior. Siempre me pregunté por qué la gente prefería sentirse sola a hablar con su Niño Interior.
>
> En cierta reunión de uno de mis grupos de mujeres estábamos hablando de cómo teníamos que escuchar a nuestro Niño Interior. Apenas acababa yo de aludir al tema cuando una mujer,

Charlene, me pidió más información al respecto. Quería saber exactamente lo que yo quería decir cuando hablaba del «Niño Interior» y de la conexión entre «el Adulto Interior y el Niño Interior», y aspiraba firmemente a ampliar su comprensión de la cuestión. Fue la insistencia, la franqueza y la dedicación de Charlene a su desarrollo lo que me movió a describir por primera vez algo que yo había creído que todas las personas hacían de manera natural.

Yo siempre mantenía diálogos amorosos interiores entre mi Adulta y mi Niña. Recuerdo que cuando todavía era una niña pequeña mi Adulta consultaba a mi Niña preguntándole lo que quería, y mi Niña consultaba a mi Adulta para comprender las cuestiones externas y sobre cómo se debían hacer las cosas en el mundo. Aunque yo no atribuí hasta hace poco tiempo a mi proceso interior las etiquetas de Adulta y Niña, dicho proceso interior me parecía tan natural que no se me había ocurrido que las demás personas pudieran no tenerlo.

Expliqué a Charlene mis diálogos interiores y describí los diálogos que mantenía yo en voz alta cuando me encontraba en una situación de estrés. Cuando hablé del sentimiento de amor y de confianza que existe entre mi Adulta y mi Niña, las asistentes al grupo empezaron a emocionarse. Charlene me hacía preguntas y más preguntas; mientras yo respondía, empezó a suceder algo nuevo dentro del grupo.

La otra coautora de este libro, Margaret Paul, describe así el modo en que conoció por primera vez el conocimiento que tuvo Erika de su Niña y Adulta Interiores y el efecto que tuvo sobre ella tal descubrimiento.

He dedicado mi vida a una búsqueda espiritual hacia dentro. Mis metas han sido ser un ser humano lleno de amor y encontrar la paz y la alegría interiores.

Soy psicoterapeuta, y he desarrollado un método de terapia al que llamo «terapia de intención». La Terapia de Intención se basa en la teoría de que en la vida solo existen dos intenciones básicas: la intención de protegernos y la intención de aprender. La mayoría de nosotros, sobre todo cuando sentimos molestias, dolor o miedo, hemos aprendido a guardarnos de conocer estos sentimientos, de vivirlos y de aceptar responsabilidades por los mismos. Nos protegemos mediante la desconexión de diversos modos de estos sentimientos. La intención de protegernos nos deja encasillados en unos modos de conducta que perpetúan el mismo miedo y dolor que intentamos evitar.

Cuando descubrí hace algunos años que teníamos otra opción, a saber, la opción de aprender de nuestro dolor y de descubrir así vías para salir de estos sentimientos, emprendí un proceso intensivo dentro de mí misma. Y tuve éxito, hasta cierto punto. Me sentí más poderosa dentro de mí misma y más capaz de amar a los demás con constancia. Pero todavía faltaba algo. Todavía me sentía sola dentro de mí algunas veces, y solía sentirme sola cerca de los demás. Todavía no sentía la paz y alegría profundas que sabía posibles y que había sentido en ciertas ocasiones, y por más que lo intentase no era capaz de imaginarme lo que marchaba mal.

Cierto día Erika habló conmigo a la salida de una sesión de sus grupos de mujeres. Me dijo: «Hoy ha pasado una cosa en el grupo, una cosa que me ha emocionado. Charlene empezó a hacerme preguntas sobre mis procesos internos, y yo me puse a describir la conexión entre mi Adulta y mi Niña. Las mujeres del grupo lo encontraron apasionante».

Mientras Erika me refería lo que había contado al grupo, yo sentí un escalofrío de emoción. ¡Sí! ¡Era verdad! ¡Allí había algo muy emocionante! Todo lo que había dentro de mí cobró vida, y supe que Erika había descubierto algo maravilloso, aunque tardé una semana en comprender plenamente aquello de lo que estaba hablando ella y en penetrar su poder. Yo ya conocía y había practicado el «trabajo con el niño interior», que consistía en estudiar los sentimientos que yo había tenido de niña e intentar curarlos a través del amor de los demás. Pero Erika estaba hablando de algo diferente. Estaba hablando de una relación interior de amor, de lo que ahora llamamos *terapia de enlace interior.*

Ya llevo cierto tiempo trabajando profundamente con mi Adulta Interior y mi Niña Interior amorosas, y todo ha cambiado en mi vida. Como consecuencia de escuchar a mi Niña Interior y de ser amorosa con ella, me di cuenta de que todavía estaba desempeñando el papel de tutora en mi matrimonio, y que aquello me hacía muy infeliz y me dejaba constantemente agotada y enferma. Cuando me retiré por fin de aquel papel, mi matrimonio sufrió convulsiones y terminó en una separación. Mi matrimonio y tener una familia completa han sido factores muy importantes para mí; de modo que este cambio es muy difícil. Pero nunca he sido más feliz en toda mi vida. Las personas que llevaban tiempo sin verme me dicen que tengo un aspecto radiante y yo me encuentro radiante en mi interior en muchas ocasiones. He encontrado la paz que me faltaba y que llevaba buscando tanto tiempo, y es muy emocionante.

Ha sido muy importante para mí comprender que la intención de aprender es fundamental para cualquier desarrollo; pero no bastaba con eso. Lo que ha marcado la diferencia ha sido comprender que la intención de aprender significa *aprender de y con el Niño Interior, y asumir las responsabilidades de todos los sentimientos del Niño Interior.* Podemos tener la intención de aprender acerca del mundo. Podemos tener la intención de aprender acerca de otra persona. Pero mientras no tengamos la intención de aprender de y con nuestro Niño Interior, no curaremos nuestro aislamiento interior ni alcanzaremos la plenitud.

Primera parte

Comprender al Niño y al Adulto Interiores

Capítulo 1
Usted tiene un Niño Interior

> Todas las personas que llamamos «genios» son hombres y mujeres que evitaron, de algún modo, que ese niño curioso e inquisitivo que llevaban dentro se echara a dormir.
>
> Barbara Sher
> *Wishcraft*

Todos nosotros tenemos dos aspectos diferenciados en nuestra personalidad: el Adulto y el Niño. Cuando estas dos partes están conectadas y funcionan juntas, existe un sentimiento interior de plenitud. Pero cuando estas dos partes están desconectadas, por estar heridas, disfuncionales o poco desarrolladas, existe un sentimiento interior de conflicto, de vacío y de soledad.

Es muy importante contar con una comprensión clara y positiva del Niño Interior. En nuestra cultura los niños han sido considerados tradicionalmente como inferiores a los adultos: menos importantes y menos dotados de saber. Cuando éramos niños, lo más frecuente era que nos viésemos a nosotros mismos como impotentes; de modo que solemos hacer equivalentes los conceptos de impotencia y de insignificancia con la idea de ser niños. Además de ello, podemos considerar que nuestro Niño Interior es un alborotador. Dado que no nos valoraron con justeza cuando éramos niños, puede resultarnos difícil valorar al Niño que llevamos dentro. Es posible que despreciemos su importancia, perpetuando así nuestras vivencias de la infancia creando una desconexión dentro de nosotros mismos que causa a su vez nuestro sufrimiento. Es esencial que comprendamos y valoremos a nuestro Niño para que podamos alcanzar la plenitud.

Una definición del Niño Interior

El Niño Interior tiene una gama completa de emociones intensas: alegría y dolor, felicidad y tristeza. El Niño Interior funciona en los modos propios del hemisferio cerebral derecho: *ser, sentir* y *vivenciar,* por oposición al Adulto, que funciona en los modos propios del hemisferio cerebral izquierdo: *hacer, pensar y actuar,* pero que también tiene una gama completa de sentimientos. El «hacer» está relacionado con el mundo físico externo y con llevar a cabo una acción, mientras que el «ser» se refiere al existir a un nivel interno, emocional y espiritual. «Hacer» es una experiencia externa, mientras que «ser» es una vivencia interior.

He aquí un ejemplo en el que Erika cuenta en sus propias palabras cómo consoló a su Niña Interior en un momento de aflicción repentina e intensa.

Me quedó muy claro cómo funcionamos de verdad en un viaje que hicimos a San Diego un amigo mío y yo. Fuimos a Sea World para ver una nueva cría de orca que había nacido. Mientras observábamos a aquel ballenato recién nacido me puse a buscar por la piscina a mi amigo Orky, un macho adulto de orca con el que me había familiarizado. Yo quería mucho a Orky y lo reconocía a primera vista, pero no lo veía en la piscina.

De pronto sentí un escalofrío cuando vi que salían unos buceadores de una piscina de aislamiento que estaba situada en la parte posterior del auditorio. Supe que Orky había muerto. Corrimos desesperadamente hasta el otro lado de la piscina y preguntamos a los cuidadores qué había sucedido. Nos dijeron que no pasaba nada. Me señalaron una pequeña orca negra, una hembra, y me dijeron que aquella era Orky. Yo sabía que no era ella. Mis temores se hicieron realidad cuando hablé con uno de los buceadores.

Me quedé inmediatamente anonadada de aflicción y de tristeza. Mis dos partes estaban tristes y lloraban, pero cada una de las partes vivía aquella aflicción desde un lugar diferente. Mi parte de Adulta no solo estaba triste, sino que estaba indignada. Estaba enfadada porque me habían mentido, y me preocupaba saber qué tipo de cuidados había recibido Orky. El primer impulso que procedía de mi Adulta era el de *hacer* algo, buscar a un responsable y exigirle una explicación. Después escuché la voz de mi Niña Interior. A ella no le importaba quién había intervenido en aquello, ni cómo ni por qué había sucedido. Sufría demasiado como para estar enfadada. Lo único que sabía era que había perdido a su amigo grandullón y que no volvería a verlo nunca. Se sentía tremendamente mal por el hecho de que no la dejasen siquiera despedirse de él.

Decidí que yo era responsable, sobre todo, de mi Niña Interior, y que antes de hacer ninguna otra cosa debería dejarle *ser* y resolver en primer lugar su aflicción. De modo que nos sentamos en un banco y pasamos algunos minutos llorando. Me alegré de haber tomado la decisión de esperar a que la Niña estuviera preparada antes de emprender mis investigaciones. Si yo no le hubiera concedido ese rato y esa vivencia, me habría resultado mucho más difícil resolver mi aflicción. Mi Niña Interior no solo habría sentido la pérdida de Orky, sino también la pérdida de mi cariño.

El Niño es nuestra parte «instintiva», nuestros «sentimientos viscerales». Algunos han llamado al Niño «el inconsciente»; pero si es inconsciente es solo porque le hemos prestado muy poca atención. El inconsciente resulta plenamente accesible por la conciencia cuando queremos saber algo acerca de él. Nuestro Niño Interior contiene nuestros sentimientos, nuestros recuerdos y nuestras vivencias de la infancia, que podemos recordar cuando aspiramos a aprender de nuestro Niño Interior.

Podemos considerar al Niño de dos maneras diferentes: el Niño cuando está siendo amado por el Adulto Interior, y el Niño cuando no está siendo amado, cuando es criticado, descuidado y abandonado por el Adulto Interior. Hay un único Niño Interior. En cualquier momento dado, ese Niño está siendo amado por el Adulto Interior o no lo está siendo; y sus sentimientos y su conducta proceden directamente de la decisión por parte del Adulto de conocer los deseos del Niño, sus necesidades y sus sentimientos, y de responsabilizarse de ellos, o bien de protegerse de este conocimiento y de esta responsabilidad.

El Niño No amado

Cuando el Adulto Interior opta por protegerse de vivenciar y de ser responsable de los sentimientos y de las necesidades del Niño, entonces el Adulto se desconecta del Niño a través de diversas formas de avergonzamiento, de descuido y de indulgencia. Al final, el Niño se siente no amado, abandonado y muy solo en su interior. El Niño llega a la conclusión de que debe de ser malo, erróneo, indigno de ser amado, insignificante, inadecuado o falto, pues de lo contrario no habría sido abandonado en primer lugar por los adultos externos (sus padres y abuelos) y, por fin, por el Adulto Interior. Las desconexiones externas e internas producen dentro del Niño un intenso miedo, culpabilidad y vergüenza, y sentimientos de estar solo en el mundo y de soledad interior. El Niño aprende a temer el sentimiento de ser rechazado, abandonado y controlado, por sus tutores externos primero y por su Adulto Interior más adelante, y con el tiempo proyecta esos miedos sobre los demás, creyendo generalmente que los demás lo están rechazando o abandonando, o que intentan controlarlo.

El sentimiento de soledad es el más duro para nosotros. Es tan profundo el dolor que nos provoca que todos nos esforzamos mucho por protegernos de sentirlo. Cuando nuestros padres y otros adultos nos rechazan, nos avergüenzan, nos abandonan y nos maltratan de niños, el dolor de su abandono es tan insoportable que el Adulto Interior se desconecta del Niño Interior para no vivir estos sentimientos. Entonces, el Niño Interior no solo se siente aislado y solo en el mundo, sino que también se siente solo y aislado en su interior, sin tener a nadie dentro de sí que lo proteja del daño que le puedan hacer los demás.

Cuando vamos desarrollándonos, el Niño Interior aprende a proyectar sobre los demás la vivencia interior del abandono. Si el Niño

Interior se siente controlado, criticado o descuidado por el Adulto Interior, suele proyectar este sentimiento sobre los demás, y siente que los demás son controladores, críticos o dados al abandono, sea verdad o no. La ira que siente el Niño Interior hacia el Adulto Interior por abandonarlo se proyecta normalmente sobre los demás. El Niño llega a creer que el abandono es solo externo, porque el Niño no tiene ninguna manera de expresar su ira al Adulto Interior. El Adulto Interior no amoroso no está disponible para prestar oídos a los sentimientos del Niño Interior. La ira y el reproche que sentimos hacia los demás cuando somos adultos no solo son una proyección sobre los demás del rechazo paterno externo, sino también del abandono interior.

El Niño Interior abandonado tiene un miedo constante a ser incorrecto porque cree que el rechazo procede del hecho de ser incorrecto. Aspira, por tanto, a descubrir la manera «correcta» de estar en el mundo. Se vuelve adicto a los imperativos y a las reglas como medio para controlar el rechazo. Desarrolla la necesidad de ser perfecto y la creencia de que es posible ser perfectos. El perfeccionismo y el miedo a ser incorrectos son síntomas de la desconexión interna entre el Adulto y el Niño.

El Niño Interior abandonado, que se siente desesperadamente vacío, aislado y solo, y no cuenta con un Adulto Interior que le ayude a enfrentarse a la soledad del abandono externo, recurre a diversas adicciones para llenarse a sí mismo. Este Niño Interior herido, abandonado, sobrevive a la vergüenza y al dolor que le infligen sus tutores primarios y se vuelve adicto a una amplia gama de sustancias o de conductas. Anne Wilson Schaef afirma, en su obra

When Society Becomes an Addict, que un 96% de nuestra población es adicta a sustancias y a procesos. Son adicciones a sustancias las adicciones al alcohol, a las drogas, a la comida, al azúcar, a la cafeína y a la nicotina. Las adicciones a procesos se pueden clasificar en dos categorías diferenciadas: la adicción a personas (codependencia) y la adicción a cosas y actividades. El Niño Interior puede volverse adicto a la televisión, a los deportes, al sueño, al ejercicio, al poder, al dinero, a gastar dinero, a los juegos de azar, a hurtar en las tiendas, a la lectura, a hablar, a hablar por teléfono, a la meditación, a la religión, al dramatismo, al peligro, a ser atractivo, a las preocupaciones, a discurrir, e incluso al sufrimiento y a la depresión como modo de llenar el vacío. El Niño Interior recurre a las sustancias, a las cosas y a las actividades como vía de escape ante el dolor de la soledad y del aislamiento interiores.

El Niño puede volverse adicto, por añadidura, a una relación personal, al sexo, a las relaciones amorosas, al amor y a recibir aprobación. Todo Niño necesita recibir aprobación por parte de los demás. Cuando no puede recibir la aprobación del Adulto Interior, no le queda más posibilidad que intentar recibir amor y aprobación por parte de los demás. El sentido que tiene el individuo de su adecuación y de la medida en que es merecedor de ser amado se asocia con la aprobación por parte de los demás cuando su Adulto Interior no es amoroso. Esto es lo que llamaremos «menesterosidad»: la necesidad que tenemos de los demás para sentirnos bien con nosotros mismos. Esta menesterosidad de aprobación exterior inspira unos miedos profundos al rechazo y al dominio por parte de aquellos cuya aprobación desea el Niño. La aprobación, el sexo y el amor se convierten en los caminos por los que el Niño Interior intenta huir de su soledad intolerable, *sin darse cuenta nunca de que no puede tener lugar la conexión externa con los demás sin que exista una conexión interior con uno mismo.*

Cuando creemos que necesitamos amor, sexo o aprobación para sentirnos bien, pero nos sentimos no merecedores de amor en nuestro interior, entonces creemos que necesitamos controlar el modo en que conseguimos ese amor y esa aprobación y el modo en que evitamos el rechazo. El Niño Interior abandonado y menesteroso intenta controlar el modo en que los demás lo tratan y los sentimientos que tienen acerca de él a fuerza de infundirles culpabilidades y miedos. Lo hace por medio de la irritación, la ira, los reproches, la suspensión silenciosa del amor, la escrupulosidad, las rabietas, la violencia, los pucheros, el llanto, o mintiendo, dando lecciones o explicaciones, haciendo preguntas o contando sus sentimientos. El Niño Interior, que se siente desesperadamente solo y aislado, obra bajo una falsa creencia. Se dice: «Puedo hacer que los demás me amen, me vean, me oigan y me aprueben; que conecten conmigo y que me den más de lo que deseo. Cuando lo hagan así, me sentiré bien conmigo mismo». El Niño Interior que está desesperadamente solo y asustado suele ser impulsivo, individualista, con poco control de su propia conducta. Cuanto más profundo es el abandono interno, más desesperadamente procura el Niño aliviar el dolor y más actuará de maneras destructivas y autodestructivas. Es muy importante darse cuenta de que *este no es nuestro verdadero Niño Interior; este es nuestro Niño Interior cuando ha sido abandonado externa e internamente.*

Otro camino por el que el Niño Interior puede intentar controlar es a través de la conformidad y el cuidado de los demás. El Niño se convierte en la niña o el niño «bueno», que deja de lado sus propias necesidades a favor de las de los demás. Este Niño actúa como un adulto, asumiendo la tarea de arreglar las cosas para todos, o convirtiéndose en excesivamente agradable y seductor. Cuando nos dedicamos a obedecer las reglas, a cuidar de los demás, a capacitar, o irradiamos amabilidad, estamos actuando según unas creencias falsas. Estamos diciendo: «Yo no cuento. Lo que yo quiera o sienta no tiene importancia. Los deseos y los sentimientos de los demás son más importantes que los míos. Puedo conseguir que la gente me ame o me apruebe a base de ser agradable o seductor». Todas son maneras de comportarse del Niño Interior abandonado ante los demás para conseguir amor y para protegerse del rechazo y del abandono.

El miedo a ser dominado y absorbido es tan poderoso como el miedo a ser rechazado y abandonado. Cuando se activa este miedo, cosa que puede suceder cuando alguien quiere controlarnos o quiere algo de nosotros, nuestro Niño Interior abandonado se protege por medio de algún tipo de resistencia. Reaccionando con nuestro Niño Interior abandonado podemos ponernos a la defensiva como reacción ante lo que quiere o siente alguien; o podemos negar lo que sentimos, o lo que hemos hecho. O bien, podemos recurrir al distanciamiento o a la indiferencia, perdiéndonos en una actividad o embotándonos con una sustancia. Podemos inflexibilizar nuestro punto de vista, o podemos rebelarnos y hacer lo contrario de lo que quiere de nosotros la otra persona. O bien es posible que aceptemos obedecer las reglas, pero en la práctica nos resistimos por incompe-

Desconexión del Adulto Interior con respecto al Niño Interior

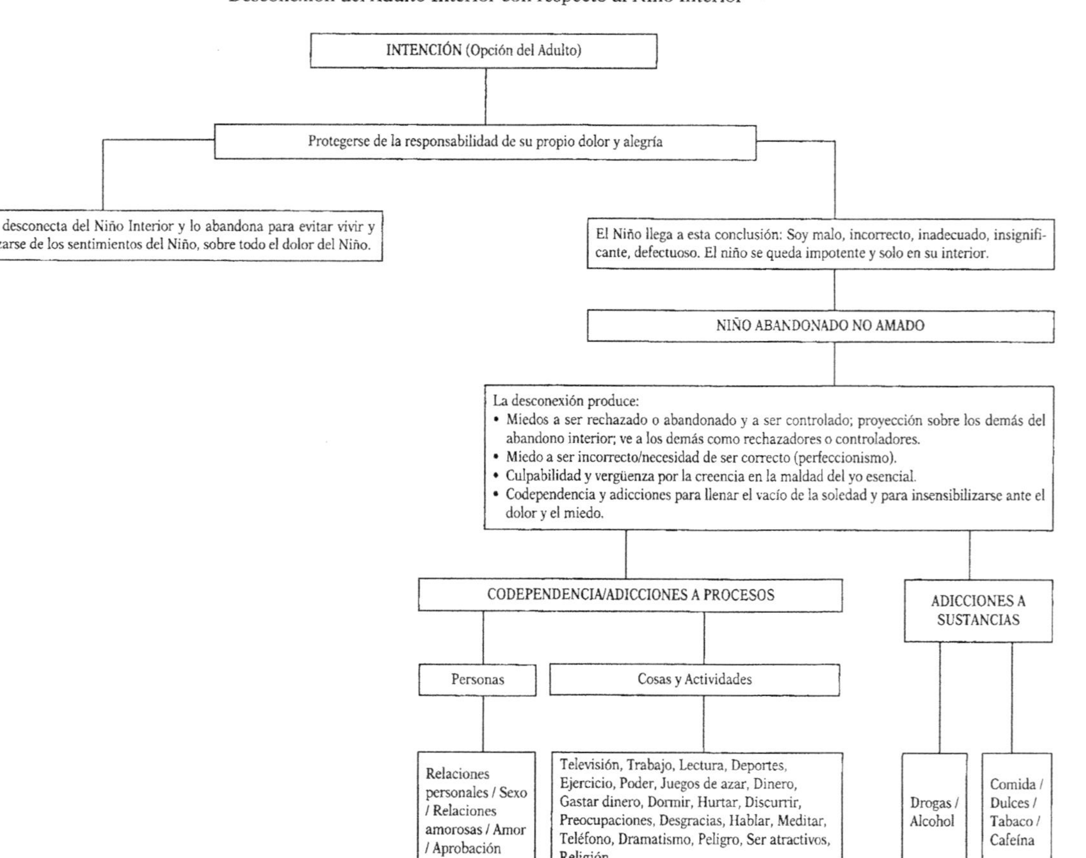

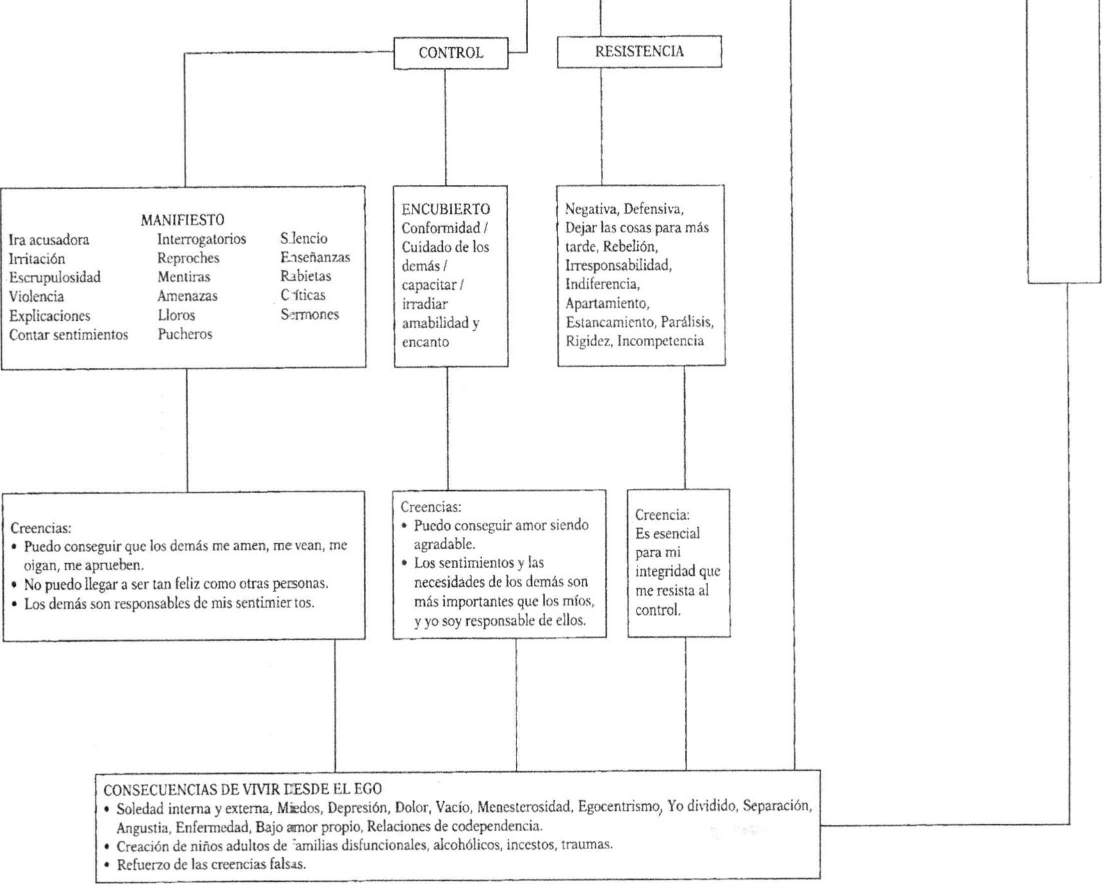
CONTROL
RESISTENCIA
MANIFIESTO
Ira acusadora
Irritación
Escrupulosidad
Violencia
Explicaciones
Contar sentimientos
Interrogatorios
Reproches
Mentiras
Amenazas
Lloros
Pucheros
Silencio
Enseñanzas
Rabietas
Críticas
Sermones
ENCUBIERTO
Conformidad / Cuidado de los demás / capacitar / irradiar amabilidad y encanto
Negativa, Defensiva, Dejar las cosas para más tarde, Rebelión, Irresponsabilidad, Indiferencia, Apartamiento, Estancamiento, Parálisis, Rigidez, Incompetencia
Creencias:
• Puedo conseguir que los demás me amen, me vean, me oigan, me aprueben.
• No puedo llegar a ser tan feliz como otras personas.
• Los demás son responsables de mis sentimientos.
Creencias:
• Puedo conseguir amor siendo agradable.
• Los sentimientos y las necesidades de los demás son más importantes que los míos, y yo soy responsable de ellos.
Creencia:
Es esencial para mi integridad que me resista al control.
CONSECUENCIAS DE VIVIR DESDE EL EGO
• Soledad interna y externa, Miedos, Depresión, Dolor, Vacío, Menesterosidad, Egocentrismo, Yo dividido, Separación, Angustia, Enfermedad, Bajo amor propio, Relaciones de codependencia.
• Creación de niños adultos de familias disfuncionales, alcohólicos, incestos, traumas.
• Refuerzo de las creencias falsas.

tencia, olvidándonos de las cosas o dejándolas para más tarde. Esta conducta proviene de la falsa creencia de que no ser controlados es más importante que cualquier otra cosa. La persona que mantiene estas pautas de conducta está diciendo: «Si hago lo que quiere otra persona (aunque sea algo que yo también quiero), me perderé a mí mismo y perderé mi integridad». Las personas que se resisten no deciden por sí mismas lo que quieren. Se limitan a resistirse a lo que quieren los demás para ellas o de ellas. En realidad, su propia resistencia las está controlando, a pesar de que esta resistencia había de servir para evitar que los demás las controlasen.

El Niño Interior abandonado (ver el esquema de las páginas 34 y 35) hace todo lo que puede para protegerse por los medios que acabamos de exponer, pero todas estas protecciones terminan por generar cada vez más soledad externa e interna.

El Niño amado

Cuando el Niño se siente amado, entonces es el Niño natural que tenemos dentro. Es nuestra vivacidad, nuestro entusiasmo y nuestro sentido del asombro. El Niño amado que tenemos dentro es tan especial que el más breve de los contactos con él nos abre a la alegría absoluta de vivir. El Niño amado es enérgico y está lleno de pasión, de ludicidad y de curiosidad, y siempre es receptivo ante nuevas ideas y experiencias. El Niño Interior natural es nuestra creatividad, nuestra intuición y nuestra capacidad de confiar. Cuando el Niño Interior fue amado de niño por sus tutores, o ha sido repaternizado con amor por el Adulto Interior durante mucho tiempo, entonces es blando, sensible, fluido y está muy lleno de amor. Dentro del Niño amado se encuentra nuestra comprensión de la igualdad inherente de todas las personas y de la unidad de todo lo que es. El Niño amado es sabio y tiene saber de una manera holística, no lineal, lo que significa que extrae conclusiones a través de una totalidad de experiencias y de impresiones múltiples y simultáneas, más que a través del pensamiento lógico y lineal, paso a paso, que pertenece al reino del Adulto.

El Niño, que es conceptual más que lineal, contiene nuestra capacidad de mantener una conexión emocional y espiritual profunda con nosotros y con otras personas. Es el Niño amado quien puede decirnos lo que sentimos y lo que queremos, basándose en lo que *siente* como correcto o incorrecto. El Niño amado es la parte de nosotros que sabe lo que es mejor para nosotros, lo que sentimos como bueno o malo. Es los sentimientos que nos proporcionan una información precisa sobre lo que nos hace ser felices o infelices. Las personas que no están en contacto con su Niño Interior no están en contacto con muchos de sus sentimientos y no tienen acceso a esta fuente de conocimiento.

Nuestra sociedad ha infravalorado desde hace mucho tiempo la importancia de los sentimientos, idolatrando la lógica mientras degradaba la sabiduría que proviene de los sentimientos, fomentando el hemisferio cerebral izquierdo mientras despreciaba el derecho. Y la consecuencia ha sido un terrible desequilibrio: el poder de la lógica sin el poder de la sabiduría. La sabiduría es la acumulación de todas nuestras experiencias almacenadas como emociones. Cuando no somos capaces de *sentir* lo que es cierto, no podemos hacer uso de nuestra sabiduría.

Muchas personas, negando sus sentimientos y la sabiduría del Niño, han intentado establecer su identidad «haciendo», en lugar de «haciendo y siendo». ¿Está la identidad de la persona relacionada únicamente con lo que dicha persona hace? ¿Qué hay del ser? ¿Y la blandura, la ternura, la empatía, la capacidad de intuición, la conciencia y los sentimientos? ¿Y la curiosidad, la espontaneidad y la ludicidad? No accederemos a nuestro poder y a nuestra sabiduría plena mientras no veamos que estas cualidades son tan importantes como nuestros logros.

El Niño amado es empático: siente profundamente los sentimientos de los demás. Es este aspecto nuestro el que quiere rescatar a los demás para liberarlos de su dolor. Las personas que están conectadas con su Niño Interior reaccionan ante la vida con animación y espontaneidad. Son espontáneas de una manera adecuada: no son impulsivas y descontroladas, ni distanciadas e inhibidas.

Existe una gran diferencia entre ser «como niños» (animados y espontáneos) y ser «infantiles» (impulsivos y descontrolados). La gente suele confundir los dos conceptos: juzgan que la persona espontánea, la persona lúdica e imaginativa que tiene sentido del asombro, es inmadura o ingenua, y le recomiendan que «crezca de una vez». Como consecuencia, las personas suelen abandonar a su Niño Interior, o al menos intentan evitarlo. A los adultos que están desconectados de su Niño Interior les resulta enormemente difícil jugar y divertirse. Lo que la mayoría de ellos entienden por divertirse consiste en realizar actividades propias de los adultos:

asistir a un cóctel formal o ir a un buen restaurante o al cine, ver una competición deportiva, o emborracharse o drogarse.

El Niño Interior tiene una importancia crítica para nuestro bienestar. Nuestra capacidad de divertirnos depende de nuestro grado de acceso a nuestro Niño Interior. El verdadero juego es algo más que participar en una actividad, y es espontáneo más que planificado. Es una actitud que puede desencadenarse en cualquier parte. Puede vivirse en el zoológico o en un columpio o, incluso, simplemente esperando en la cola del supermercado o preparando la cena: está allí siempre que estamos abiertos a nuestro regocijo. Es un sentimiento fluido y estimulante de alegría llena de risas. ¿Cuándo fue la última vez que usted se soltó de verdad y se divirtió? Es muy frecuente que la única vez que nos permitamos tal cosa sea cuando nos enamoramos por primera vez. De algún modo podemos permitir que los amantes salten, bailen, canten, se hagan cosquillas y jueguen como niños, mientras que la misma conducta se considera inadecuada en las personas que no están «enamoradas». Es posible que sea este mismo aspecto del enamoramiento el que nos parece tan atractivo y vivificador a todos. Pero los jóvenes amantes deciden al poco tiempo que ha llegado el momento de ser responsables (y creen que eso quiere decir que tienen que dejar de hacer caso al Niño) y se desconectan del Niño, convirtiéndose en su totalidad en Adultos o en Niños abandonados. O bien se imponen sus miedos al rechazo y al control y las protecciones ante los mismos, y ellos se desconectan lentamente de los sentimientos del Niño. Con el tiempo se presentan un día en nuestra consulta, donde se quejan de que, aparentemente, sus relaciones personales han perdido vida y de que ya no saben cómo volver a conectar. En algunos casos optan por separarse y seguir cada uno por su camino en busca de un nuevo compañero de juegos para iniciar de nuevo el ciclo completo. Esto no suele ser necesario siempre que acepten la responsabilidad de sus propios sentimientos y asuman la intención de aprender con su propio Niño Interior.

Nuestra sensualidad (la vivencia profunda del tacto, el gusto, el olfato y el oído) pertenece al Niño. Los niños son sensuales. Viven la vida a través de sus sentidos y con la totalidad de sus cuerpos. Intervienen plenamente en cada vivencia con una inocencia libre de juicios de valor porque están así completamente en el momento. Caminan con soltura y libertad y cantan cuando les apetece cantar. Tocan casi todo lo que ven. Y, lo que es más importante todavía, les encanta abrazar y ser abrazados. En eso nos convertimos *nosotros* siempre que conectamos con nuestro Niño Interior. La mayoría nos decimos: «Hay un tiempo para jugar y un tiempo para trabajar, y cuando llegue el momento de jugar, *entonces* conectaré con mi Niño Interior». Pero ¡imagínese cómo fluiría su vida si pasase la mayor parte de ella, incluso su horario de trabajo, en un lugar lúdico, creativo y alegre!

Kate, una mujer que asiste a uno de nuestros grupos, es una de las personas más deliciosas que hemos conocido nunca. En vista de que siempre emana alegría y diversión, le pedimos que nos escribiera algo sobre el Niño Interior.

> Cuando Margie y Erika me propusieron que escribiese algo sobre el tema de la «ludicidad», me dio un salto el corazón. ¡Era un tema con el que sí que podía identificarme! Pero casi

me convencí a mí misma de no escribir nada, pensando que sería más práctico que escribiese sobre el tema otra persona que hubiera tenido que luchar por recuperar a su Niño después de haberlo perdido mucho tiempo atrás, pues mi Niña ha dominado prácticamente mi personalidad durante toda mi vida.

Cuando oigo hablar a otras personas de dar permiso al Niño Interior para que salga a jugar; cuando veo el dolor reflejado en los rostros de aquellos a los que cuesta tanto dejar que el Niño interior se exprese en sus vidas a través de la ludicidad, de la alegría, de la felicidad y de la diversión, entonces me entristezco mucho. Apenas soy capaz de comprender lo que se debe sentir en esa situación, pues mi Niña es una parte muy fuerte de mí. ¿Dar voz al Niño? Creo que la mía habla fuerte y claro. ¿Darle *permiso* para que salga? ¡La mía lo dirige todo! Ahora tengo treinta y siete años, y todavía me siento como una niña en un cuerpo de adulta.

Yo recibí los mismos mensajes que casi todo el mundo: que creciese de una vez, que me formalizase, que fuera seria, que fuera responsable... en esencia, que dejara de divertirme. Cuando mis padres, mis maestros u otros adultos me reñían, reprendían o sermoneaban, yo no lo asumía profundamente. Modificaba quizá mi conducta en el momento, pero no cambiaba mi ser. Creo que cuando era muy pequeña ya sabía que la razón por la que yo estaba en este planeta era en buena parte para tomar posesión de la alegría, de la felicidad y del amor a la vida con los que había llegado aquí, y vivirlos plenamente mientras caminase por la superficie de esta tierra. Sabía que tenía un tesoro; que este era una parte esencial de mí, y que era importante conservarlo. Los mensajes negativos debían de resbalarme por la espalda. Veía lo agradable que era ser tan regocijada y feliz, y veía cuánta luz aportaba mi pequeño ser a las vidas de los demás. Quizá no supieran que era bueno para ellos, pero ¡yo lo sabía bien!

Para que no crean que he vivido una vida encantada que me haya hecho más fácil seguir en contacto con mi Niña lúdica, voy a hablarles un poco de mí misma. Me crié en una pequeña población del Sur de los Estados Unidos, donde las normas de educación y la conducta propia de una «señorita» tenían una importancia absoluta, y me decían miles de veces que me comportase o que no me comportase de una manera determinada; pues, de lo contrario, «¿qué iban a pensar los vecinos?». Por otra parte, en mi familia éramos baptistas sureños estrictos, y los mensajes que yo recibía indicándome que siguiera por el camino recto no solo procedían de mi madre, sino de Dios. Mi vida de adulta tampoco ha sido un camino de rosas. Me casé a los veinticuatro años, y mi marido se mató un año más tarde en un accidente de aviación, cuando yo estaba embarazada de ocho meses y medio. En mi segundo matrimonio, siete años más tarde, he tenido que luchar con la adicción de mi marido a las drogas. Ha sido un camino largo y duro; he tenido que pasar la prueba de las drogas, las mentiras y la recuperación final. La capacidad de descubrir el lado bueno de las cosas, de abrazar los momentos felices mientras se curaba el dolor: estas fueron las decisiones que me permitieron conservar en mi corazón a la Niña amorosa.

Entonces, ¿qué quiere decir «ser lúdicos»? La ludicidad no requiere un entorno especial ni saberse una serie de trucos. Significa ser espontáneos, aprovechar todas las oportunidades para ser lúdicos *en el momento*. La primera pregunta que suele hacerse un niño suele ser: «¿Será divertido?». Creo que es importante que nos formulemos también esa pregunta los adultos. Yo sé, personalmente, que si algo no es divertido no suelo incluirlo en la lista de cosas que quiero hacer. Y cuando somos un poco creativos, podemos hacer divertidas hasta las tareas más corrientes. ¿Nunca se han subido en el carrito del supermercado para echar una carrera hasta el coche?

Al ponerme a pensar y a escribir sobre la ludicidad me he dado cuenta de la enorme repercusión que ha tenido a la hora de determinar quién soy en el mundo, y cuánto me ha potenciado como persona. Mi ludicidad me ha vuelto, desde luego, menos defensiva, más abierta, más curiosa, más ávida de desarrollarme: igual que una niña. Busco los deleites y las maravillas en el mundo que me rodea; y ¿saben una cosa?, hay muchas; solo hay que buscarlas. Veo que mi ludicidad invita a los demás a ser lúdicos; veo que la gente se siente atraída por mí por ese motivo, y que mi felicidad ha curado muchos corazones. Creo que ese Niño pequeño amoroso está dentro de todos nosotros.

Y, para rematarlo todo, hasta mi mismo *trabajo* es divertido. Siempre he trabajado en el mundo del arte, pero solo en los cuatro o cinco últimos años he encontrado mi verdadera expresión, y he tenido mucho éxito con ella. Creo piezas únicas de arte que se llevan puestas desde la cabeza hasta los pies, y dispongo de absoluta libertad creadora en mi trabajo. Mis clientes suelen pedirme únicamente que lleve mi imaginación más lejos que en la obra anterior. Mi trabajo no solo mejora, sino que *necesita* de mi capacidad de permanecer en contacto con la parte de mi ser que ama la diversión, con mi Niña sensual, con mi Niña que está desinhibida y libre para crear desde el centro de su corazón.

Debo reconocer que en cierta época mi personalidad tan de niña parecía representar una pequeña desventaja: me daba miedo tomar posesión de mi poder como mujer, pues pensaba que ser poderosa supondría que tendría que renunciar a mi ludicidad. Cuando yo era joven, los adultos con los que me relacionaba en mi vida eran, con algunas excepciones notables, serios, formales y dignos. ¡Y yo llegué a la conclusión de que no quería ser así! De modo que la situación era, para mí, una disyuntiva, y yo opté por la Niña lúdica. Así, cuando fui adulta, me comportaba a veces como una niñita tímida, con miedo a ser desenvuelta, y dotada incluso de una voz de niñita. Solo fui consciente de ello cuando Margie me lo hizo ver un día, y advertí que ahora tenía a mi alrededor unos modelos de imitación *nuevos*, personas como Margie y Erika, que estaban en contacto con su ludicidad pero que también tomaban posesión de su poder como mujeres en el mundo. ¡Qué revelación fue esto para mí! Podía seguir vistiéndome como quería, hacer locuras o tonterías si me apetecía, y tomar posesión al mismo tiempo de mi poder como mujer. El hecho de ser consciente de ello ha representado una

> gran diferencia para mi vida. Ahora me siento como una persona plena; todavía soy como una niña en un cuerpo de adulta, pero tengo el poder de crear lo que quiero en mi vida, el poder de ser todo lo que puedo ser.

Cuando estamos conectados verdaderamente con nuestro Niño Interior, expresamos un sentido de poder interior y de control sobre nuestras propias vidas, y no es fácil que nos controlen los demás. Como los padres y la sociedad siempre han estado amenazados por la pérdida del control, todos recibimos muchos mensajes erróneos sobre quién es verdaderamente el Niño. De adultos solemos albergar muchas creencias falsas sobre el Niño Interior. Algunas de las creencias erróneas más comunes son las siguientes:

- El Niño Interior no existe en mí; es posible que exista en los demás, pero no en mí.
- Todos creerían que soy demasiado optimista y no me tomarán en serio.
- Nadie advertiría lo profundo que soy si estoy *tan* feliz.
- Todos volverían a hacerme caer para ponerme en mi sitio.
- La conexión con el Niño Interior no es una opción que yo pueda tomar; simplemente es algo que sucede cuando las cosas marchan bien.
- Las personas con las que me trato en el trabajo (mi jefe, mis compañeros, mis alumnos, mis clientes) no me respetarían si yo fuese como un niño.
- La gente se limitaría a decir que soy un irresponsable.
- Mis hijos pensarían que estoy intentando hacerme el joven; me perderían el respeto y me dominarían.

- Mi espontaneidad haría sentirse incómodas a otras personas, y su incomodidad sería culpa mía.
- Jugar es cosa de niños.
- Los demás creerían que soy un imbécil, y yo no soy capaz de enfrentarme a su desaprobación.
- Si dejase salir al Niño que tengo dentro, no sacaría adelante ninguna tarea.
- No me puedo fiar del Niño. Siempre me metería en líos.
- Si me abro a mi Niño, perderé el control de mi vida. Mi Niño no quiere más que controlarme a mí y controlarlo todo.

Estas no son más que algunas de las creencias falsas. Hay muchas más, entre ellas la falsa creencia de que el Niño Interior es un incompetente. ¡Nada más lejos de la verdad! El Niño Interior tiene una sabiduría profunda. Uno de nuestros pacientes, Hal, nos ilustró esta conciencia del Niño Interior.

Hal había tocado el piano de niño. Ya adulto, pasó mucho tiempo hasta que pudo comprarse un piano. El día que se lo entregaron se quitó de encima a los transportistas en cuanto le fue posible para poder ponerse a tocar enseguida. Provisto de su única partitura, una sonata de Mozart, atacó el piano. Descubrió que tenía las manos rígidas y que la pieza era difícil de tocar. Pero Hal estaba decidido a que aquello fuera divertido, por difícil que le resultase o por mucho que tardase en terminar la pieza. Al cabo de pocos instantes tenía el cuerpo rígido y sudoroso. Su rostro estaba tenso y contraído, pero por fin salió vencedor: ¡la terminó! Una vocecilla dentro de él le preguntó: «Sí, pero ¿ha sido divertido?», y él recordó de pronto el motivo por el que había dejado el piano en su día. Sintiéndose completamente desconcertado, decidió tirar la partitura y limitarse a tocar lo que sentía. En ese momento liberó a su Niño Interior, y la música que fluyó de las cuerdas doradas del piano era el sonido de la alegría y de la creatividad que él había negado durante tanto tiempo. Lo que aprendió fue que intentar «hacerlo bien» no servía para hacerle sentirse realizado. Su Niño Interior ya sabía tocar desde siempre, y el sonido era magnífico.

Es posible que el lector piense: «Es normal que pudiera hacer aquello. Ya sabía tocar de niño, de modo que lo recordaría. Pero no podemos dejar cualquier actividad en manos del Niño, y menos una actividad que pudiera ser peligrosa. No se puede confiar en que el Niño aprenda cosas importantes: le falta la comprensión necesaria para ello». Pero Erika tuvo una experiencia notable que le enseñó que sí podía hacerlo así:

> Soy piloto de vuelo sin motor, y quise serlo desde que, de niña, vi una película de Disney sobre el vuelo sin motor. Por diversos motivos, empecé a practicarlo a una edad tardía, hace pocos años; pero los comienzos me enseñaron una lección que jamás olvidaré sobre mi Niña Interior.
>
> Un día caluroso de octubre viajamos al desierto donde yo iba a recibir mi primera lección, con la que había soñado tanto tiempo. Yo había pedido a una amiga que me acompañase al centro de vuelo sin motor Crystal, en el desierto de Mojave, pues yo estaba tan emocionada que apenas era capaz de conducir el automóvil.
>
> Sentada en el asiento delantero de aquel hermoso planeador me enamoré de sus largas alas. Estaba extasiada cuando John Stevenson, mi instructor de vuelo, y yo empezamos a deslizarnos

por la pista detrás del avión de arrastre. Pasé todo el vuelo escuchando mi propia voz, que decía «¡Viva!», mientras se hacía realidad el sueño para el que había vivido. Después, John me dijo: «Erika, toma los mandos y haz un viraje». Fue una sensación enormemente potenciadora sentir que las alas respondían a mis deseos: sentí que formaba parte de los dominios del águila. Me parecía que, si podía hacer esto en el aire, no había nada que no pudiera hacer en tierra. Cuando aterrizamos, me sentía al borde de las lágrimas por la belleza y diversión abrumadoras que había vivido.

Pero mi segunda lección fue una experiencia muy diferente. Cuando me abroché los cinturones de seguridad era consciente de que me sentía tensa e insegura. Una voz crítica dentro de mí decía: «Erika, no sabes volar, y vas a cometer un error tan grave que John no será capaz de arreglarlo. Esto no es divertido, ¿sabes?, y estás corriendo un grave peligro; quizá mates también a John». Durante el despegue me sentía inquieta, y, cuando tomé los mandos, en esta ocasión no pude sujetarlos con la fuerza suficiente. Tenía el brazo rígido de miedo, de modo que di una sacudida a las alas en lugar de hacer un viraje suave tal como lo había hecho con naturalidad la semana anterior. Estaba aterrorizada, y cuando aterrizamos no estaba segura de que fuera a volver a despegar nunca. Oculté todo esto a John, esperando que él no se diera cuenta de la gravedad de la situación. ¡Temía que él pensase que yo estaba simplemente algo histérica, en lugar de darse cuenta de que nos íbamos a matar!

Después de aquella lección, en el camino de vuelta a mi casa, estaba más que desilusionada: estaba derrotada. Más tarde me di cuenta de que me había desconectado de mi Niña en la segunda lección debido a mi miedo; me di cuenta de que mi Niña Interior, conectada con mi Adulta, era quien había llevado los mandos en la primera lección. Decidí que dejaría siempre a mi Niña participar en el pilotaje. ¡¡Eso es!! ¡¡Mi Niña Interior *sabe!!* Yo había creído que no podía confiar en el conocimiento de mi Niña Interior, y que si me limitaba a divertirme me mataría sin remedio.

En la lección siguiente, mientras rodábamos por la pista, empecé a sentirme tensa de nuevo, de manera que abrí la ventanilla, visualicé que arrojaba fuera todo mi miedo y volví a cerrar la ventanilla de un golpe. Me sentí libre de nuevo, y las alas volvieron a convertirse en una extensión del espíritu de mi Niña. Hice grandes progresos en mi aprendizaje, pues mis conocimientos maduraban con mucha rapidez. Se lo debo en parte a John. Él es un equilibrio perfecto de Adulto y de Niño. Cuando enseña, su Adulto le otorga un dominio supremo del planeador. Su Niño, muy desarrollado, le da sensibilidad y un conocimiento intuitivo del aire, del planeador y de sus alumnos.

Hasta la fecha, siempre que vuelo, cada despegue me hace recordar el valor de dar alas al Niño Interior.

El esquema siguiente es un sumario de la definición del Niño Interior amado.

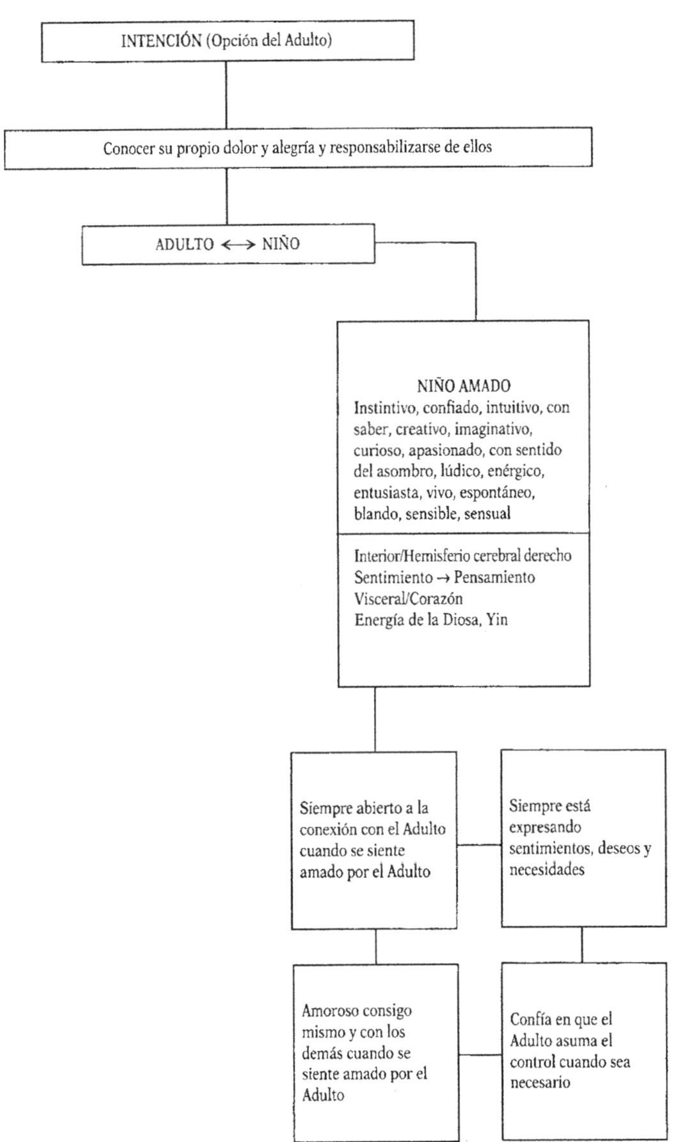
INTENCIÓN (Opción del Adulto)
Conocer su propio dolor y alegría y responsabilizarse de ellos
ADULTO ⟷ NIÑO
NIÑO AMADO
Instintivo, confiado, intuitivo, con saber, creativo, imaginativo, curioso, apasionado, con sentido del asombro, lúdico, enérgico, entusiasta, vivo, espontáneo, blando, sensible, sensual
Interior/Hemisferio cerebral derecho
Sentimiento → Pensamiento
Visceral/Corazón
Energía de la Diosa, Yin
Siempre abierto a la conexión con el Adulto cuando se siente amado por el Adulto
Siempre está expresando sentimientos, deseos y necesidades
Amoroso consigo mismo y con los demás cuando se siente amado por el Adulto
Confía en que el Adulto asuma el control cuando sea necesario

Capítulo 2
Usted es un Adulto/Padre

> El modo en que nos trataron de niños es el modo en que nosotros nos tratamos a nosotros mismos durante el resto de nuestras vidas.
>
> ALICE MILLER
> *For Your Own Good*

Nuestra parte adulta no cobra su ser repentinamente cuando cumplimos dieciocho años. Desde el momento en que nacemos estamos desarrollando tanto nuestra parte de Niño como nuestra parte de Adulto.

Definición del Adulto

El Adulto es nuestra parte lógica, pensadora. Los sentimientos del Adulto proceden del pensamiento, al contrario del Niño, cuyos pensamientos proceden de sus sentimientos. El Adulto se ocupa más de hacer que de ser, de actuar más que de vivenciar. Podemos concebir al Adulto como nuestro aspecto yang, masculino, o del hemisferio cerebral izquierdo, y al Niño como el aspecto yin, femenino o del hemisferio cerebral derecho. Podemos pensar que el Adulto es la mente consciente, el intelecto que piensa linealmente.

El Adulto es el *tomador de decisiones* en cuanto a intenciones y actos. *Siempre es el Adulto quien opta por proteger u opta por aprender, y elige los actos que siguen a la intención.* Depende del Adulto iniciar la tarea de repaternización amorosa; de curar las antiguas heridas y de reemplazar por la verdad las creencias falsas, y de negarse a tolerar las pautas destructivas o autodestructivas del Niño abandonado. El Niño Interior será curioso y abierto al aprendizaje de una manera natural cuando el Adulto haya optado por aprender y por amar al Niño con constancia.

Nuestro Adulto Interior puede ser un Adulto amoroso o un Adulto no amoroso; en otras palabras, puede ser un Adulto que ha optado por aprender, o un Adulto que ha optado por proteger. Pero antes de que pasemos a describir a estos, es importante que contemos con una definición de trabajo de lo que es la conducta amorosa: *estamos siendo amorosos cuando optamos por nutrir y apoyar nuestro desarrollo emocional/espiritual y el de los demás, y cuando asumimos la responsabilidad personal de nuestros sentimientos;* es decir, cuando no actuamos como víctimas y no hacemos responsables a los demás de nuestros actos y reacciones, ni de la felicidad o infelicidad que son su consecuencia. La conducta amorosa es, además, la sinceridad con nosotros mismos sobre nosotros mismos, y no produce vergüenzas ante nosotros mismos y ante los demás. Siempre es armoniosa hacia dentro, mejorando, por tanto, nuestro amor propio y nuestro sentido de la integridad. Una conducta amorosa con nuestro Niño Interior significa que asumimos la responsabilidad de nuestros propios sentimientos a fuerza de aprender con nuestro Niño acerca de las falsas creencias que nos están causando dolor. Significa que creamos un campo de amor y de apoyo en el que podemos avanzar a través de la ira y el dolor antiguos, y que descubrimos lo que nos aporta alegría y actuamos para conseguirla.

El Adulto no amoroso

El Adulto no amoroso es el adulto que ha optado por protegerse a sí mismo de percibir, vivir, sentir y asumir las responsabilidades del dolor, el miedo, la tristeza, las molestias y la soledad y aislamiento intensos del Niño Interior. El Adulto no amoroso también opta por evitar responsabilizarse de la alegría del Niño. Coloca las tareas, las reglas, las obligaciones y los avergonzamientos por delante de la conexión. El Adulto no amoroso se desconecta así del Niño Interior y lo abandona siendo un Padre Interior autoritario o permisivo. Cuando el Adulto no amoroso está siendo autoritario, es crítico, hace juicios de valor, avergüenza, es rebajador y/o controlador. Es la voz interior que miente al Niño, diciéndole que es malo, incorrecto, inadecuado, estúpido, egoísta o insignificante, y que invalida los sentimientos del Niño. Intenta controlar al Niño diciéndole lo que «debe» o «no debe» hacer, y todas las cosas malas que sucederán si no «hace bien las cosas». El Adulto no amoroso dice al niño que solo es amoroso si es abnegado, y que hacerse feliz a uno mismo es muestra de egoísmo, cuando la realidad es que el egoísmo es esperar que los demás se responsabilicen de nuestros propios sentimientos. El Adulto no amoroso toma decisiones unilaterales, descontando los deseos y las necesidades del Niño. El Adulto no amoroso desprecia y niega la voz del Niño Interior, creando los mismos tipos de dificultades con que se encuentran los padres cuando no escuchan a sus hijos. La intención primaria del Adulto no amoroso, cuando está siendo autoritario, es mantener el control sobre el Niño Interior.

El Adulto no amoroso, que ha absorbido un conjunto de reglas de los padres y de la sociedad, impone estas reglas al Niño Interior. Melody Beattie enumera en su libro *Beyond Codependence* una serie de reglas que hemos absorbido la mayoría de nosotros.

- No sientas, ni hables de los sentimientos.
- No pienses, no extraigas conclusiones, ni tomes decisiones. Lo más probable es que no sepas lo que quieres ni lo que te conviene.
- No identifiques los problemas, ni hables de ellos ni los resuelvas: no es correcto tenerlos.
- Sé bueno, correcto, perfecto y fuerte.
- No seas quien eres, pues eso no basta.
- No seas egoísta, no te pongas a ti mismo en primer lugar, no digas lo que quieres o necesitas, no te niegues, no establezcas límites ni te cuides de ti mismo. Cuídate siempre de los demás, y nunca hieras sus sentimientos ni los hagas enfadar.

- No te diviertas, no hagas tonterías ni disfrutes de la vida: cuesta dinero, hace ruido y es innecesario.
- No confíes en ti mismo, ni en tu Poder Superior, ni en el proceso de la vida, ni en ciertas personas. Por el contrario, deposita tu confianza en personas que no la merecen; y, cuando te fallen, hazte el sorprendido.
- No seas abierto, honrado y directo: manipula, suelta indirectas, consigue que los demás trabajen para ti, adivina lo que quieren y necesitan, y espera que ellos hagan lo mismo por ti.
- No te acerques a la gente: no es seguro.
- No alteres el sistema desarrollándote o cambiando.
- Ten siempre el aspecto de que estás bien, cualesquiera que sean tus sentimientos o tus obligaciones.

Nuestro Adulto no amoroso puede seguir imponiendo estas reglas y estas falsas creencias a nuestro Niño Interior, perpetuando así la falta de amor que vivimos de niños.

Cuando el Adulto no amoroso está siendo tolerante, puede estar completamente ausente, dejando que el Niño se ocupe de todo en solitario. O bien, puede ser negligente e indulgente, dejando que el Niño sea autodestructivo, que se maltrate y se violente a sí mismo, física y/o emocionalmente, por medio de las adicciones a las sustancias y a los procesos. El Adulto Interior indulgente también puede permitir que el Niño Interior sea destructivo con los demás por la violencia física y/o emocional: pegar, dar palizas, robar, mentir, avergonzar, o incluso violar y matar. El Adulto no amoroso tolerante puede resistirse a los deseos y necesidades del Niño Interior.

El Adulto no amoroso ha optado por resistirse a la responsabilidad de cubrir las necesidades del Niño Interior, dejando que el Niño cubra sus necesidades por medio de otras personas.

Tanto el Adulto Interior autoritario como el tolerante dejan al Niño Interior con un sentimiento de falta de amor y de abandono. El Niño llega a la conclusión de que es malo, incorrecto, indigno de amor, defectuoso, insignificante e inadecuado, y estas falsas creencias producen sentimientos de miedo, vergüenza y culpabilidad.

El Adulto no amoroso suele ser una fotocopia de la falta de amor de nuestros padres, abuelos, hermanos, maestros, clérigos, u otros modelos de comportamiento y figuras autoritarias. Todos tenemos la tendencia a reaccionar ante nuestro Niño Interior de un modo muy semejante a cómo reaccionaron ante nosotros nuestros padres o tutores, perpetuando así nuestro dolor y nuestro sentido de la desconexión. Podemos criticar, mentir, avergonzar y rebajar a nuestro Niño Interior de un modo muy semejante a cómo nos criticaron, nos mintieron, nos avergonzaron y nos rebajaron de niños, utilizando muchas veces las mismas palabras, frases y actos. Nuestro Adulto no amoroso será autoritario o tolerante, en función de cómo nuestros padres u otros tutores principales nos trataron a nosotros y se trataron a ellos mismos.

Nuestro diálogo interior, que siempre está desarrollándose inconscientemente, es similar, probablemente, a las palabras que oímos de niños en boca de nuestros modelos de comportamiento. Lo más probable es que nuestros padres nos paternicen a partir de su Niño abandonado y de su Adulto no amoroso, que se convirtió en el modelo a imitar en que se basó nuestro propio Adulto no amoroso.

Si usted fue paternizado sin amor de niño (y casi todos lo fuimos en diversa medida), puede que haya absorbido las mismas creencias falsas bajo las cuales funcionaba el Niño Interior abandonado de sus padres. A continuación exponemos algunas de las falsas creencias que usted puede haber absorbido viendo y vivenciando a sus padres:

- No puedo hacerme feliz a mí mismo; no puedo hacerme a mí mismo tan feliz como pueden hacérmelo ser otras personas o cosas; no puedo ocuparme de mí mismo.
- No puedo enfrentarme al dolor, sobre todo al dolor del rechazo y del abandono, al dolor de mi soledad.
- Los demás son responsables de mis sentimientos, y yo soy responsable de los suyos.
- Puedo controlar los sentimientos de los demás sobre mí y cómo me tratan.
- Es esencial para mi integridad que me resista al control.
- Hacerme feliz a mí mismo es un acto egoísta y, por tanto, incorrecto.
- Mi yo esencial es malo, incorrecto, indigno de amor, o defectuoso en algún otro sentido

Es muy posible que, mientras siga actuando sobre estas falsas creencias, no pase a la conducta amorosa con su Niño Interior. No asumirá la responsabilidad de sus propios sentimientos ni optará por aprender, si cree que usted es malo e incapaz de hacerse feliz a sí mismo, y que no puede enfrentarse al dolor de su Niño Interior. Por el contrario, seguirá intentando controlar a su Niño Interior, que a su vez intentará controlar a los demás. Seguirá haciendo responsables de sus propios sentimientos a los demás, abandonando a su Niño Interior. Cuando su Adulto ha optado por abandonar a su Niño Interior, su Niño queda impotente y solo. Es el adulto el que debe empezar por tomar una nueva opción en nombre del Niño.

El esquema de la página 60 ilustra al Adulto no amoroso.

El Adulto amoroso

El Adulto amoroso (el Adulto que ha optado por aprender de y con el Niño Interior) es nuestra parte poderosa, valiente, comprometida, la parte de nosotros que es ética y que actúa con integridad. El Adulto amoroso está *comprometido* profundamente a aprender a repaternizar al Niño Interior. Está comprometido profundamente a saber, amar, nutrir, apoyar y conectarse con el Niño Interior. Dentro del Adulto amoroso está el *valor* para mirar dentro de nosotros mismos, para enfrentarnos a nosotros mismos y para conocernos a nosotros mismos. Este es el Padre Interior positivo, la parte de nosotros que puede curar las antiguas heridas de la infancia y reemplazar con la verdad las falsas creencias. Este es el aspecto de nosotros mismos que puede actuar de una manera positiva en nombre de los sentimientos y de las necesidades del Niño Interior. Puede hacer fructificar, por medio de la acción, los deseos, necesidades, carencias e ideas creativas del Niño. El Niño tiene hambre, y el Adulto prepara la comida. El Niño está cansado, y el Adulto se mete en la cama y apaga la luz. El Niño quiere conectar con otras personas, y el Adulto hace la llamada telefónica. El Niño crea la imagen y el Adulto la traslada al lienzo.

El Adulto expresa a través de la acción las necesidades y los sentimientos tanto del Niño como del Adulto. Vivir sentimientos sin la acción del Adulto nos deja bloqueados. Del mismo modo, la acción que no está respaldada por un sentimiento es una vivencia vacía. Por ejemplo, si sentimos una cordialidad hacia alguna persona pero no la expresamos con algún tipo de acto, la persona nunca tiene una verdadera vivencia de nosotros. Pero si actuamos de manera afectuosa sin tener un sentimiento de amor, entonces el acto está vacío, y puede ser incluso manipulador. Por esto es tan importante la conexión y el equilibrio entre los dos. Cuando el Adulto amoroso y el Niño amado trabajan juntos, hay armonía interior.

El Adulto amoroso no es ni autoritario ni tolerante con el Niño Interior. El Adulto no impone su voluntad sobre el Niño ni obliga al Niño a hacer las cosas a su manera, ni tampoco es indulgente el Adulto amoroso con el niño. El Niño Interior puede querer pasarse el día entero comiendo dulces, pero el Adulto amoroso no actúa sobre ello. En lugar de ello, el Adulto amoroso pregunta al Niño por qué quiere aquello, por qué se siente tan vacío que se quiere llenar de dulces. El Adulto amoroso no avergüenza al Niño por sus sentimientos y deseos, ni dice al Niño lo que es incorrecto o malo. El Adulto sabe que el niño tiene motivos importantes para sentirse como se siente, y actúa con la intención de aprender acerca de esos sentimientos.

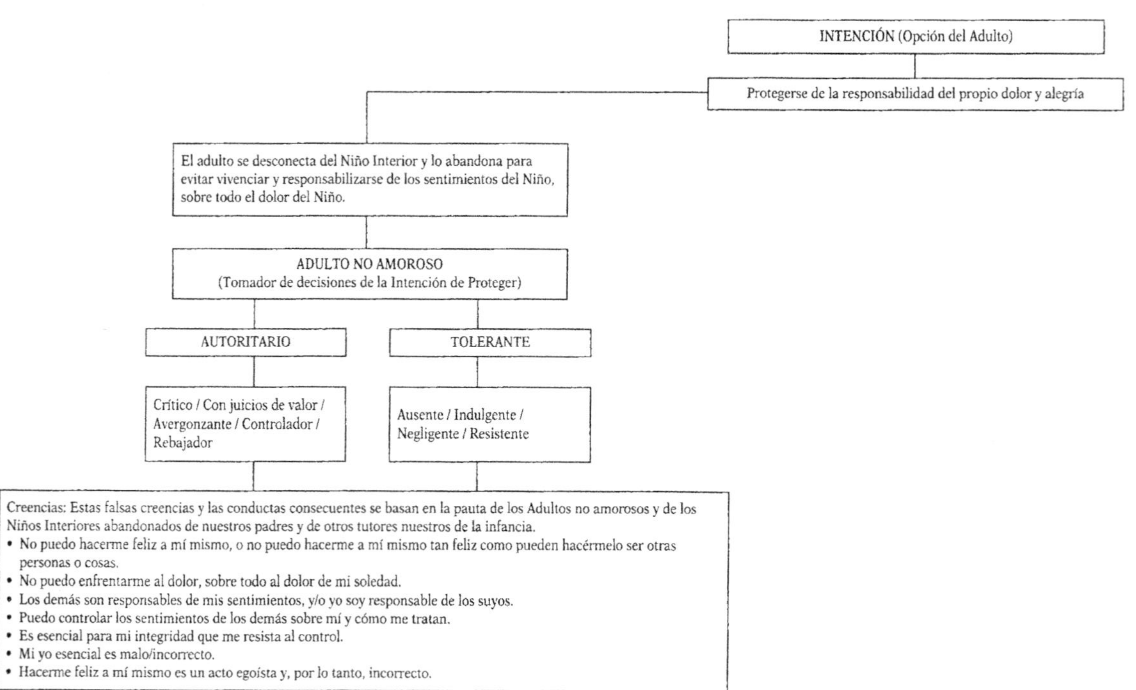
INTENCIÓN (Opción del Adulto)
Protegerse de la responsabilidad del propio dolor y alegría
El adulto se desconecta del Niño Interior y lo abandona para evitar vivenciar y responsabilizarse de los sentimientos del Niño, sobre todo el dolor del Niño.
ADULTO NO AMOROSO
(Tomador de decisiones de la Intención de Proteger)
AUTORITARIO
TOLERANTE
Crítico / Con juicios de valor / Avergonzante / Controlador / Rebajador
Ausente / Indulgente / Negligente / Resistente
Creencias: Estas falsas creencias y las conductas consecuentes se basan en la pauta de los Adultos no amorosos y de los Niños Interiores abandonados de nuestros padres y de otros tutores nuestros de la infancia.
• No puedo hacerme feliz a mí mismo, o no puedo hacerme a mí mismo tan feliz como pueden hacérmelo ser otras personas o cosas.
• No puedo enfrentarme al dolor, sobre todo al dolor de mi soledad.
• Los demás son responsables de mis sentimientos, y/o yo soy responsable de los suyos.
• Puedo controlar los sentimientos de los demás sobre mí y cómo me tratan.
• Es esencial para mi integridad que me resista al control.
• Mi yo esencial es malo/incorrecto.
• Hacerme feliz a mí mismo es un acto egoísta y, por lo tanto, incorrecto.

El Adulto amoroso no consiente al Niño con conductas inadecuadas. El Niño Interior puede sentir ira hacia otra persona. El Adulto amoroso está abierto para conocer y comprender esta ira, y ayuda al Niño a expresarla de modos adecuados, pero no permite que el niño descargue su ira sobre los demás de maneras manipuladoras o dañinas, que abuse de los demás, los amenace o les cause daños físicos. El Adulto amoroso no abandona al Niño cuando este está enfadado, dolido o triste, ni tampoco dice al Niño que los demás son responsables de estos sentimientos. El Adulto sabe que estos sentimientos vienen de dentro, de los miedos y creencias internos, en lugar de estar *causados* por otros, y está allí para oír y comprender los sentimientos del Niño y para ayudar al Niño a curarse. Además, el Adulto protege al Niño evitando que se tome las cosas de manera personal, diciéndole siempre al Niño la verdad. Supongamos, por ejemplo, que su cónyuge le grita a usted y le dice que es estúpido. Es posible que sus padres le dijeran eso mismo una y otra vez siendo niño, de modo que usted es sensible al hecho de ser llamado estúpido. Un Adulto amoroso intervendría y diría al Niño: «Esa conducta airada y cargada de juicios de valor no tiene nada que ver contigo. Tú eres una persona inteligente. Ese desprecio procede de algo que pasa dentro de él/ella, de lo que tú no eres responsable. De modo que no te preocupes; yo me enfrentaré a esta situación en nombre de los dos». A continuación, el Adulto actúa en nombre del niño y dice a su cónyuge: «Sé que estás alterado/alterada, pero no quiero recibir desprecios. Este sentimiento es desagradable. Cuando estés abierto/abierta, hablaremos». Entonces el Adulto abandonaría la escena si el cónyuge no estuviese abierto para aprender. Si el Niño se sigue sintiendo herido por el insulto, el Adulto prestaría oídos a los sentimientos del Niño e intentaría aprender algo más sobre el origen de estos sentimientos, recordando quizá recuerdos muy remotos de situaciones semejantes en la niñez. El Adulto confía en que los sentimientos del Niño no son arbitrarios, que proceden de las vivencias anteriores del Niño y de las creencias que fueron consecuencia de esas vivencias. El Adulto amoroso es un maestro y cura el sistema de falsas creencias del Niño contando la verdad al Niño.

El Adulto amoroso es poderoso en lo personal, en el sentido de que tiene poder sobre su yo, poder de decisión y la capacidad de hacer realidad los sueños, los sueños del Niño. En el esquema de la página 63 ilustramos las características del Adulto amoroso y del Niño amado, y la conexión entre ambos.

Lo más importante que podemos hacer cada uno de nosotros por nosotros mismos es hacernos conscientes del modo falto de amor en que nos estamos paternizando a nosotros mismos y de lo que significa ser un Adulto amoroso para nuestro Niño Interior. El modo en que cada uno de nosotros tratamos a nuestro Niño Interior es la causa de todo lo demás en nuestras vidas. Tratar sin amor a nuestro Niño Interior provoca las adicciones a las sustancias y a los procesos y crea miedo, angustia, depresión, dolor, vacío, menesterosidad, falta de amor propio y un sentimiento insoportable de soledad, así como enfermedades físicas y mentales. La gravedad de la enfermedad mental que sufre una persona está en función directa del grado de desconexión interna entre el Adulto Interior y el Niño Interior. La locura se produce cuando evitamos hacer frente y sentir la soledad y el dolor profundo del Niño Interior.

Conexión del Adulto Interior con el Niño Interior

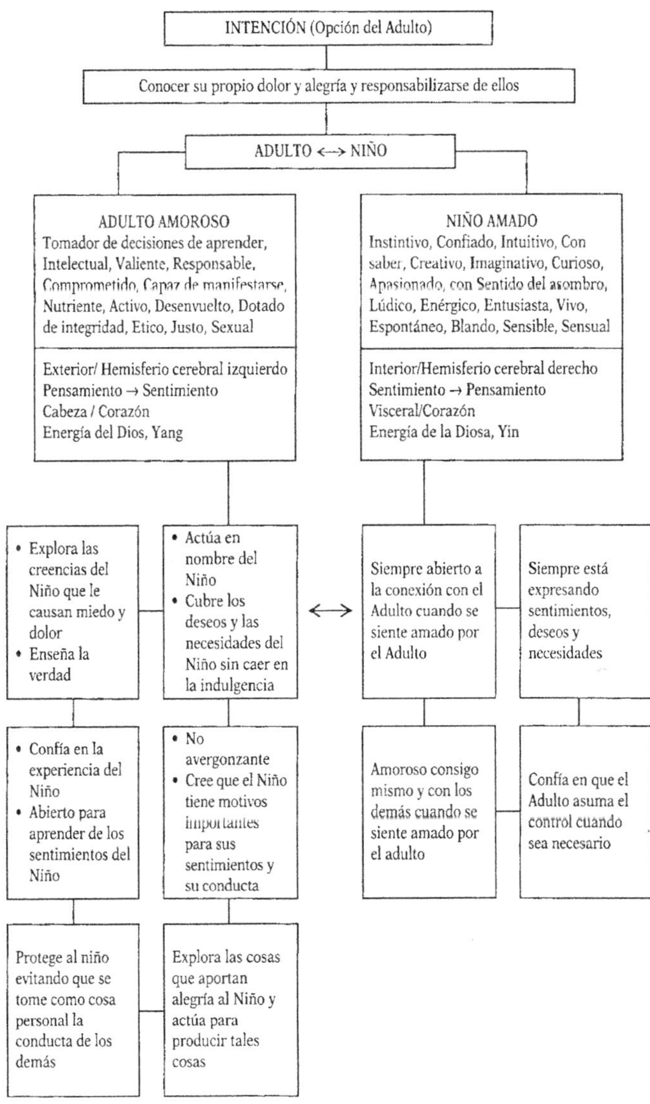

El trato amoroso a nuestro Niño Interior establece la conexión interior que llena el vacío desde dentro, en vez de tener que llenarlo externamente con adicciones. Cuanto más aprendemos a tratar amorosamente a nuestro Niño Interior, más sólida y llena se vuelve la conexión interna, lo que conduce a la paz, la alegría, el poder y la plenitud, suprimiendo la necesidad de renunciar a nosotros mismos para que nos amen los demás.

Capítulo 3
El Ego y el Yo Superior

La verdad no lucha contra las ilusiones, ni las ilusiones contra la verdad. Las ilusiones solo se combaten a sí mismas.

Un curso de milagros

Todos los problemas de nuestra sociedad arrancan de la desconexión interna entre el Adulto y el Niño. Todos los actos de desamor hacia los demás y hacia el planeta son manifestaciones de la desconexión y el abandono internos que se transmiten de generación en generación. Una vez que el Adulto se desconecta del Niño y deja de estar disponible para actuar en nombre de la blandura del Niño Interior, de su cariño y de su sentido de la unidad con los demás, entonces el Adulto no amoroso y el Niño abandonado hacen estragos dentro de sí mismos y entre los demás, sobre todo dentro de las familias. El miedo que se crea a través del abandono interno se proyecta sobre los demás y se materializa en la violencia y en la guerra. No seremos capaces de resolver plenamente los problemas de los malos tratos a los niños, la delincuencia, la guerra, el hambre y la contaminación del planeta hasta que un número suficiente de personas realicen su tarea interior y aprendan a funcionar desde sus Yoes Superiores.

El Yo Superior

El doctor Charles Whitfield, en su libro *Healing the Child Within,* define al Niño como «nuestro Verdadero Yo; quienes somos verdaderamente». Dice: «En este libro utilizaré como sinónimos los siguientes términos: Yo Verdadero, Yo Real, Niño Interior, Niño que llevamos dentro, Niño Divino y Yo Superior». Philip Oliver-Diaz y Patricia A. O'Gorman, en *12 Steps to Self-Parenting,* afirman que el Padre Superior (al que nosotros llamamos Adulto amoroso) «es la parte trascendente de nosotros mismos, un canal directo hasta nuestro Poder Superior». Estos autores afirman más adelante: «[...] la presencia de la divinidad interior, el Padre Superior que está en cada uno de nosotros, es lo que nos ha sustentado».

Parece ser que el primer autor afirma que el Niño es el Yo Superior mientras que los segundos afirman que el Adulto amoroso es el Yo Superior. Nosotras tenemos una tercera opinión. Creemos que *el Yo Superior es la conexión entre el Adulto amoroso y el Niño Interior amado.* La conexión y el equilibrio entre los dos (el Adulto/Niño, el Dios/Diosa, lo masculino/femenino, el yin/yang) constituye el Yo Superior.

Definimos el Yo Superior como nuestra plenitud, nuestra capacidad de amar y nuestro sentido del poder personal: quiénes somos en realidad, nuestra verdadera identidad. Es quienes somos cuando estamos conectados con el universo, y nosotras creemos que esta conexión universal se produce cuando establecemos la conexión interior entre el Adulto y el Niño. El Yo Superior es quienes somos cuando somos auténticos, genuinos y compasivos al máximo. Cuando estamos en el estado conectado del Yo Superior, estamos llenos de amor, de empatía y de perdón. Es el estado maravilloso que nos permite aprovechar nuestra sabiduría, la sabiduría que procede directamente del universo.

El Yo Superior es la esencia del poder, el elemento creativo nutriente, vivificador y sustentador de la vida que está dentro de nosotros y en el universo. Del equilibrio entre el Dios y la Diosa, entre lo masculino y lo femenino, surge toda la vida. No es violento; jamás quita la vida; nunca destruye. Solo da vida y amor, y, por tanto, es la esencia de la paz.

El estado del Yo Superior es el poderoso estado curativo del chamán. Los chamanes, para curar, acceden a lo que algunos llaman su aspecto «femenino», que es lo que nosotras estamos llamando «el Niño». Alberto Villoldo y Stanley Krippner relatan en su libro *Healing States* una conversación que mantuvieron sobre este concepto con un célebre chamán sudamericano: «Cuando preguntamos a don Eduardo lo que quería decir cuando hablaba de aprender a "ver", nos respondió que el chamán o la chamán no era capaz de ver con su visión interior mientras no se despertaba su aspecto femenino. Afirmaba que nuestro aspecto masculino, racional, solo nos permite ver la superficie de las cosas». Es a través de la conexión Adulto/Niño, masculino/femenino, como el chamán es capaz de ver y saber de una manera interior, para curar. Cuando una persona está abierta al aprendizaje y a la curación, entonces el poder, la sabiduría y la ternura del Yo Superior pueden curar cualquier daño, aliviar cualquier dolor y apagar cualquier ira. Es el Yo Superior quien más activa el sistema inmunológico, produciendo una salud física excelente.

Siempre que vivimos un sentimiento expansivo de amor y de unidad con toda la humanidad se debe a que estamos conectados profundamente en nuestro interior: somos nuestros Yoes Superiores. El esquema de la página 69 ilustra el modo en que el Yo Superior evoluciona a través de la conexión entre el Adulto y el Niño.

El propósito del Yo Superior es aprender y amar, y desarrollarse hasta alcanzar la alegría total. Piense en algún recuerdo que le haga sentir una paz total, o un amor incontrolado, o una sensación de alegría profunda, o una sensación estimulante de fuerza interior y de poder personal. El sentimiento que le produce ese recuerdo es su Yo Superior. Es una sensación de paz interior, de amor incondicional y de ser conscientes. El Yo Superior no juzga, ni teme, ni se preocupa ni niega: está totalmente «en el momento». Aunque la mayoría de nosotros somos capaces de recordar haber tenido este sentimiento en alguna ocasión, rara vez pensamos en la posibilidad de vivir nuestras vidas diarias en un estado tan maravilloso. Todos podemos optar por ser nuestros Yoes Superiores en cualquier momento en que optemos por conectar amorosamente con nuestro Niño Interior. Pero la mayoría de nosotros hemos pasado tanto tiempo desconectados que ya no sabemos cómo conectar con nosotros mismos. Algunos de nosotros quizá no hayamos conocido nunca, en toda esta vida, el modo de hacerlo. La desconexión interna entre el Adulto y el Niño es la causa que produce el ego.

Conexión del Adulto Interior con el Niño Interior

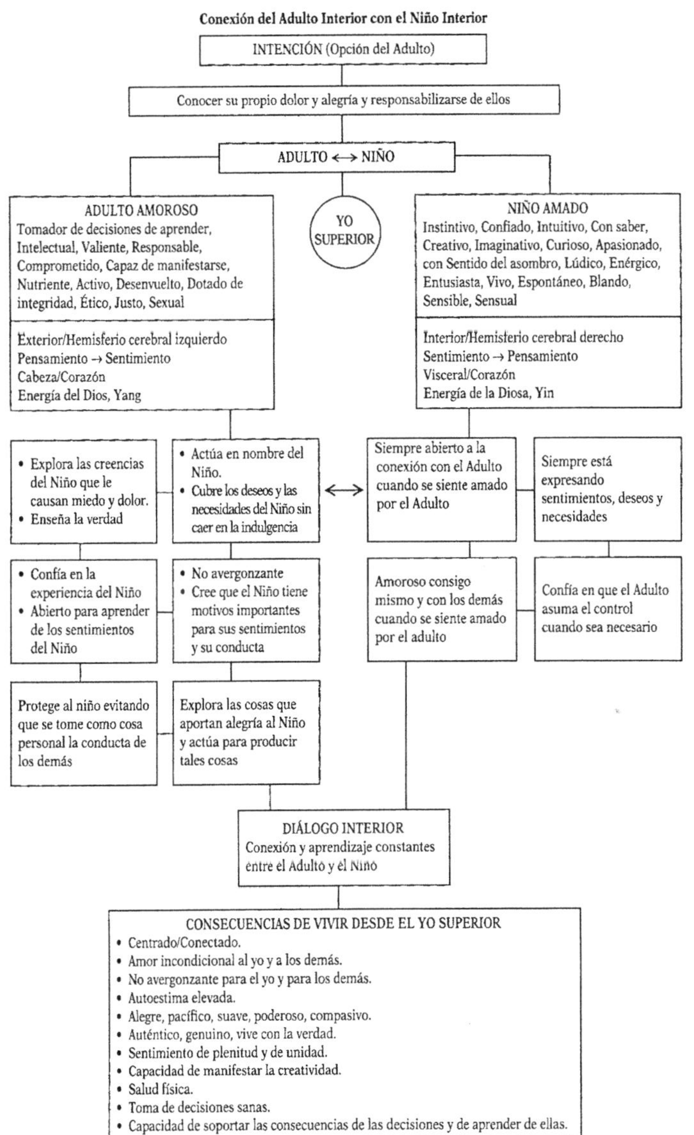

El Ego

Debemos aclarar el sentido que damos al término *ego*. No nos referimos al ego en el sentido del ego de Freud o de la psicología del ego. Nuestra definición del ego procede, más bien, de la filosofía oriental. Hablamos de ego para referirnos al falso yo que surge siempre que optamos por protegernos en lugar de aprender. Cuando reaccionamos ante el rechazo externo que vivimos de niños rechazándonos internamente a nosotros mismos, nos desconectamos, y entonces surgió el ego. Si bien la mayoría de nosotros nos desconectamos y nos abandonamos a nosotros mismos en mayor o menor grado, existen unos pocos niños que no se abandonaron nunca. Un buen ejemplo es el que se relata en el maravilloso librito *Mr. God, This is Anna,* de Fynn. Es el caso real de una niña pequeña que huyó de unos padres violentos y encontró a unas personas amorosas que se hicieron cargo de ella. Anna, un bonito ejemplo de ser humano conectado, se convirtió en maestra de Fynn cuando tenía cinco años.

En una época temprana de su vida, cuando usted era muy pequeño, vivió su primera separación, su primera desconexión de una persona primaria en su vida. En nuestra sociedad, esto suele suceder en el nacimiento, cuando se separa al niño de la madre y se lleva a una sala aparte donde lo dejan para que se enfrente en solitario a este mundo. Cuando usted llegó a su casa, en lugar de tenerlo en brazos y aportarle sentimientos de amor y de seguridad, solían dejarlo solo en su cuna o en su corralito. (Recomendamos la lectura de *The Continuum Concept,* de Jean Liedloff, libro en que se describe una sociedad que funciona de manera muy diferente a la nuestra.) A continuación llegaron otros rechazos y desconexiones. Pudo ser algo pequeño, como un retraso en una comida, o algo grande, como la muerte del padre o de la madre. Pudo ser que usted no recibiera de su padre o de su madre el amor, la afirmación y la aceptación que necesitaba. Quizá vivenciara una desaprobación manifiesta o encubierta por el hecho de ser usted mismo. Todos hemos vivido muchas formas de desconexión de nuestros padres, y cada uno de nosotros hemos llegado a la conclusión de que estábamos siendo rechazados o abandonados porque teníamos algo de incorrecto: éramos inadecuados, o malos e indignos de ser amados. En aquel momento nació el ego. En esa época frágil y vulnerable, lo que vivenciábamos como rechazo, y la vivencia consecuente de la soledad, era demasiado para que pudiésemos enfrentarnos a ello, de modo que intentamos protegernos a nosotros mismos desconectándonos del Niño que se sentía tan solo, y nos construimos un falso yo (el ego), con la esperanza de que nos protegiese del dolor de la soledad y de que nos consiguiese el amor que necesitábamos tan desesperadamente. Cuando fuimos creciendo, el abandono externo se internalizó cada vez más, al reforzarse el ego y al hacerse más pronunciada la desconexión entre nuestro Adulto Interior y nuestro Niño Interior.

El propósito del ego es protegernos de la soledad y obtener amor, más que dar amor. El ego no sabe ser amoroso. Es nuestra parte crítica, que hace reproches, que avergüenza, asustada, iracunda y defensiva. El ego se manifiesta en el Adulto no amoroso y en el Niño no amado y abandonado. Imagínese al ego como a una persona inquieta que está posada en su hombro y que le susurra constantemente al oído: «¡No puedes hacerlo!», «Deberías haber hecho tal cosa», «Nadie te quiere de verdad», «No les importas», «Nunca lo

Desconexión del Adulto Interior con respecto al Niño Interior

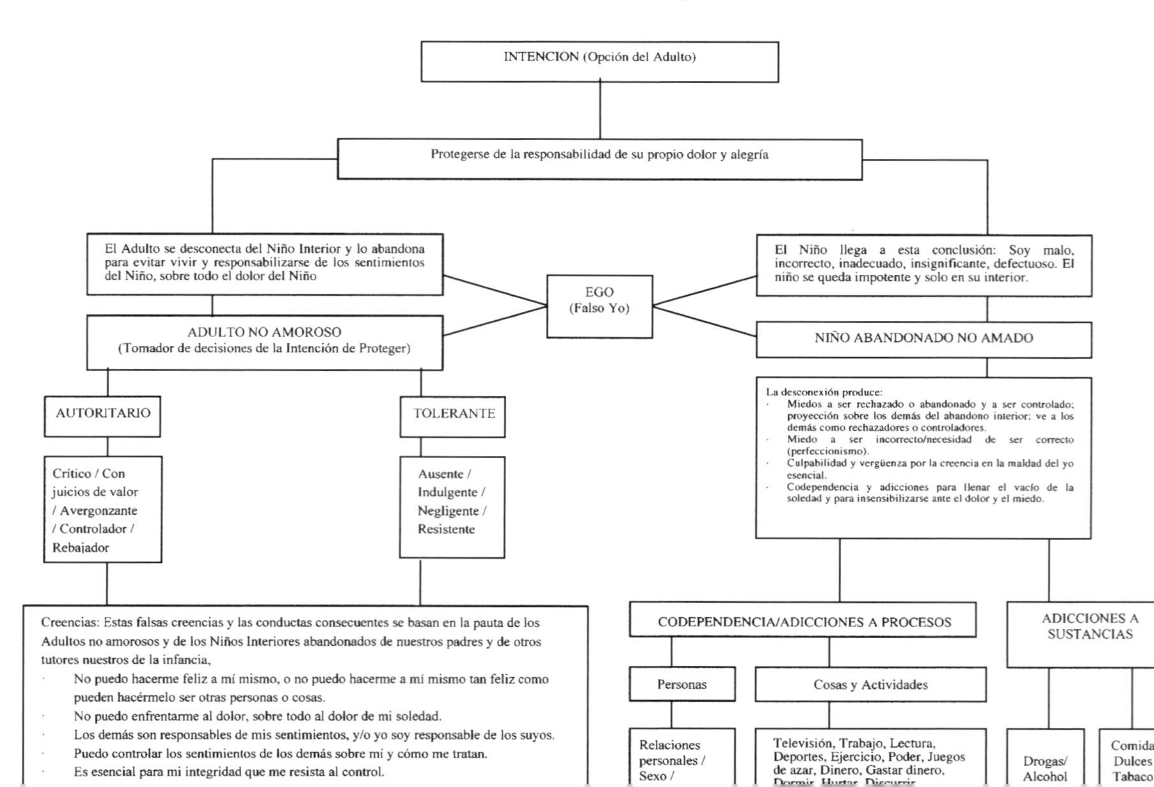

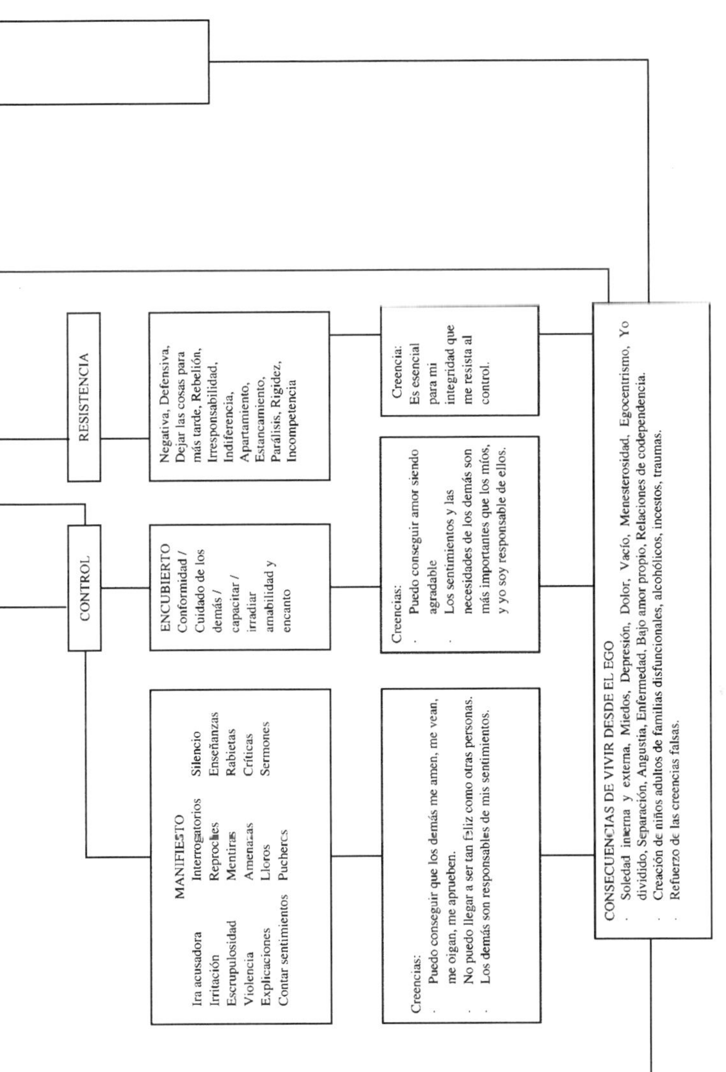
CONTROL
RESISTENCIA
MANIFIESTO
Ira acusadora
Irritación
Escrupulosidad
Violencia
Explicaciones
Contar sentimientos
Interrogatorios
Reproches
Mentiras
Amenazas
Lloros
Pucheros
Silencio
Enseñanzas
Rabietas
Críticas
Sermones
ENCUBIERTO
Conformidad / Cuidado de los demás / capacitar / irradiar amabilidad y encanto
Negativa, Defensiva, Dejar las cosas para más tarde, Rebelión, Irresponsabilidad, Indiferencia, Apartamiento, Estancamiento, Parálisis, Rigidez, Incompetencia
Creencias:
· Puedo conseguir que los demás me amen, me vean, me oigan, me aprueben.
· No puedo llegar a ser tan feliz como otras personas.
· Los demás son responsables de mis sentimientos.
Creencias:
· Puedo conseguir amor siendo agradable
· Los sentimientos y las necesidades de los demás son más importantes que los míos, y yo soy responsable de ellos.
Creencia:
Es esencial para mi integridad que me resista al control.
CONSECUENCIAS DE VIVIR DESDE EL EGO
· Soledad interna y externa, Miedos, Depresión, Dolor, Vacío, Menesterosidad, Egocentrismo, Yo dividido, Separación, Angustia, Enfermedad, Bajo amor propio, Relaciones de codependencia.
· Creación de niños adultos de familias disfuncionales, alcohólicos, incestos, traumas.
· Refuerzo de las creencias falsas.

harás bien». Estas son las distorsiones del Adulto crítico no amoroso que intentan hacerle cambiar a usted de tal modo que reciba amor y no se sienta tan solo. O bien, sus pensamientos pueden ser: «Me las pagará», «Le haré ver que no puede hacerme esto», «Nadie puede decirme lo que debo hacer». Estas son las reacciones del Niño abandonado que intenta enfrentarse a la soledad.

El ego suele criticar la conciencia del Yo Superior. Una de nuestras pacientes tuvo una experiencia extraordinaria cierta noche. Tenía invitados a cenar. Estaban todos en la sala de estar cuando, de pronto, sintió una presencia que le dio un golpecito en el hombro y le dijo que mirase la mesa. Ella fue a mirar y vio que el mantel acababa de empezar a arder por una vela caída. Nadie había olido ni percibido el fuego. Al día siguiente, su ego despreció el incidente, diciéndole que no había sido más que una coincidencia.

La tarea del ego consiste en asentarnos a nosotros mismos o asentar a los demás con la esperanza de evitar el abandono y el rechazo. Pero, paradójicamente, es la desconexión interna la que crea al ego y la que provoca la vivencia interior de separación, abandono, rechazo y soledad. Es esta desconexión la que crea el estrés con que vivimos todos los días tantos de nosotros. Es este estrés el que debilita el sistema inmunológico dejando el cuerpo vulnerable a las enfermedades.

El cuerpo y el ego van de la mano. Están relacionados entre sí por ser ambos transitorios. El ego cree que el cuerpo es la única realidad. El ego no cree que somos la energía de amor espiritual de nuestros Yoes Superiores. Dado que el ego cree que somos nuestra forma física, entonces si esa forma no es «correcta», nosotros no somos «correctos», y si esta forma deja de existir, nosotros ya no existimos. Si padecemos enfermedades, se debe a la estrecha alianza entre el cuerpo y el ego, pues la enfermedad es el reflejo en el cuerpo de las creencias del ego. Es muy frecuente que el ego intente mantener su control sobre nosotros inspirándonos creencias falsas acerca de nuestros cuerpos. Nuestro bajo amor propio se debe en buena parte a las creencias autolimitadoras del ego que albergamos sobre nuestros cuerpos.

El esquema de las páginas 72 y 73, donde se agrupa todo lo que hemos dicho hasta el momento acerca del Adulto no amoroso y "del Niño no amado, ilustra el modo en que se crea el ego a través de la desconexión que se produce por la intención de protegernos de ser responsables personalmente de nuestros sentimientos de dolor, miedo, incomodidad, paz y alegría.

Las creencias, en contra de la verdad

Toda creencia que nos provoca angustia, daño o miedo es una creencia falsa, y siempre que estamos angustiados o algo nos hace daño estamos obrando según una creencia falsa. Nuestra tristeza y nuestra aflicción proceden de ver y vivir la verdad acerca de una situación, pero nuestro daño, nuestra angustia y nuestro miedo nos vienen de nuestras creencias falsas. La mayoría de nosotros adoptamos de niños creencias que no son verdaderas, y que por ello nos causan dolor. Podemos haber absorbido creencias tales como: «No soy bonita», o «Soy idiota», o «Nadie puede amarme siendo como soy»; y estas creencias nos hacen daño. *Si una creencia nos causa dolor, entonces es una creencia falsa.* Si lo que usted cree cierto le hace daño, entonces el hecho de creerlo no le sirve, y es importante para usted que reconozca que es una creencia del ego y, por tanto, errónea, dado que todas las creencias del ego son erróneas. El Yo Superior no tiene creencias; solo es consciente de la verdad, y por eso lo que sabemos por nuestro Yo Superior nunca nos hace daño. Una parte del proceso de desarrollo consiste en identificar nuestras creencias del ego y corregir las que nos causan dolor.

Establecimos las creencias que conforman nuestros egos cuando éramos muy pequeños; a veces, incluso al nacer. Pat, una mujer que asistía a uno de nuestros seminarios, recordó una creencia del ego que ella había establecido al nacer y que ha afectado a toda su vida.

> Siempre he tenido mucho miedo a la desaprobación de los demás. He llegado a creer que tenía que ser perfecta o que *me matarían.* Nunca lo había entendido hasta ahora. Lo que acabo de recordar es que yo tenía una hermana gemela cuando nací. Mi hermana gemela nació deforme y murió. Pero yo no sabía que ella había muerto por causas naturales. Creía que mis padres la habían matado porque no era perfecta. De modo que he cargado con la creencia de que mis padres u otras personas me matarían si yo no era perfecta.

Establecemos nuestras creencias erróneas y autolimitadoras en un intento de protegernos del rechazo, del abandono, o incluso de la muerte. Margie recuerda cómo le sucedió esto a ella.

> En una sesión de *rebirthing* (una terapia corporal que nos ayuda a recordar nuestro nacimiento) yo recordé claramente mi nacimiento. Vi a mi madre allí tendida, tan anestesiada que estaba verdaderamente fuera de su cuerpo. Solo había otra persona en la sala, el médico (era un pueblo pequeño). Era un hombre

> despreocupado y distante que quería acabar de una vez con aquel parto. (Después pude confirmarlo hablando con mi madre. Fui capaz, incluso, de describir con precisión el aspecto del médico, cómo estaba orientada la mesa de partos y el color de las paredes del paritorio.) Recuerdo que vine al mundo y me sentí muy sola, muy desconectada de todos. Sentí que se me iba a romper el corazón de sola que me sentía, y en aquel momento establecí una de las creencias esenciales de mi ego: *no tengo importancia*. Llegué a la conclusión de que yo no tenía importancia, pues allí no había nadie para recibirme, y al médico le irritaba mi presencia.
>
> Mi recuerdo siguiente corresponde a la sala nido. No había más niños que yo, y un par de enfermeras me estaban admirando. Oí que una decía: «¡Qué niña tan buena! No llora nunca». Así llegué a la conclusión de que la manera de conseguir amor y atenciones era ser «buena». Ser buena quería decir no quejarme nunca y plegarme a lo que los demás quisieran de mí. Conservé durante muchos años esta creencia, que me causó mucho dolor. Me llevó a ser obediente y a no asumir la responsabilidad de mis propias necesidades y deseos, además de a convertirme en tutora de otras personas. He tardado muchos años en renunciar a esta creencia del ego, errónea y limitadora.

Cuando somos niños de pecho o poco mayores, nuestra preocupación primaria es recibir amor, pues sin él podríamos morir. Desarrollarnos de verdad quiere decir pasar de necesitar siempre recibir amor a darnos amor a nosotros mismos y a los demás, cosa que solo sucede cuando dejamos por fin de huir de nuestro dolor y de nuestra vergüenza, y cuando conseguimos curar la aflicción de las experiencias pasadas de pérdida, trauma o violencia. Solo entonces podemos explorar y descartar las creencias limitadoras del ego y abrirnos a la verdad del Yo Superior. He aquí, a modo de ejemplo, cómo adoptó Erika de niña una creencia autolimitadora.

> Dicen que de niños adoptamos nuestro cuento favorito y lo asimilamos de algún modo al guión de nuestras vidas. Mi cuento favorito era *El mago de Oz*. Mi frase favorita de la película era cuando el Mago daba al Hombre de Hojalata su corazón y le dice: «Y recuerda, amigo mío, que el corazón no se valora por cuánto amas, sino por cuánto te aman los demás». Aquellas palabras que decía el propio mago debían ser ciertas, y yo las creí con todo mi corazón. El único problema es que era al revés. ¡El corazón solo se puede valorar como amoroso si ama! El dicho debía ser: «El corazón no se valora por cuánto te aman los demás, sino por cuánto amas». En consecuencia, pasé la mayor parte de mi infancia preocupada por cuántas personas me amaban, en lugar de aprender a ser tan amorosa como pudiera. Si alguien me rechazaba, eso quería decir que mi corazón era malo y que yo no era digna de amor. Había entregado a otras personas el bienestar de mi amor propio, además de mi poder de saber quién era yo. Como consecuencia, siempre me sentía asustada e insegura. Adoptaba las creencias de todos los que me rodeaban y, como consecuencia, no sabía verdaderamente quién era, pero sufría dolor y daño casi siempre. La búsqueda de la verdad sobre mí misma y sobre el amor me ha liberado de las ataduras de la creencia del Mago.

Las creencias falsas del ego nos limitan y nos causan dolor durante la mayor parte de nuestras vidas. A continuación presentamos una lista de sentimientos dolorosos que son consecuencia de las creencias falsas del ego. Estos sentimientos son vividos tanto por el Niño Interior no amado como por el Adulto Interior no amoroso.

Sentimientos del Ego

Aburrido	Acusador	Aislado
Ambivalente	Angustiado	Arrepentido
Avaricioso	Avergonzado	Celoso
Confuso	Culpable	Defensivo
Deprimido	Derrotista	Desesperado
Desvalido	Dolido	Enfermizo
Envidioso	Escrupuloso	Estúpido
Frágil	Frustrado	Impotente
Incompetente	Incorrecto	Indiferente
Indigno	Indigno de amor	Inseguro
Insensible	Iracundo	Juzgador
Lleno	Malo	Negativo
Pecaminoso	Rabioso	Resentido
Solo	Temeroso	Vengativo

De estos sentimientos proceden todas nuestras numerosas adicciones, que generan más sentimientos dolorosos, encerrándonos en un círculo vicioso de dolor que es consecuencia de nuestras adicciones, y que nos conduce a su vez a buscar nuevas adicciones para aliviar el dolor. El ego nos convence de que la droga, la comida, el alcohol, la aprobación de los demás, la relación personal, la televisión, el trabajo, el sueño, el sexo, o incluso la ira o la depresión, aliviarán el dolor, de modo que nos volvemos adictos a ellos, sin darnos cuenta de que en realidad están perpetuando el dolor.

El ego se basa en la creencia falsa de que el Niño Interior es malo, incorrecto, indigno de amor, con defectos esenciales, insignificante, trivial y/o inadecuado. De esta creencia central, basada en la vergüenza, arrancan todas las demás creencias falsas del ego. A continuación indicamos algunas de las falsas creencias o creencias erróneas comunes del ego, en su manifestación a través del Adulto no amoroso y del Niño no amado:

1. No puedo hacerme feliz desde dentro de mí mismo. Otras personas, ciertas actividades y ciertas sustancias son responsables de hacerme feliz o infeliz. No tengo ningún control de mis sentimientos ni de lo que me sucede. Soy una víctima.
2. Los sentimientos de los demás son más importantes que los míos, y yo no soy responsable de los sentimientos de los demás. Cuando los demás se sienten dolidos, desilusionados o afectados por algo que he hecho yo (sin intención de hacer daño), yo soy incorrecto, y la culpa es mía. Merezco los sentimientos de culpabilidad que sufro. Si no soy abnegado, soy egoísta.
3. No puedo enfrentarme al dolor. El dolor será inacabable. Si sufro dolor, me moriré o me volveré loco. Sentir dolor es ser débil.
3. Puedo controlar lo que piensan de mí los demás, lo que sienten acerca de mí y cómo me tratan. Puedo «hacer» que me aprecien, que me amen o que me acepten siendo yo bueno o agradable, y puedo «hacer» que me traten como quiero ser tratado poniéndome iracundo, escrupuloso y crítico cuando ellos no lo son.

4. La resistencia al control de los demás es más importante que cualquier otra cosa. Puedo preservar mi libertad, mi integridad y mi amor propio resistiéndome al control de los demás.
5. Cuidar de mí mismo y hacerme feliz a mí mismo es una actitud egoísta y egocéntrica, y, por tanto, incorrecta. La persona amorosa se cuida de las necesidades de los demás y deja de lado las suyas propias.
6. Aprobación = amor.

El Yo Superior, en su manifestación a través de la conexión entre el Adulto amoroso y el Niño amado, conoce la verdad y la dice. Así, el Adulto amoroso dice al Niño Interior que este es bueno, amoroso, valioso, importante y digno de confianza. El Adulto amoroso dice al niño la verdad acerca de las creencias falsas anteriores:

1. Tengo capacidad de decisión en mis reacciones ante cualquier situación, y son mis propias opciones y reacciones las que crean mi felicidad o mi infelicidad, y no las demás personas o determinadas actividades o sustancias.
2. Los sentimientos de las demás personas son consecuencia de las propias opciones de esas personas en cuanto a sus intenciones, creencias y conducta. Por tanto, yo no soy responsable de sus sentimientos, a no ser que mi intención sea hacer daño. El egoísmo es esperar que las demás personas sean responsables de mis propios sentimientos. Asumir la responsabilidad de mis propios sentimientos es una actitud amorosa y no egoísta.
3. El dolor es un maestro del que puedo aprender. El dolor no destruye; simplemente, hace daño, y yo puedo enfrentarme a

él. Me hago más fuerte enfrentándome al dolor para aprender de él.

4. Controlo mis propias creencias, sentimientos y actos, y no los de ninguna otra persona. Controlo mis propias intenciones, y no las de ninguna otra persona.
5. Mi resistencia al control de los demás me mantiene controlado por mi propia resistencia. Solo soy libre cuando tomo mis propias decisiones, en lugar de estarme resistiendo a las decisiones de los demás.
6. Cuando me ocupo de satisfacer mis propias necesidades y de hacerme feliz a mí mismo estoy siendo responsable de mí mismo. Solo estoy siendo egoísta, egocentrista y menesteroso cuando espero que los demás se olviden de sí mismos para satisfacer mis necesidades.
7. Verdad = amor. Cuando nos limitamos a ofrecer a los demás aprobación, fomentamos su adicción a nuestra aprobación. Cuando decimos la verdad acerca de nosotros mismos, sin juicios de valor y con compasión, a nosotros mismos y a los demás, les ofrecemos y nos ofrecemos una oportunidad para desarrollarnos.

La tarea del Adulto amoroso consiste en decir la verdad a nuestro ego, además de conocer por qué creemos lo que creemos y por qué sentimos lo que sentimos. Así es como nos curamos de nuestras creencias falsas y del dolor de nuestro pasado. Cuando el Adulto amoroso demuestra su amor diciendo la verdad, entonces el ego, en su manifestación del Adulto no amoroso y del Niño no amado, se transforma gradualmente en el Yo Superior.

Dado que la conexión interna total es la iluminación, y que nosotras no conocemos personalmente a nadie que haya alcanzado la iluminación, la voz del ego puede estar siempre con nosotros, pero podemos optar entre ser controlados por ella o pasar a la intención de aprender. Esto se facilita cuando nos damos cuenta de que el ego siempre miente. Piensa y siente de una manera distorsionada, y la verdad es que ya no es necesario que nos rijamos por sus creencias; pero, como somos humanos, nuestra labor consiste en tratar con él. Pero lo que menos desea el ego es que nosotros nos desarrollemos y alcancemos la conexión interna, pues teme su propia pérdida de control o su muerte. De modo que, cuando empezamos a desarrollarnos, a conectarnos amorosamente con el Niño interior, el ego ejerce un poder cada vez mayor, arrojándonos más mentiras, diciéndonos que si seguimos aspirando a nuestra libertad y a la conexión con nuestro Niño Interior acabaremos, sin duda, metiéndonos en graves problemas, o nos quedaremos solos, o moriremos. No obstante, cuando nos hacemos más conscientes del poder amoroso y nutriente del Adulto amoroso, podemos usar este poder dentro de nosotros mismos para convertir los miedos del ego en la verdad, en el amor que está dentro de nosotros. Podemos aprender a confiar en que el Adulto amoroso que está dentro de nosotros repaternizará amorosamente al Niño Interior no amado, curando así el dolor y el miedo del ego.

Capítulo 4
La codependencia: una consecuencia importante de la desconexión

> La codependencia surge cuando dejamos la responsabilidad de nuestra vida y de nuestra felicidad en manos de nuestro ego y de los demás.
>
> Dr. Charles L. Whiteield,
> *Healing the Child Within*

La paradoja que surge cuando nuestro Adulto Interior opta por protegerse de asumir la responsabilidad de nuestro propio dolor y alegría es que todas las cosas que hace nuestro Niño Interior para protegerse de ser tan impotente y de sentirse tan solo son las que crean la mayor parte del dolor, el miedo y las molestias de nuestras vidas. Nuestros intentos de controlar a los demás y de evitar ser controlados, y nuestros intentos de llenarnos a nosotros mismos por medio de las adicciones reducen nuestro amor propio y nos producen angustia y estrés. Estas cosas conducen, a su vez, a las enfermedades, y magnifican nuestros sentimientos de soledad, aislamiento y vacío. Sentimos, generalmente, un conflicto interno, dado que el Adulto y el Niño no trabajan juntos para generar armonía. Pasamos por la vida sintiendo culpabilidad y vergüenza: culpabilidad, porque creemos que estamos *haciendo* algo incorrecto, y vergüenza porque creemos que tenemos algo de incorrecto como seres humanos.

La codependencia

Una de las consecuencias negativas primarias de vivir desde el ego es un estado de ser al que se ha llamado «codependencia». Este término fue ideado por personas que trabajaban en Alcohólicos Anónimos. En un principio se aplicó a la relación entre un alcohólico y las personas que estaban relacionadas estrechamente con él. Ahora se utiliza el término para describir la relación con cualquier adicto.

El codependiente es una persona definida y controlada por otras personas, por situaciones y por los imperativos y reglas del ego. Los codependientes están definidos por todo tipo de cosas, salvo por su Yo Superior. Viven su sentido del yo y de su valía *a través* de otras personas. Cuando el Adulto interno renuncia a la responsabilidad de definir al Niño Interior y de darle valía, el Niño se queda atascado buscando definición y valía en otra parte, por ser dependiente de los demás. Siempre que optamos por operar por el ego, hemos optado por renunciar al poder de definirnos a nosotros mismos y por entregar ese poder a otras personas. Así se define a la persona codependiente: es una persona que entrega a los demás el poder de definirlo a él o a ella misma.

Cuando permitimos que otras personas definan nuestra valía, entonces debemos intentar controlar lo que piensan de nosotros. Toda nuestra conducta controladora (nuestra ira, reproches, llantos, enseñanzas, explicaciones, cuidados, obediencia y negaciones) viene de creer que podemos controlar lo que piensan de nosotros los demás y cómo nos tratan, y que lo que piensan de nosotros y cómo nos tratan nos define a nosotros. La verdad del Yo Superior es que *nuestro sentimiento de valía* y *de amor propio procede del amor del Adulto Interior hacia el Niño Interior.* La mentira del ego consiste en que nuestra valía y nuestra autoestima vienen de otras personas.

De niños nos enseñan sistemáticamente a creer que nosotros somos responsables de los sentimientos de los demás y que, por tanto, los demás son responsables de nuestros sentimientos. ¿Cuántas veces le decían sus padres cosas como estas: «Deja de hacer eso o me vas a hacer enfadar», «Me estás volviendo loco», «Me haces muy desgraciada»; «Me haces muy feliz»? Como si fuésemos titiriteros que tirásemos del hilo e *hiciésemos* que ellos se sintiesen y se comportasen de una manera determinada. Como consecuencia de estos mensajes, adoptamos la creencia errónea de que los demás nos hacen ser felices o infelices y de que nosotros, a nuestra vez, somos responsables de los sentimientos de los demás.

El Niño Interior abandonado es impotente para cambiar esta creencia y es impotente para definirse a sí mismo. Solo el Adulto Interior tiene el poder de cambiar la creencia y de optar por definir el yo. El Niño abandonado queda convertido en víctima e impotente, y proyecta esto sobre los demás, creyendo que bastaría con que los demás cambiasen y lo tratasen de manera diferente para que le desapareciese el dolor. Pero el dolor no desaparecerá jamás hasta que el Adulto Interior vuelva a asumir el poder y tome una nueva decisión de aprender con y de el Niño Interior.

Existen muchas personas que conectan consigo mismas cuando están solas, pero que renuncian a esta conexión en cuanto están con otra persona. Las personas que siguen esta pauta tienden a dividirse en dos categorías: los tomadores y los tutores. Los tomadores están dispuestos a cuidar de sí mismos solo cuando no tienen cerca a otra persona que pueda hacerlo; pero su intención primaria es recibir amor, aprobación y cuidados de los demás, creyendo que esto es lo que les hará sentirse bien en realidad. Los tutores dejan de conectarse y de amarse a sí mismos cuando están junto a otras personas porque creen que son responsables de dar a la otra persona lo que esta quiere, aunque no sea lo que ellos mismos quieren. Los tutores se desconectan de sí mismos cuando están cerca de otros no solo porque quieren la aprobación de los demás, sino porque se creen responsables de los sentimientos de los demás. Es posible que teman que si no renuncian a sí mismos nadie los querrá y estarán solos.

Las relaciones personales de codependencia en las parejas

Cuando dos codependientes no recuperados se juntan (cosa inevitable, pues la mayoría de las personas están desconectadas y, por tanto, son codependientes), establecen una relación personal de codependencia. En una relación personal de codependencia, ambas personas son adictas a otros procesos (el sexo, el trabajo, el dinero, etcétera) o a una sustancia. Cada una de ellas depende del amor y de la aprobación de la otra persona para sus propios sentimientos buenos, y cada una de ellas echa a la otra la culpa de sus propios sentimientos malos. Cada una intenta controlar a la otra de maneras manifiestas y encubiertas para recibir el amor y la aprobación que desean. Cada una puede desearlo bajo una forma diferente. Una puede desearlo a través del sexo. La otra puede desearlo a fuerza de pasar tiempo juntas. Una puede desearlo a base de que la otra se haga cargo de sus necesidades económicas. La otra puede desear que se ocupen de ella en lo emocional. Cada una intenta controlar a la otra por medio de la ira, de la amabilidad, y de otras estrategias manifiestas y encubiertas para recibir lo que desean. La relación personal puede estar cargada de luchas por el poder cuando ambas personas se resisten a ser controladas. Las luchas por el poder solo se evitan por medio de la obediencia, que es una forma encubierta de control.

Joel y Gretchen son una pareja codependiente típica. Joel es un próspero hombre de negocios y Gretchen trabaja a tiempo parcial como diseñadora de jardines. Joel tiene una facilidad increíble para ganar dinero: todo lo que toca se convierte en oro, y su amor propio está muy vinculado al dinero. En su casa, no obstante, Joel es un niño pequeño, menesteroso y exigente. No tiene idea de cómo hacerse feliz a sí mismo y por sí mismo, de modo que espera que Gretchen esté disponible siempre que él está en casa. No tiene amigos, y depende de Gretchen para cubrir todas sus necesidades emocionales. Además, es muy exigente en lo sexual, pues cree que se merece practicar el sexo siempre que lo desee, dado que él mantiene a la familia. Al fin y al cabo, el matrimonio es «un toma y daca»: él da dinero, de modo que tiene derecho a recibir sexo, y la misión de Gretchen es entregarlo, dado que ella recibe el dinero. Cuando Gretchen no le entrega el tiempo, la aprobación o el sexo que desea, Joel suele tener ataques de ira, y a veces llega a ponerse violento físicamente. En algunas ocasiones demuestra su ira gritando y amenazando a Gretchen, y otras veces se retrae emocionalmente durante días enteros.

Mientras que Joel es el tutor económico, Gretchen es la tutora en lo emocional y en lo sexual. Gretchen se cree insignificante y sin méritos, y cree que su valía estriba en agradar a los demás. Ha aprendido a hacer uso del sexo para manipular la aprobación de Joel, de la que depende ella. Ella odia y teme la ira de él y su retraimiento, y está dispuesta a hacer lo que sea para evitarlos, incluso a renunciar a sí misma dedicándole tiempo a él aun cuando ella preferiría estar haciendo otras cosas. Mientras Joel intenta controlar por medios manifiestos, Gretchen intenta controlar por medios encubiertos: por el sexo, la adulación, los regalos, y pasando todo su tiempo libre con Joel, además de renunciar a todos sus demás intereses y amigos. Gretchen reacciona ante Joel, pues cree que bastaría que Joel fuera diferente para que ella no tuviera que ser tan manipuladora y para que no tuviese que renunciar a tanto de sí misma.

Pero no sucede así, pues las personas siempre están perfectamente conjuntadas al nivel de sus heridas comunes. Joel y Gretchen operan en su relación como dos niños abandonados. Cada uno de los dos ha renunciado a la responsabilidad de su propia felicidad y la ha puesto en manos del otro, y cada uno de los dos culpa al otro por su propia infelicidad.

La mayoría de nosotros emprendemos nuestras relaciones personales con niveles bajos de amor propio, esperando que nuestro compañero o compañera nos haga sentirnos plenos y bien con nosotros mismos. Esto, el hecho de que esperemos que nuestro compañero sea responsable de nuestros buenos sentimientos, es una de las grandes dificultades de las relaciones personales. Pero solo cuando nos amamos a nosotros mismos por medio de la conexión amorosa con nuestro Niño Interior podemos amar verdaderamente a otra persona, deseando conocer a esa persona y apoyando su desarrollo y su felicidad. Cuando no nos amamos a nosotros mismos, nos sentimos amenazados por el desarrollo de la otra persona. De modo que, en lugar de apoyarla, intentamos empequeñecerla y controlarla. Cuando no nos conocemos ni nos amamos a nosotros mismos, tememos el rechazo/abandono y el dominio/absorción por parte de nuestro compañero, y encontramos muchos modos de protegernos de lo que tememos. Una persona retraída o remisa puede disparar nuestros miedos a ser abandonados, de modo que nos protegemos volviéndonos controladores. Una persona exigente o controladora puede poner en marcha nuestro miedo a ser absorbidos, de modo que nos protegemos volviéndonos retraídos o remisos. No podemos dar amor cuando nos estamos protegiendo de esos miedos. Para poder mantener relaciones amorosas, debemos empezar por explorar a nuestro Niño Interior y por plantar cara a nuestras creencias erróneas, autolimitadoras, sobre nosotros mismos. Mientras no sepamos que somos dignos de ser amados, dependeremos de otras personas para que nos hagan sentirnos bien con nosotros mismos, y seguiremos temiendo el abandono o la absorción.

El ego siempre es adicto a la aprobación, que es lo que crea la codependencia, pues cree firmemente que el amor propio y la felicidad provienen de la aprobación de los demás. Siempre que obremos basándonos en esta falsa creencia, seguiremos comportándonos de modos que empequeñecen nuestro amor propio: intentamos moldearnos sobre el modo «correcto» de ser, en vez de ser quienes somos; violentamos nuestras preferencias para evitar la desaprobación (practicando el sexo cuando no queremos; haciendo de tutores cuando no queremos; gastando dinero cuando no queremos; atendiendo a invitados cuando no queremos); nos enfadamos o hacemos pucheros y nos ponemos a dar explicaciones, con la esperanza de hacer que nuestro compañero o compañera vea que él está equivocado, para que nosotros recibamos la aprobación o la atención que creemos que nos hará sentirnos bien; intentamos recibir lo que creemos que nos hace falta para sentirnos merecedores de amor (sexo, conexión, tiempo con nuestro compañero o amante). Cada vez que nos comportamos de alguno de estos modos, tan poco amorosos para nosotros mismos, socavamos sin darnos cuenta nuestro amor propio. Pero, al mismo tiempo, nuestro ego nos dice que en cuanto encontremos el modo de recibir aprobación o de tener éxito, entonces seremos felices y nos sentiremos bien con nosotros mismos.

En las relaciones de codependencia, ambos miembros de la pareja sufren enormemente; pero así es como funciona la mayoría de las relaciones personales en nuestra sociedad. Si la pareja intenta recurrir a la terapia, es muy probable que el terapeuta sea un codependiente no recuperado y que, por tanto, no les pueda brindar ayuda. Un terapeuta codependiente que no esté en vías de recuperación no puede ayudar a otras personas a hacer frente a su codependencia. No podemos ver en los demás lo que no hemos tratado en nosotros mismos. Los terapeutas codependientes pueden hacer, incluso, más mal que bien, pues pueden llegar a fomentar la codependencia en sus pacientes.

Las familias disfuncionales

De las relaciones codependientes de pareja surgen las familias disfuncionales, es decir, las familias en que uno de los padres o ambos son alcohólicos, drogadictos, bulímicos, adictos al trabajo, adictos al sexo, adictos a la ira, violentos con los niños, adictos a la televisión, jugadores, derrochadores, adictos al control o tutores. Dado que tanto el padre como la madre buscan la aprobación y no tienen una idea clara de lo que significa amarse a sí mismos u optar por aprender, este es el modelo que imponen a sus hijos. Como no pueden amar a sus hijos más de lo que se aman a sí mismos, las necesidades de amor de los niños no se cubren, y el niño se siente imperfecto, solo y aislado, nace el ego en el niño, y se pone de nuevo en marcha el ciclo de la desconexión interna, la disfunción y la codependencia.

A los niños de familias disfuncionales codependientes en las que existe alcoholismo, incestos, malos tratos y otras disfunciones les resulta bastante difícil saber que no hay nada de malo en ellos. Como no saben que la incapacidad que tienen sus padres para amarlos no tiene nada que ver con ellos, los niños llegan a la conclusión natural de que no los aman porque ellos mismos son defectuosos de algún modo. Absorben muy pronto la creencia esencial del ego, basada en la vergüenza, de que son malos, incorrectos, indignos, no merecedores de ser amados, insignificantes e inadecuados, lo que prepara el terreno para su propia desconexión interna.

Nuestra sociedad disfuncional, llena de guerras, delincuencia, violencia, hambre y agresiones al planeta, surge de nuestras familias disfuncionales. El ciclo solo terminará cuando cada uno de nosotros decidamos individualmente aprender con nuestro propio Niño Interior lo que significa amarnos a nosotros mismos.

Capítulo 5
La conexión

El primer requisito previo de la intimidad es tener intimidad con nosotros mismos. Mientras busquemos la intimidad fuera de nosotros, jamás la tendremos y jamás seremos capaces de darla. Para tener intimidad con otra persona, tenemos que saber quiénes somos nosotros, cuáles son nuestros valores, qué es importante para nosotros y qué queremos. Si no sabemos estas cosas sobre nosotros mismos, no podremos compartirlas nunca con otra persona.

ANNE WILSON SCHAEF
Escape From Intimacy *

Es más fácil comprender el concepto de conexión interior cuando podemos sentir dónde residen en nuestro cuerpo el Niño y el Adulto. El Niño, el aspecto instintivo, vive en el centro del cuerpo, en el plexo solar, en el vientre, o en lo que suele llamarse el tercer *chakra* (los chakras son centros de energía del cuerpo, según la tradición hinduista). Cuando alguien dice: «Esta es mi

* *Recobra tu intimidad*, Editorial Edaf, Madrid, 1993.

reacción visceral»[**], se refiere a la experiencia del Niño. Cuando nos criamos aprendiendo a confiar en nuestras reacciones viscerales, entonces somos muy conscientes de lo que sentimos en esta zona de nuestro cuerpo. Pero si nos hemos criado negando nuestros sentimientos, ya fuera porque el dolor de nuestra infancia fuese demasiado grande y nosotros nos cerrásemos para sobrevivir, o porque vivir nuestra verdad nos generaba demasiados rechazos, entonces esta zona del cuerpo puede sentirse vacía, muerta o insensible. En otros casos, las personas pueden seguir sintiendo muchos sentimientos diferentes en esta zona, pero sin que presten verdadera atención a lo que dicen esos sentimientos, pues les han enseñado a desconfiar de sus sentimientos o de sus reacciones viscerales.

Los procesos de pensamiento del Adulto residen en la cabeza. El Adulto amoroso, el Adulto que ha optado por aprender, es un círculo de energía que se mueve entre la cabeza y el corazón, el cuarto chakra. Esto significa que los pensamientos del Adulto amoroso se llenan del amor y de la compasión que fluyen del corazón. Como este canal del corazón está abierto, el Adulto puede trasladar fácilmente su atención al tercer chakra, el de los sentimientos del Niño, para conocer estos sentimientos y aprender de ellos. Cuando esto sucede, se crea un círculo continuo de energía entre la cabeza, el corazón y el vientre. Esta es la conexión interior. El adulto está viviendo los sentimientos del Niño, y está abierto para conocerlos, comprenderlos y actuar en función de ellos, mientras

** En inglés, *gut reaction*, o «reacción de tripas». *(N. del T.)*

que el Niño siente el amor, el apoyo y el conocimiento del Adulto. El corazón está abierto para dar y recibir con los demás, pues está abierto al Yo.

El Adulto no amoroso, el Adulto que ha optado por protegerse a sí mismo del dolor, del miedo, de las molestias y de ser responsable del Niño, se desconecta del corazón. Cuando la intención es proteger, el corazón puede estrecharse y sentirse comprimido, o es posible que se sienta simplemente vacío. Con el corazón cerrado, no hay acceso al Niño, y el Niño queda abandonado.

Definición de la conexión

Todos anhelamos una profunda conexión emocional y espiritual con otra persona. La conexión es el sentimiento de plenitud y de unidad que tenemos dentro de nosotros mismos cuando estamos en armonía con el Niño Interior, y es el sentimiento de unidad que tenemos con los demás cuando cada persona está abierta a su propio Niño y, por tanto, está abierta a los demás. La conexión es un círculo ininterrumpido de energía de amor que transcurre entre el Adulto y el Niño, entre los Yoes Superiores de dos o más personas, y entre el Yo Superior de un individuo y la energía universal del Dios/Diosa. La conexión con uno mismo produce un sentimiento de paz y de alegría. La conexión con los demás y con el universo es un sentimiento de paz y alegría intensas. De hecho, es el sentimiento más maravilloso que podemos sentir nunca. Es la esencia del amor.

Muchas personas alcanzan un sentimiento de conexión con Dios o con el universo por medio de la meditación. Si lo consiguen o no, depende de la *intención* de la meditación. Cuando la intención es aprender, entonces la meditación, sobre todo cuando la practicamos concentrándonos en la respiración, puede abrirnos a vivir nuestro Niño Interior. Uno de los medios por los que la gente cierra el paso a los sentimientos del Niño es respirando superficialmente o conteniendo la respiración. Cuando la intención es conocerse a sí mismo, la respiración puede ayudarle. Cuando se vaya conectando cada vez más con su Niño Interior y se le abra el corazón, sentirá la conexión universal del Dios/Diosa. Pero si su intención es saltarse su trabajo interior y llegar directamente a la conexión con Dios, no solo no llegará nunca, sino que estará utilizando la propia meditación como una adicción, intentando recibir los buenos sentimientos desde fuera de sí mismo. Hemos trabajado con personas que han pasado años enteros meditando y que no están más cerca de la conexión que el primer día, pues su intención es evitar la responsabilidad sobre sí mismos. Utilizan la meditación como un medio para permanecer separados de su Niño Interior. La conexión universal solo se alcanza a través del Yo Superior, la conexión interior entre el Adulto y el Niño.

Cuanto más conecte usted con su Niño Interior, más vivirá de manera natural la conexión universal, un estado profundo en el que siente que fluyen hacia su interior el amor y la sabiduría universal. Esta experiencia trascendente está al alcance de cualquiera que esté dispuesto a realizar el trabajo de recuperación necesario.

La conexión con los demás

Las mujeres suelen tener un sentimiento de conexión en sus amistades entre mujeres, pero suelen también sentirse frustradas en sus intentos de conectar con los hombres que intervienen en sus vidas. Esto se debe a que nuestra cultura ha dificultado a los hombres la toma de posesión de su aspecto femenino, de su Niño Interior, del mismo modo que ha dificultado la toma de posesión por parte de las mujeres de su aspecto masculino, de su Adulto.

Si examinamos las amistades entre hombres y entre mujeres, observamos que los hombres suelen compartir diálogos a base de discusiones intelectuales sobre el trabajo, la política o los deportes, diálogos que proceden del Adulto. Pero las amigas íntimas suelen mantener discusiones profundas sobre sentimientos y creencias, compartiéndose a sí mismas y aprendiendo a través de la curiosidad del Niño. Sus relaciones suelen tener un nivel mucho más profundo. Es frecuente que los hombres solo encuentren este sentimiento de conexión con mujeres. Pero a las mujeres les resulta difícil a veces establecer esta conexión con los hombres, dado que a los hombres les puede faltar la conciencia de los sentimientos que proceden del Niño. Oímos decir muchas veces a nuestras pacientes: «¡Ojalá pudiera hablar con mi marido como hablo con mis amigas! Me parece muy fácil conectar con mis amigas, y muy difícil conectar con mi marido. Parece raro decirlo, pero ¡siento mayor intimidad con mis amigas que con mi marido! Parece que le resulta penoso compartir sus sentimientos conmigo o comprender verdaderamente lo que siento». Pero, según nuestra experiencia, parece que esto está cambiando, pues cada vez son más los hombres que se abren a sus sentimientos.

Todos deseamos la conexión con los demás más que ninguna otra cosa, probablemente. Pero muchas personas creen que tal conexión les debe ser entregada por otra persona, y, por tanto, la conexión se les escapa. Solo cuando estamos abiertos a nuestro propio Niño estamos abiertos a la conexión con los demás. Cuando estamos en nuestros egos, es como si cerrásemos la puerta a aquel círculo de energía de amor. Entonces, como nos sentimos tan separados y vacíos, intentamos manipular una conexión con los demás a través del control o de la obediencia. Podemos «hacernos» los amables o los amorosos como medio para recibir conexión, sin darnos cuenta nunca de que antes de que se abra la puerta tenemos que conectar con nuestro propio Niño. Cuando se abre la puerta, entonces nos sentimos amorosos, y nuestra conducta es un reflejo sincero de nuestros sentimientos, más que una simple representación.

La conexión se produce en el momento

La conexión interior, la experiencia de la plenitud y de la unidad del Yo Superior, se produce siempre que nuestro Adulto mantiene un diálogo amoroso con nuestro Niño. El ego, con su sentimiento de separación interior, asume el mando siempre que nuestro Adulto opta por el diálogo interior no amoroso, o cuando nuestro Adulto deja que el Niño se ocupe de las cosas por su cuenta.

El ego existe en el pasado y en el futuro. Cuando estamos en nuestro ego, estamos proyectando hacia el futuro nuestras creencias del pasado. Eso es lo que provoca el miedo y la angustia. Nos asustamos y nos angustiamos cuando creemos que va a suceder algo malo: vamos a fracasar, vamos a ser rechazados, vamos a ser incorrectos, se van a reír de nosotros o vamos a perder a una persona amada, y creemos que no podemos enfrentarnos a tales sentimientos dolorosos. No podemos conectar con los demás desde nuestros egos porque cuando estamos en nuestros egos estamos desconectados de nosotros mismos. No podemos conectar cuando estamos asustados o angustiados porque no podemos conectar a no ser que estemos completamente en el momento. Cuando estamos en el momento, estamos en nuestro Yo Superior.

Cuando estamos apegados al resultado de una interacción, no estamos en el momento. Cuando nuestro objetivo es *hacer* que se produzca una conexión, o nuestra expectativa es divertirnos, o tener relaciones sexuales, o ser amados, o recibir aprobación, o evitar la desaprobación, entonces no estamos en el momento: estamos en el futuro. Siempre que intentamos conseguir algo o hacer que suceda algo estamos en el futuro, en nuestro ego. Por tanto, si entre dos personas existe un objetivo o una expectativa, no puede existir una verdadera conexión, solo manipulaciones. La verdadera conexión con otra persona solo se produce cuando cada una de las personas está completamente en el momento con sus sentimientos y con la otra persona. Si una de ellas está apegada al resultado, entonces sus pensamientos están orientados al futuro, pues intentan alcanzar ese objetivo, y pierde el contacto consigo misma y con la otra persona en ese momento. Si estamos preocupados por si se cumplirá o no nuestro resultado esperado, no podemos ser conscientes de lo que sentimos ni de lo que siente la otra persona. Y si tenemos unas expectativas de sexo, de aprobación o de conexión, entonces toda nuestra conducta es un intento de recibir lo que queremos y, por tanto, es una manipulación.

Siempre es más fácil estar abiertos al momento y conectar en una aventura amorosa que conectar en una relación de pareja comprometida. Cuando las personas pasan a mantener una relación de pareja comprometida o se casan, se activan sus miedos a la desaprobación, al rechazo y al dominio. En nuestras primeras relaciones primarias, las que mantenemos con nuestros padres, todos desarrollamos miedos a la desaprobación, al rechazo y al dominio, y trasladamos estos miedos a todas las relaciones primarias subsiguientes, hasta que les hacemos frente y trabajamos por superarlos. En el caso de muchas personas, estos miedos no se disparan en una aventura amorosa porque el miedo a la pérdida no es grande. Por tanto, las personas suelen conectar más profundamente en las aventuras amorosas que en su relación primaria.

El sexo y la conexión

Uno de los malentendidos principales entre los hombres y las mujeres se produce en el área de la sexualidad. Muchas de las parejas con las que trabajamos se presentan en nuestra consulta con la misma queja: él quiere más sexo, y ella no. La cuestión suele ser una misma: una falta de conexión emocional y espiritual.

Muchos hombres, aunque desde luego no todos, utilizan el sexo como medio para conectar, pero la mayoría de las mujeres no sienten deseos sexuales hasta que existe una conexión. Así se plantea un dilema en muchas parejas, pues el hombre está diciendo: «Si hacemos el amor, me sentiré abierto y conectado contigo», mientras que la mujer está diciendo: «Pero a mí no me apetece tener relaciones sexuales hasta que estés abierto y conectemos». Además, muchas personas utilizan el sexo como medio para afirmarse, además de como medio para sentirse bien consigo mismas. Esto constituye una adicción sexual, pues creen que sus buenos sentimientos proceden del hecho de resultar atractivos a la otra persona y de tener relaciones sexuales con ella. La persona compañera de la que padece esta adicción suele sentirse presionada para *hacer* feliz a su compañero o compañera. Con este tipo de interacción no es posible la conexión. Las dos personas acaban sintiéndose mal, sin comprender por qué no puede producirse la conexión.

La sexualidad puede proceder del ego o del Yo Superior. El sexo que procede del ego siempre se practica con la intención de *recibir* algo: de recibir amor, conexión, afirmación, liberación de la tensión, el orgasmo. El sexo del Yo Superior siempre es una expresión de amor, y es, por tanto, una reacción *de entrega*. Esto confunde a veces, como en el caso en que un hombre que quiere hacer el amor dice a una mujer que no quiere: «Pero ¡lo único que quiero es amarte! No me estás dejando que te ame». Son las afirmaciones confusas de esta naturaleza las que pueden llevar a la mujer a sentirse loca. Él dice que quiere amarla, pero ella no *siente* que sea así. Está claro que si él quisiera verdaderamente amarla, no querría que ella hiciera el amor, o ninguna otra cosa, si ella no lo desease. Por el contrario, él querría saber lo que ella quería en realidad, y se sentiría verdaderamente bien dándole lo que desease. Siempre que un hombre intenta convencer a una mujer de que haga el amor con él, él está en su ego e intentando conseguir algo, aunque diga que es porque la ama. Esto es igualmente cierto cuando se intercambian los papeles y cuando es la mujer la que quiere convencer al hombre.

El sexo desde el Yo Superior siempre es una experiencia muy sensual. Cuando las parejas hacen el amor desde su Yo Superior, no hace falta que les enseñen nada. Cuando expresan con naturalidad sus sentimientos amorosos mutuos, todo fluye entre los dos. Las personas tienen problemas sexuales cuando intervienen en las relaciones los miedos y las creencias del ego, y cuando hacen el amor desde su Niño abandonado. En el momento en que la energía sexual cambia del dar al recibir, aparecen los problemas. Incluso si la persona está en modo de dar mientras hace el amor, pero en modo de tomar en el resto de sus relaciones, esto se reflejará en las relaciones sexuales. Pero cuando ambas personas están abiertas al otro desde su Yo Superior, y cuando han establecido la conexión de la energía de amor, entonces su sexualidad fluirá de manera natural y libre. Por eso no suelen dar resultado los intentos de resolver los problemas sexuales a fuerza de cambiar las conductas. Solo cuando la intención cambia del recibir al dar y se produce una verdadera conexión, se resuelven verdaderamente los problemas sexuales. El siguiente ejemplo de ello fue escrito por Sheila, una de nuestras pacientes.

El sexo siempre había sido un problema para mí. Creí durante años que me pasaba algo. Mi primer matrimonio terminó porque a mí no me apetecía nunca tener relaciones sexuales, y yo estaba segura de que todo era culpa mía. Mi segundo matrimonio, que fue largo, también fue así, pero yo aguanté porque me figuraba que no podía aspirar a nada mejor. Entonces conocí a Wayne. Nos conocimos por casualidad, en el trabajo, y nos hicimos amigos poco a poco. Empezamos a pasar más tiempo juntos, compartiendo los detalles más íntimos sobre nosotros. No era solo la conversación, pues mi marido y yo siempre habíamos hablado mucho y habíamos compartido conversaciones íntimas. Es difícil de explicar; pero fue como si él hubiera abierto una puerta dentro de sí mismo y me hubiera dejado entrar en él de una manera profunda y sentida, y él también entró por la puerta que le abrí yo. Su energía se me abría en el momento de un modo que yo no había vivido nunca. No hicimos el amor hasta dos años después de conocernos; pero, cuando lo hicimos, no fue como nada que yo hubiera vivido hasta entonces. Ambos descubrimos que nos gustaba hacer cosas que no nos habían gustado antes, tales como besarnos mucho. ¡Podíamos pasar horas enteras besándonos! Y parecía que nuestros cuerpos se compenetraban muy bien. Ahora descubrimos que los pequeños defectos que nos hubieran molestado en otra persona no nos molestan en absoluto. Él hace, incluso, algunas cosas que me volvían loca cuando las hacía mi marido, como olvidarse de las cosas, pero en él no me molestan en absoluto. Y todo lo que hacemos juntos es divertido, como salir a comprar muebles, una tarea que siempre me había fastidiado en otros tiempos. Me he dado cuenta de que lo que marca la diferencia no es lo que hacemos, sino la energía con la que lo hacemos. Cuando la energía entre nosotros está abierta y fluye con amor, entonces todo funciona. Ahora me doy cuenta de que con mis dos maridos no me sentía excitada porque no existía una verdadera conexión. Nunca se abrían de verdad a mí, de modo que yo no podía sentirlos de verdad; y ellos nunca extendían hasta mí su energía. Incluso

> cuando daban parecía que tomaban, pues siempre tenían que pasar factura. Wayne nunca se enfada si yo no quiero hacer algo, incluso cuando no quiero hacer el amor. Se limita a mantenerse abierto para conocerme. ¡Es una sensación maravillosa!

Todos los problemas de los matrimonios y de las familias arrancan de la desconexión interna. Dado que no podemos amar a los demás ni conectar con ellos mientras no nos amamos ni conectamos con nosotros mismos, aprender a amar al Niño Interior es la clave para resolver los problemas de las relaciones personales.

Capítulo 6
Los frutos de la conexión

> La combinación de estos dos poderes, el razonador, que depende del aprendizaje, y el instintivo, versado finamente en el mismo tipo de conocimiento innato que guía a los demás animales durante todas sus vidas (fruto de sus interacciones), es el carácter humano y la potencialidad exclusivamente humana para la eficiencia instintiva e intelectualmente refinada.
>
> JEAN LIEDLOFF
> *The Coninuum Concept*

Cuando optamos por vivir de una manera conectada con nuestro Niño Interior, transformando el ego en Yo Superior, la vida se convierte en una experiencia maravillosa. Nos sentimos en paz, centrados y físicamente sanos, con un sentimiento de plenitud interior y un sentimiento de compasión y de unidad con todos los seres vivos. Nos sentimos alegres, incluso cuando estamos tristes. Como dijo Richard, uno de nuestros pacientes: «El dolor que siento cuando estoy desconectado es espantoso. Pero cuando conecto con mi Niño Interior, incluso el hecho de sentir su dolor es agradable».

El amor propio

Cuanto más profundamente aprendemos a amar a nuestro Niño Interior, más vivimos un amor propio elevado. El amor propio significa simplemente sentirse merecedores de amor, adecuados y valiosos. Si bien nuestro ego nos dice que el amor propio proviene de la aprobación de los demás, la realidad es que el amor propio procede de la aprobación interior, *de lo que piensa el Adulto Interior acerca del Niño Interior, y de cómo trata el Adulto al Niño.* Cuando los demás nos otorgan aprobación, podemos sentirnos bien de momento, pero el buen sentimiento desaparece pronto, y necesitamos más aprobación para volver a sentirnos bien. (Por eso es una adicción: necesitamos más y más para sentirnos bien.) Los buenos sentimientos que proceden del ego siempre son efímeros. Pero cuando el Adulto Interior ama al Niño Interior durante cierto tiempo, el Niño llega a saber que es digno de ser amado y valioso. Este conocimiento no es momentáneo, sino profundo y permanente.

Cuanto más tiempo dedique usted a ser un Adulto amoroso y a aprender acerca de su Niño Interior, más le gustará y más valorará estar consigo mismo. Cuando descubra que le gusta estar consigo mismo más que estar con ninguna otra persona, ya no será adicto a nadie. Esto no quiere decir que vaya a querer estar siempre solo; ni mucho menos. Cuando se llene a sí mismo estando en contacto consigo mismo y amándose, entonces se sentirá tan lleno de amor que querrá ofrecérselo a los demás de manera natural. La persona conectada no busca una relación personal para conseguir algo, sino más bien para entregar amor a los demás como se lo ha entregado a sí misma. «Amarás a tu prójimo como a ti mismo» quiere decir que primero debemos amarnos a nosotros mismos y entonces podremos amar a los demás, como nos amamos a nosotros mismos. Si a usted le gusta estar con los demás pero no le gusta estar consigo mismo, eso quiere decir que valora a los demás más de lo que se valora a sí mismo, y que quiere estar con ellos para recibir algo de ellos, más que para darles algo. En este caso está siendo menesteroso y adictivo. Cuando pase el tiempo suficiente aprendiendo con su Niño Interior, llegará a ver y a conocer quién es usted, hasta tal punto que le guste estar consigo mismo. Esto es el amor propio elevado.

El amor propio elevado es una opción que se toma. Es consecuencia de lo que sentimos sobre nosotros mismos, de lo que optamos por creer acerca de nosotros mismos, de si optamos por creer que somos merecedores de amor o no lo somos. Cuando nos damos cuenta de que el amor propio elevado procede de amar a nuestro propio Niño Interior, más que de la aprobación de los demás, entonces podemos ver que tenemos verdaderamente la posibilidad de elegir nuestros sentimientos acerca de nosotros mismos. Cuando nos volvemos no avergonzadores y no violentos con nosotros mismos y con los demás, amando incondicionalmente a nuestro Niño Interior, la dureza que creíamos necesaria para protegernos del daño se funde en una sensación de blandura y de poder interior.

El poder personal y la blandura

La blandura es la energía del calor, la ternura, el amor y el poder que emanan de las personas cuando están en su Yo Superior. En ese momento se conocen y se aman a sí mismas, no se avergüenzan ni se violentan a sí mismas ni a los demás, no buscan aprobación ni temen la desaprobación, no están cohibidas y no toman como cosa personal las críticas, la ira o el rechazo de los demás. La energía blanda dimana del poder personal, pues cuando las personas saben quiénes son, lo que quieren y cómo se sienten, y saben que tienen derecho a querer lo que quieren y a sentir lo que sienten, entonces no pueden ser dominadas, controladas o dañadas emocionalmente por otros. Cuando estamos en este estado de posesión de nuestro poder personal, estamos más allá de la debilidad y más allá de la violencia de ningún tipo. Podemos permitirnos ser blandos porque sabemos que no somos débiles. Estar en este estado es un ideal; todos podemos aspirar a estar en él la mayor parte del tiempo. Por desgracia, muchas personas, al leer la palabra *blandura* o al oír decir que alguien es blando, piensan en un debilucho, en un enclenque, en un mequetrefe, en un alfeñique o en un lila. Evidentemente, existe una gran confusión entre blandura y debilidad.

Blandura contra debilidad

Nuestro ego nos ha enseñado a creer que la blandura y el poder se excluyen mutuamente, que la blandura es debilidad y que la dureza es poderosa. El ego nos dice, por tanto, que no podemos ser blandos y poderosos a la vez. Pero para dar y recibir amor debemos ser blandos. El amor nunca procede de la dureza del ego.

Es muy importante comprender la diferencia entre la blandura y la debilidad. Somos débiles cuando somos pasivos, rindiéndonos ante los demás y dejando que se aprovechen de nosotros. También somos débiles interiormente cuando tememos que nos controlen los demás y cuando cubrimos este miedo intentando controlar a los demás. Somos débiles cuando otorgamos poder a la aprobación y a la desaprobación de los demás. Somos débiles en cualquier ocasión en que tenemos miedo y en que permitimos que ese miedo nos controle de cualquier modo, ya sea poniéndonos iracundos, críticos, acusadores, o pasivos, obedientes o resistentes. En otras palabras, somos débiles siempre que estamos desconectados de nuestro Niño Interior, renunciando a la responsabilidad sobre nosotros mismos y actuando a partir de los miedos y las creencias del ego.

Blando, por tanto, no quiere decir débil, y tampoco significa obediencia. Tomemos el ejemplo de Joe. Es un representante sindical típico. Se presenta ante la mesa de negociaciones armado de exigencias, de causas que defender y de amenazas. Intenta sobreponerse a sus adversarios por la dureza y la inasequibilidad. Debe decir «no» con la voz más tronante que pueda. ¿Y si se limitara a decir, simple y suavemente, desde un lugar conectado interior, «estas son mis condiciones»? Podría relajarse en su asiento, seguiría centrado dentro de sí mismo y no tendría que someter su cuerpo y su espíritu a los tormentos de la tensión y de la dureza. Podría dejar todo aquello a sus adversarios, que con el tiempo se acabarían desgastando. Desde su conexión interior podría ver la situación desgraciada de su adversario y aun lo amaría por su lucha. Esto es poder y blandura *a la vez:* es el poder de la blandura.

Cierto día Erika observó la interacción siguiente entre un amigo suyo y un conocido de este. Estaban sentados charlando en una merienda en el campo cuando el amigo de Erika encendió un cigarrillo. Ella sabía que él quería dejar de fumar pero que le estaba resultando difícil. El conocido de él empezó a soltarle un discurso sobre el vicio de fumar, y le preguntó cómo podía seguir haciendo tal cosa. El amigo de Erika, un hombre blando y sensible, sonrió y dijo sencillamente: «Todos tenemos nuestros hábitos malos, ¿no?». No se enfadó, ni se puso a la defensiva, ni intentó explicar nada. Permaneció blando y centrado, pero no se dejó abrumar por el otro hombre. Si este hombre se hubiera sentido incorrecto por fumar, si hubiera emitido juicios de valor sobre sí mismo o hubiera temido la desaprobación de los demás, probablemente se habría sentido dolido por la crítica y habría actuado a la defensiva, o bien no habría dicho nada, pero se habría sentido alterado o airado interiormente. Sus juicios sobre sí mismo lo habrían debilitado. Por el contrario, su aceptación de sí mismo, y, por tanto, de la otra persona, lo hacía blando y poderoso.

Blandura y poder

La blandura es como somos cuando estamos conectados y no asustados, que es la manera de ser más poderosa. El falso poder, el poder de dominar y controlar a los demás, se basa en el miedo, y así suele ser cómo el Niño abandonado intenta controlar a los demás e intenta evitar que lo controlen. Es manipulador, y nunca crea alegría ni amor propio. El verdadero poder, que es el poder de nutrir y de dar, más que de dominar y de tomar, es blando.

Marcia, una paciente nuestra que tiene poco más de cincuenta años y está viviendo su segundo matrimonio, escribió lo siguiente sobre el poder de la blandura:

> En mi clase de psicología nos pidieron esta semana que nos repartiésemos en parejas para realizar un ejercicio. Pidieron a los hombres que cerrasen el puño y que se resistiesen a abrirlo. Las mujeres debíamos abrir aquellos puños del modo que pudiésemos.
>
> Cuando me volví hacia el joven que estaba sentado a mi lado y al que solo conocía de verlo en clase, supe instintivamente lo que tenía que hacer. Le miré a los ojos, de manera profunda pero tierna, y le remangué la camisa. Después, le acaricié suavemente el brazo hacia arriba y hacia abajo, como solía hacer con mis hijos cuando estaban tensos. Luego pasé a acariciarle los dedos y a abrirle los dedos de uno en uno, mientras no dejaba de mirarle blandamente a los ojos. Se le abrió el puño sin ninguna resistencia. El joven sonreía y parecía transformado momentáneamente. No sabía exactamente lo que había pasado, pero dijo que se sentía de maravilla. Yo también me sentía de maravilla; no por haber ganado por el hecho de haberle abierto el puño, sino porque me sentía cálida y más próxima a él. Se le había abierto el puño por el poder de la blandura.
>
> El profesor se quedó muy sorprendido cuando le relatamos nuestra experiencia, pues, como él esperaba, la mayoría de las mujeres habían intentado abrir por la fuerza el puño de sus compañeros, apretando los dientes y encontrándose con una gran resistencia, y fracasando en algunos casos.

He pasado casi diez años de mi matrimonio intentando abrir a mi marido por la fuerza. Nunca ha dado resultado. La dureza y la fuerza solo han sido recibidas con resistencia, ira y alienación. Cuando la ira estaba a punto de cerrarnos para siempre, fui capaz, con ayuda de la terapia, de ponerme en contacto con ese punto blando interior que quiere amar.

He tenido que prestar atención y que seguir consciente todo el tiempo de cuándo estoy conectada y dando, y de cuándo estoy desconectada y forzando. Me resulta demasiado fácil saltar de dar a hacer juicios de valor y exigir, de ser blanda y abierta a ser dura y cerrada.

En el pasado he sido proclive a juzgar a mi marido, sobre todo, cuando él faltaba al trabajo. Cuando decía que estaba enfermo, yo sospechaba, y cuando estaba deprimido, yo me enfadaba. Esta semana ha sufrido una operación leve y ha faltado al trabajo. Manteniéndome en contacto con mi blandura, fui capaz de aceptar su ausencia del trabajo sin hacer juicios de valor y sin preocuparme por el dinero, por su reputación en el trabajo o por sus motivos para quedarse en casa. Él no parecía preocupado, de modo que yo opté por no estarlo tampoco, y no surgió la tensión que esta situación ha provocado siempre. Fui capaz de mantenerme en contacto con mis sentimientos positivos y de sentirme amorosa hacia él.

La blandura genuina es poderosa porque no espera nada a cambio. Es autopotenciadora, de modo que en aquellos momentos no estoy atada a la preocupación por lo que voy a recibir a cambio, que limita la entrega y la condiciona. Y, sorprendentemente, este tipo de entrega suele tener un impacto muy positivo. Como es tan libre, crea un círculo de amor, un flujo de sentimientos amorosos entre nosotros.

En varias ocasiones a lo largo de esta semana he dicho o hecho cosas pequeñas, como fijarme en su aspecto, acariciarle más, preguntarle por su salud y expresarme, en general, de una manera más amorosa. También él parecía más blando y más abierto.

> En otras ocasiones él reaccionó con un vestigio de su antigua ira, aprensión o sospecha. Sabiendo que yo me había propuesto ser blanda y libre de juicios, sabiendo que él reaccionaba a la defensiva por la historia de nuestras relaciones, fui capaz de mantenerme blanda, y me sentí de maravilla. A los pocos momentos él se había disculpado y había reconocido que sus reacciones habían sido defensivas. Por supuesto, yo también me he vuelto muy consciente de mis reacciones y soy capaz de explorarlas rápidamente con él.
>
> Este es un gran avance para nosotros, aunque nos queda mucho más trabajo y más que curar por delante. Pero en cuanto uno descubre lo que se siente al ser blando, cuando ve el efecto poderoso que puede tener sobre las relaciones con uno mismo y con los demás, no le importa hacer lo que sea necesario para ser así todo el tiempo.

Históricamente hemos amado a las personas verdaderamente blandas y poderosas, pero estas, en general, han acabado trágicamente: personas como Gandhi, Martín Lutero King o Jesucristo. Estas personas se encontraron con dureza como reacción ante su blandura e inocencia. El ego humano está decidido a destruir la blandura, pues teme secretamente el poder de esta; el ego tiene miedo de cualquier cosa que amenace su poder sobre nosotros. ¿Por qué, pues, tendría nadie la motivación para ser blando? La respuesta es que se debe a que la dureza no aporta alegría a nadie. Se puede ser duro y no amoroso, o se puede ser regocijado.

¿Y qué hay del riesgo de ser aniquilados por los que son duros y obran a partir de sus egos? Hasta ahora, la mayoría de nosotros hemos creído que la única manera en que podemos reaccionar con seguridad ante la dureza es protegiéndonos con nuestra propia dureza. *Esta es la creencia del ego.* Si es cierto que no existe poder mayor que el amor, entonces el modo más poderoso en que podemos reaccionar es con blandura. También es la única reacción que fomentará nuestro amor propio y nos aportará alegría. Si al leer esto usted está sacudiendo la cabeza y diciendo: «Yo no; no quiero que la gente me pisotee», entonces su ego lo está seduciendo para hacerle creer que su dureza es efectiva para protegerlo de la dureza de los demás.

El ego quiere que creamos que, cuando nos atacan, debemos contraatacar. Pero, cuando lo hacemos así, lo único que conseguimos es crear guerras: en las familias, en nuestra sociedad, en todo el mundo. Es verdad que en tiempos pasados, cuando una nación o una sociedad era atacada por otra, los que no se defendían luchando, o los que no tenían armas adecuadas, eran dominados por los que tenían armas más «poderosas» (poderosas en el sentido de poder sobre los demás). Pero si seguimos obrando sobre esa base hoy día, nos aniquilaremos a nosotros mismos. De modo que ya es hora de pasar del poder duro del ego al poder blando del Yo Superior. Sabemos, no obstante, que el ego no renunciará fácilmente a su dominio.

En *Un curso de milagros* se dice: «Es especialmente probable que el ego nos ataque cuando reaccionamos con amor, porque nos ha evaluado como no amorosos y estamos obrando en contra de su juicio». Esto quiere decir que su ego cree que usted es una persona no amorosa, y que, mientras lo crea, su ego tiene el control sobre usted. Pero si usted se despierta al hecho de que usted es amoroso y digno de ser amado, el ego lo atacará, pues teme la pérdida del poder sobre usted. Su ego ha pasado toda la vida convenciéndolo de que usted debe ser duro para ser poderoso. Todavía nos falta por aprender que la defensa más poderosa es la indefensión de la blandura y del amor.

Ted contó a Margie el relato siguiente en una de sus sesiones de terapia.

> Llevo mucho tiempo teniendo que aguantar a mi jefe. Cada vez que no comprende alguna cosa o que algo marcha mal viene a gritarme a mí. A mí siempre me ha desagradado esto, y siempre he reaccionado devolviéndole los gritos. Afortunadamente, no tiene la autoridad suficiente para despedirme, pero lo que ha sucedido siempre es que mantenemos una especie de guerra fría que suele durar semanas enteras después de alguna de aquellas peleas. Es muy incómodo para los dos, y los problemas no se resuelven nunca. La semana pasada, después de que tú y yo hablásemos de que mi Adulto diese la cara por mi Niño, él volvió a presentarse para gritarme, y después se largó a su despacho pisando fuerte. Pero esta vez, en lugar de seguirlo a su despacho, gritándole y despreciándolo, entré y me senté en silencio, diciendo interiormente a mi Niño que yo me haría cargo de esto por él. Decidí ser curioso y aprender algo más acerca de la situación, en lugar de estar iracundo. De modo que le pregunté delicadamente qué era lo que lo alteraba tanto. Se tranquilizó inmediatamente, y mantuvimos por primera vez una buena conversación. ¡Empezamos, incluso, a resolver algunas de las cosas que lo habían estado alterando! ¡Fue magnífico! En lugar de terminar sintiéndome airado, frustrado e impotente, terminé sintiéndome calmado y poderoso. Siempre había creído que tenía que ser duro para conseguir lo que quería y para que no se aprovecharan de mí, pero puedo empezar a darme cuenta de que solo ha servido para dejarme alterado y frustrado. Ahora que la puerta está abierta para hablar, tengo la sensación de que

podemos resolver cualquier otro problema que surja. Me había sentido tan alterado en el trabajo que estaba pensando en pedir un traslado, pero ahora me gusta mucho más mi trabajo. Es difícil creer que una cosa tan sencilla como reaccionar con calma y con curiosidad desde mi adulto, en lugar de hacerlo airadamente desde mi Niño abandonado, pueda ser tan poderosa.

Eve, en una de sus sesiones con Erika, relató la experiencia siguiente que había tenido con su esposo Jack y con el hijo de ambos, Bret, de diecinueve años, que tenía vacaciones en la universidad y estaba en casa.

Cuando Bret había llegado a casa, Jack le había entregado una lista de las cosas que quería que hiciera Bret mientras estaba en casa. Cuando faltaban dos noches para que Bret tuviera que volver a la universidad, estaba claro que las tareas iban a quedar sin hacer. Estábamos sentados a la mesa, cenando y conversando, y Jack tocó el tema. Bret se puso ligeramente a la defensiva, y de pronto Jack se puso a gritarle y a decirle que era un egoísta y un desagradecido, y que sentía que Bret se estaba aprovechando de él. Dijo a Bret que si no era capaz de ayudar en casa, no se molestase en volver. Bret se puso a gritar a su vez: «Me parece bien. En todo caso, no me gusta estar aquí». En este punto, yo hice intervenir a mi Adulto y decidí intentar comprender lo que estaba pasando, de modo que dije en voz baja a Bret: «Cariño, debe existir un buen motivo por el que no quieres ayudar aquí. Creo que eres una persona generosa, pero parece que aquí no quieres dar nada de ti. ¿Tienes idea del motivo?». Él me respondió: «En realidad, he estado pensando mucho en la cuestión. No estoy completamente seguro de todos los motivos, pero creo que tiene que ver algo con que me siento controlado. Cuando otras personas me piden que haga cosas, me siento bien ayudándoles, pero también sé que puedo decir que no sin que se enfaden conmigo. Pero cuando vosotros me pedís que haga cosas, en realidad no me lo estáis pidiendo, me lo estáis exigiendo, y eso no me gusta».

Después de aquello, los tres pasamos una hora entera hablando. ¡Fue una de las mejores conversaciones que hemos tenido nunca! Bret siempre había sido un chico muy introvertido. Siempre ha sido difícil hacerlo hablar. Pero cuando le pregunté qué sucedía de una manera blanda y amorosa, se abrió con mucha facilidad. ¡Me encantó de verdad hablar con él de esa manera! Y desde que volvió a la universidad hemos seguido manteniendo buenas conversaciones.

Eve está descubriendo lo muy poderosa que es la blandura y lo gratificantes que pueden ser sus interacciones cuando la intención es amar y aprender, en lugar de protegerse a sí misma con su ira o con críticas o amenazas.

Terry Dobson, autor de *Giving in to Get Your Way,* cuenta el siguiente relato conmovedor que protagonizó él mismo.

El tren traqueteaba y chirriaba por las afueras de Tokio una tarde calurosa de primavera. Nuestro vagón estaba relativamente desocupado: algunas amas de casa seguidas de sus hijos, algunas personas mayores que iban de compras. Yo contemplaba distraídamente las casas monótonas y los setos polvorientos.

En una estación se abrieron las puertas y la tranquilidad de la tarde quedó hecha trizas ante un hombre que vociferaba maldiciones violentas e incomprensibles. El hombre entró tambaleándose en nuestro vagón. Llevaba ropas de obrero; era grande y estaba borracho y sucio. Gritando, lanzó un puñetazo a una mujer que tenía un niño pequeño en brazos. El golpe la hizo caer dando vueltas en los regazos de una pareja de personas mayores. El niño no se hizo daño de milagro.

La pareja, aterrorizada, se puso de pie de un salto y se dirigió apresuradamente al otro extremo del vagón. El obrero dirigió una patada a la espalda de la anciana que se retiraba, pero falló, mientras esta se ponía a cubierto a toda prisa. Esto puso tan rabioso al borracho que agarró la barra vertical de metal que estaba en el centro del vagón e intentó arrancarla de sus mordazas. Vi que tenía en una mano un corte que le sangraba. El tren arrancó. Los pasajeros estaban petrificados de miedo. Yo me puse de pie.

Yo era joven por entonces, hace cosa de veinte años, y estaba en bastante buena forma. Llevaba tres años practicando el aikido durante ocho horas enteras casi todos los días. Me gustaban las llaves y la lucha cuerpo a cuerpo. El problema era que mi habilidad en el arte marcial no había sido puesta a prueba en un combate real. A los estudiantes de aikido no nos permitían luchar.

Mi maestro había dicho una y otra vez: «El aikido es el arte de la reconciliación. El que tiene la intención de luchar ha roto su conexión con el universo. Si intentas dominar a la gente, ya estás derrotado. Estudiamos cómo resolver los conflictos, no cómo iniciarlos».

Yo escuchaba sus palabras. Lo intentaba muy seriamente. Llegaba incluso a cruzar la calle para evitar a los *chimpera,* los gamberros jugadores de billar electrónico que frecuentaban las estaciones de ferrocarril. Mi paciencia me hacía sentirme exaltado. Me sentía duro y santo a la vez. Pero en lo más profundo de mi corazón quería encontrarme con una oportunidad absolutamente legítima en la que pudiera salvar a un inocente destruyendo a un culpable.

«¡Esto es!» —me dije a mí mismo poniéndome de pie—. «Hay gente en peligro. Si no hago algo enseguida, es probable que haya algún herido».

Cuando el borracho vio que me ponía de pie, aprovechó la oportunidad para centrar su rabia.

—¡Aja! —rugió—. ¡Un extranjero! ¡Necesitas una lección de buenos modales japoneses!

Me agarré suavemente a la correa que colgaba del techo y le dirigí una lenta mirada de asco y de desaprobación. Yo pensaba hacer polvo a aquel sujeto, pero él tenía que dar el primer paso. Quería que se pusiera furioso, de modo que contraje los labios y le envié un beso insolente.

—¡Muy bien! —bramó—. Te voy a dar una lección.

Se dispuso a atacarme.

Una fracción de segundo antes de que pudiera moverse, alguien gritó: «¡Eh!». Fue ensordecedor. Recuerdo su timbre melodioso, extrañamente gozoso, como cuando buscamos algo diligentemente con un amigo y nuestro amigo se topa de pronto con ello. «¡Eh!»

Me volví a la izquierda; el borracho se volvió a su derecha. Ambos bajamos la vista y vimos a un viejecito japonés. Debía tener bastante más de setenta años aquel pequeño caballero que estaba allí sentado con su quimono inmaculado. No me miró, pero dirigió una sonrisa encantadora al obrero, como si tuviera un secreto muy importante y muy agradable que compartir.

—¡Venga aquí! —le pidió el viejo con un acento muy coloquial, haciendo una seña al borracho—. ¡Venga aquí a hablar conmigo! —añadió, mientras sacudía ligeramente la mano.

El hombretón lo siguió como si le tirasen de un hilo. Plantó los pies agresivamente ante el viejo caballero y rugió por encima del traqueteo de las ruedas:

—¿Por qué diablos tengo que hablar con usted?

El borracho me daba ahora la espalda. Si movía el codo aunque fuera un milímetro, yo lo abatiría.

El viejo siguió sonriendo al obrero.

—¿Qué ha estado bebiendo? —le preguntó, con los ojos chispeantes de interés.

—He estado bebiendo sake —vociferó el obrero—, y a usted no le importa.

El viejo quedó cubierto de salpicaduras de saliva.

—Oh, ¡eso es maravilloso! —exclamó el viejo—. ¡Absolutamente maravilloso! Verá, a mí también me gusta el sake. Todas las noches, mi mujer y yo (ella tiene setenta y seis años, ¿sabe?) calentamos una botellita de sake, la sacamos al jardín y nos sentamos en nuestro viejo banco de madera. Vemos desaparecer el sol y vemos cómo marcha nuestro árbol de caqui. Mi bisabuelo plantó aquel árbol, y nos preocupamos de si se recuperará de las heladas del invierno pasado. Pero nuestro árbol ha aguantado mejor de lo que cabía esperar, sobre todo si se tiene en cuenta la mala calidad del terreno. Es agradable contemplarlo cuando tomamos nuestro sake y salimos a disfrutar de la tarde, ¡incluso cuando llueve! —añadió, mirando al obrero con un brillo en la mirada.

Mientras el borracho se esforzaba por seguir las palabras del viejo, su rostro empezó a ablandarse. Fue abriendo lentamente los puños.

—Sí —replicó—. A mí también me gustan los caquis… —y se le fue apagando la voz.

—Sí —dijo el viejo, sonriendo—, y estoy seguro de que tiene una mujer maravillosa.

—No —respondió el obrero—, mi mujer murió.

El hombretón empezó a sollozar muy suavemente, oscilando con los movimientos del tren.

—No tengo mujer. No tengo casa. No tengo trabajo. Estoy avergonzado de mí mismo.

Le rodaban las lágrimas por las mejillas; una convulsión de desesperación le recorrió el cuerpo.

Ahora me tocaba a mí. Allí de pie, en mi inocencia juvenil tan reluciente, en mi escrupulosidad de «defensor del mundo para la democracia», me sentí de pronto más sucio que él.

El tren llegó a mi estación. Cuando se abrieron las puertas, oí que el viejo chasqueaba la lengua con simpatía.

—Vaya, vaya —decía—; es una situación verdaderamente difícil. Siéntese aquí y cuéntemelo.

Volví la cabeza para echar un último vistazo. El obrero estaba echado en el asiento, con la cabeza en el regazo del viejo. El viejo le acariciaba suavemente su sucia mata de pelo.

Cuando el tren se marchó, me senté en un banco. Lo que yo había querido hacer con los músculos se había conseguido con el amor.

Descubrir el poder de la pasión

Uno de los secretos para tener una vida feliz es encontrar nuestra pasión. La pasión significa sumergirse totalmente en una experiencia que nos parece muy atractiva para el propósito de la expresión, el juego y el aprendizaje. Significa aprender, física, emocional, intelectual y espiritualmente, acerca de algo y crear con ello. Es la cosa que amamos y que pone el «¡caramba!» en nuestras vidas. El descubrimiento de nuestra pasión o pasiones nos conduce hacia los sentimientos de valía y nos aparta de las adicciones. Cuando usted tiene una pasión en su vida, nadie puede quitársela. Perseguir esta vivencia no es un lujo, sino una necesidad, pues sin esa vivencia especial que aporta un significado a nuestras vidas, tendemos a vagar sin rumbo buscando a alguien, algo, o alguna sustancia que llene el vacío por nosotros. Su ego hará cualquier cosa para evitar que usted conecte con esa experiencia tan potenciadora. Le dirá que no tiene tiempo ni dinero, o que es incapaz, o que allí fuera no hay nada que vaya a interesarle de verdad, de modo que no tiene sentido buscarlo.

Algunas personas han encontrado la pasión en las actividades físicas o en los deportes, y otras han encontrado su pasión en las artes o en otras experiencias creativas. Algunas practican estas actividades pero no han encontrado pasión, pues las utilizan como adicciones para llenar su vacío, más que como expresiones creativas de su vivacidad. Otras más no tienen ni idea de por dónde empezar. Por donde debe empezar es por su Niño Interior.

Su Niño Interior es su aspecto apasionado. Es el Niño que tiene dentro y que puede decirle cuáles son sus verdaderos intereses. Cuando vaya pasando más tiempo aprendiendo de y con su Niño Interior, sintonizará de manera natural con sus pasiones. Su Niño tiene la respuesta, y probablemente se la ha estado diciendo siempre. ¿Cuántas veces se ha oído a sí mismo decir: «Me gustaría probar eso un día», o «algún día voy a...»? La verdad es que solemos decir estas cosas, pero rara vez obramos en consecuencia. La única manera que usted tiene de descubrir su pasión es seguir probando caminos diferentes y estar abierto a su Niño Interior mientras los prueba. Los niños se apasionan de manera natural por muchas cosas: clases de baile, pintura, música, lectura, construir cosas, coleccionar minerales, coleccionar sellos de correos, teatro, deportes, juegos creativos. Cuando van creciendo, suelen recibir desprecios por su pasión y por su intensidad, o se menosprecian sus intereses. ¿Tuvo usted una pasión en su vida a la que renunció hace mucho tiempo?

La pasión puede formar parte o no de su trabajo. Es maravilloso hacer un trabajo que nos apasiona y del que disfrutamos, y todos podemos orientarnos en ese sentido; pero, hasta que lo conseguimos, podemos trabajar para sustentar nuestras pasiones. Eso da más significado a nuestro trabajo y aporta a nuestras vidas un enfoque regocijado.

Muchas de las personas con las que trabajamos están luchando por encontrar su pasión. Una mujer, Beverly, compartió con nosotros la experiencia siguiente.

> Yo solía hacer trabajos manuales de niña, y me encantaba. Había vuelto a practicarlos y me divertía mucho. Pero hablando recientemente con mi Niño Interior, descubrí que lo que este quería de verdad era aprender a dibujar. Mi parte de Adulto había llegado hacía mucho tiempo a la conclusión de que yo no sabía dibujar, de que tenía que contentarme con los trabajos manuales, pero yo decidí probar y ver qué pasaba. Me apunté a una clase de «Dibujar con el lado derecho del cerebro», y ¡me estoy divirtiendo tanto que no me lo creo! Al principio era duro, pues mi ego no hacía más que decirme que todos lo harían mejor que yo y que pasaría vergüenza. Pero, finalmente, mi Adulto amoroso asumió el control y dijo a mi Niño que no importaba lo que pensasen los demás, que estábamos allí para pasarlo bien, y que yo lo querría sin que importase cómo dibujase él. ¡Bueno! ¡Imagínense mi sorpresa cuando descubrí que sabía dibujar! Mi Niño está encantado de que yo asumiera aquel riesgo y de que le otorgase la libertad de fracasar. Me pregunto cuántas cosas soy capaz de hacer de las que antes tenía por imposibles.

Beverly tomó la opción consciente de abrirse a su Niño Interior. Ha ensayado muchas actividades de un modo semejante. Cada vivencia estuvo llena de aprendizaje y de alegría, y cada vivencia la animó a probar otra. Estas vivencias la conducirán, a la larga, hasta su pasión.

Creemos que uno de los motivos por los que tantos adolescentes se dan a las drogas es el aburrimiento. Hemos advertido que a los adolescentes cuyas vidas están llenas de actividades emocionantes, creativas e instructivas, les queda poco tiempo libre para el alcohol y las drogas. En otras palabras, los adolescentes, y también los adultos, que están conectados con la alegría y el gozo de su Niño, que viven la emoción y la pasión en sus vidas, y cuya intención primaria es aprender y crear, más que evitar la responsabilidad de su aburrimiento, de su dolor y de su alegría, no tienen necesidad de adicciones ni de escapismos.

Cuando usted se vuelve consciente de las pasiones de su Niño, le toca a usted como Adulto amoroso actuar basándose en ellas, y no permitir que sus miedos al fracaso se le interpongan. Si su Niño Interior quiere pintar, depende de usted comprar las pinturas y encontrar el tiempo y el lugar, aunque usted tenga miedo de no poder hacerlo. Es esencial actuar en nombre de su Niño, a pesar de sus miedos, si quiere amar y apoyar a su Niño. De modo que si su Niño quiere aprender a tocar el piano, es tarea del Adulto que hay en usted comprar o alquilar un piano y buscar un profesor. Si su Niño quiere construir cosas con madera, es tarea del Adulto que hay en usted dedicarle un tiempo y comprar los materiales. Si su Niño quiere aprender a navegar, es tarea de usted hacer la llamada telefónica para contratar las lecciones. Si su Niño quiere coleccionar minerales, es tarea de usted llevarlo a recoger minerales. También es tarea del Adulto que hay en usted no juzgar las pasiones de su Niño, sino apoyarlas de cualquier modo que le sea posible. Como dice Joseph Campbell: «Sigue tu dicha». Siga la dicha, la pasión que está dentro de su Niño Interior, y descubrirá su alegría.

Usted tiene un Niño Interior y siempre lo tendrá. Puede pasar la vida negando a su Hijo y encerrándolo en un armario mental, o puede pasar la vida de la mano de esa parte de usted que es su alegría y su tristeza, además de su creatividad, su pasión y su blandura. El desarrollo de la pasión es un fruto natural de su labor de curación interior. Si no ha descubierto todavía su pasión, tenga paciencia. Cuando la herida de su Niño no amado se sane a través de su repaternización amorosa, su pasión saldrá a relucir.

Las relaciones amorosas

Solo podemos tener lo que deseamos (amor propio elevado, poder personal, vivacidad y pasión, y relaciones amorosas) si vamos aproximándonos al amor incondicional de nosotros mismos y de los demás. Amar a nuestro Niño Interior conduce a amar a los demás, lo que conduce a su vez a las relaciones amorosas. El diagrama siguiente lo ilustra:

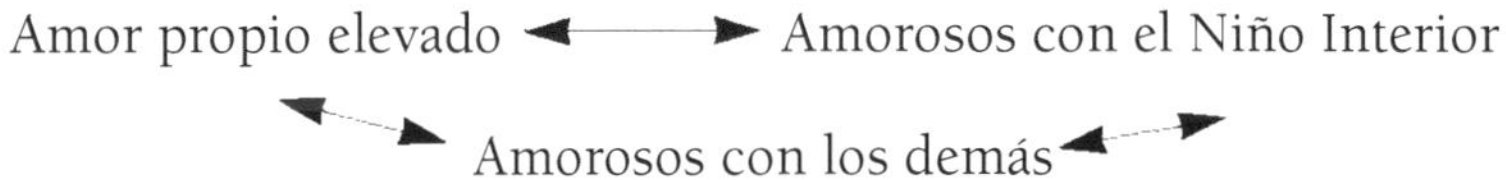

Para amar a otro, debemos amarnos a nosotros mismos. Es en esos momentos en que nos amamos y nos aceptamos a nosotros mismos cuando estamos en nuestro Yo Superior y somos capaces de amar a otro. Ser amorosos con los demás es un acto de amor a uno mismo, pues nos hace felices y eleva nuestro amor propio.

Para amar a otro, debemos estar dispuestos a hacernos felices, siendo conscientes y actuando en nombre de las necesidades de nuestro Adulto y de nuestro Niño. Cuando hacemos responsables de nuestra felicidad a otra persona, también tendemos a culpar a esa persona de nuestra infelicidad. Cuando acusamos a otras personas de nuestra propia infelicidad, no estamos siendo amorosos con ellas. Cuando asumimos la responsabilidad de nuestra propia felicidad y nos comportamos de una manera amorosa con nosotros mismos, entonces somos capaces de amar a los demás.

El amor es una función exclusiva del Yo Superior. El Yo Superior *es* amor y *quiere* amar, mientras que al ego solo le importa recibir amor y evitar el dolor. Podemos estar asustados y doloridos y seguir amando, pero no podemos *protegernos a nosotros mismos* de los sentimientos y de ser responsables de nuestros miedos y dolores y, al mismo tiempo, amar. La madre que ama a su niño y que lo protege de un intruso, o que lo rescata de un edificio en llamas está expresando amor a pesar de su miedo. Pero esa misma madre puede reaccionar ante las malas calificaciones escolares de su niño teniendo miedo de ser una mala madre, y puede protegerse a sí misma, a continuación, acusando al niño o castigándolo. Aunque ama a su niño, cuando su miedo toma el mando, ella se desconecta de su Niño Interior y no es amorosa con su hijo o hija. Nosotros tomamos en cada segundo de nuestras vidas la opción de amar o no amar, de estar desconectados y en nuestro ego o estar conectados y en nuestro Yo Superior. Cuando sentimos miedo, podemos optar por protegernos a nosotros mismos desconectándonos, pero podemos igualmente optar por amar aunque estemos asustados o doloridos. Este es un objetivo al que nos aproximamos continuamente cuando optamos por aprender con nuestro Niño Interior y por explorar y plantar cara a las creencias falsas de nuestro ego. Si fuéramos capaces de ser amorosos en cada momento, seríamos seres verdaderamente iluminados. Pero no lo somos: solo somos seres humanos amantes y amables.

La vida nos presenta a todos muchas situaciones que plantean un desafío a nuestra capacidad de ser amorosos: un amigo puede retrasarse; nuestro amante puede no querer hacer el amor cuando lo deseamos nosotros; nuestro compañero puede gastarse dinero en algo que a nosotros nos parece innecesario; puede tener una aventura amorosa; o nuestro hijo puede tener malas calificaciones escolares o tomar drogas. Cuando usted haya realizado su trabajo interior y haya aprendido a amar al Niño que tiene dentro, reaccionará con naturalidad ante los demás de modos amorosos, sea cual sea el problema, estableciendo así relaciones amorosas en su vida.

Dave, un paciente nuestro, escribió el texto siguiente, que tituló «La autoconciencia y el Niño Interior».

> Mi trabajo de autoconciencia comenzó en el mes de agosto de 1975, cuando empecé a someterme a terapia de electrochoque (EST). Desde ese momento, hasta hace poco tiempo, he seguido esta forma de desarrollo, interrumpiéndola únicamente por actividades relacionadas con mi trabajo. La alegría de estar conectado brevemente conmigo mismo me condujo a un apego a la EST, a pesar de las diversas advertencias que me hicieron.
>
> Casi todos los que seguíamos la EST éramos capaces de decirnos los unos a los otros cómo debíamos *ser*: ¡estábamos iluminados! Por fin, cansado de difundir la palabra y de enfrentarme a otras personas que no estaban dispuestas a desarrollarse, me detuve para observar a fondo mi propio desarrollo. A fuerza de escuchar las reacciones de las personas con las que compartía mis experiencias de iluminación, me di cuenta de que me había quedado atorado. Me preocupaba la idea de que yo no había resuelto todavía algunos conflictos personales importantes, aunque exteriormente daba la impresión de conocer todas las respuestas.

Decidido a resolver estas cuestiones, me comprometí en un periodo de alta participación en programas mayores y más costosos. A veces me sentía maravillosamente. Y, naturalmente, había cada vez más datos que consumir. Pero avancé muy poco en el sentido de enfrentarme a las cuestiones principales de mi vida personal. Por fin, llegué a una crisis.

Era capaz de mantenerme conectado y presente en el trabajo, pero me empecé a desconectar cuando me encontraba con problemas en mis relaciones personales. No tenía nada que me guiase; sencillamente, no sabía lo que quería. Al cabo de muchas horas con la doctora Margie Paul, advierto ahora que existía un conflicto importante entre mi Niño Interior y mi Adulto. Creo que la mayor parte de los programas de autoconciencia fracasan en este punto.

Trabajando con mi Niño Interior, escuchando con intención de aprender y actuando en nombre de mi Niño y de mi Adulto, he resuelto la mayor parte de mis cuestiones personales muy arraigadas. Este trabajo es la pieza cuya falta conducía a la insatisfacción que había experimentado antes. Es un proceso fundamental que puede conducir a un cambio verdadero y a la alteración de las pautas de conducta. Hasta ahora, la mayor parte de los programas han enseñado atención, responsabilidad y la aceptación de pautas de conducta con las que tenía que seguir enfrentándose mi Adulto. Mi Niño Interior no tenía unos medios de comunicación efectivos, de modo que yo no podía aprender de él. Ahora puedo sentirme bien de manera duradera, y que me sienta bien depende de mí y de nadie más.

Capítulo 7
Descubrir al Adulto Interior amoroso

> El papel ideal del Padre Interior es amar, apoyar y nutrir al Niño Interior. Es capaz de aceptar, amar y nutrir al Niño Interior mientras sigue teniendo el sentido de que el Niño Interior es un Yo separado y diferenciado. El Padre Interior ideal no siente que «posee» al Niño Interior más que lo que un padre exterior debe sentir que «posee» a un niño exterior.
>
> DR. JOHN K. POLLARD, III
> *Self-Parenting*

El fracaso primario de nuestra cultura es la falta de un modelo de comportamiento adecuado para un Adulto Interior amoroso. Los medios de comunicación no lo han proporcionado, y pocos entre nosotros hemos tenido padres que estuvieran conectados con su Niño Interior desde su Adulto Interior amoroso, de modo que nuestros padres tampoco nos sirvieron de modelos de rol en ese sentido. Fueron no amorosos consigo mismos y, por tanto, fueron no amorosos con nosotros, y nuestro propio Adulto Interior sigue la pauta de ese modelo no amoroso.

Pero todos nosotros tenemos un Niño Interior que sabe exactamente lo que quiere y que necesita sentirse amado. Nacemos sabiendo acerca del amor y de lo correcto, y bien que se siente, y sabemos muy dentro de nosotros cuándo está ausente. Nos han enseñado sistemáticamente a desconfiar de este conocimiento, de modo que hemos aprendido a desatender los mensajes de nuestro Niño. Cuando optamos por aprender, abrimos la puerta al aprendizaje acerca del amor.

El problema es que nuestro Niño Interior puede no enseñarnos inmediatamente acerca del amor porque puede que no confíe en nosotros. Puede sentirse demasiado vulnerable como para decir: «Así es como quiero ser amado por ti», cuando rara vez se ha sentido amado por nosotros. Nuestro Niño Interior puede no hablarnos demasiado hasta que se siente amado, de modo que es tarea de nuestra parte de Adulto descubrir el modo de amar verdaderamente a nuestro Niño Interior.

La mayoría de nosotros hemos aprendido más cosas acerca de la conducta no amorosa que acerca de la conducta amorosa. Siendo niños, recurríamos a nuestros padres, maestros, parientes o hermanos, o a los personajes de los libros, de la televisión o del cine para que nos ayudasen a descubrir cómo debíamos ser en el mundo. Emulábamos sus modales, sus filosofías y sus conductas. Ellos nos definían modos de ser que nosotros decidíamos que eran correctos.

El Adulto Interior que se desarrolla dentro del niño aprende de los adultos que lo rodean lo que significa ser un Adulto. Si los adultos se maltratan a sí mismos y a los demás, los niños aprenden a maltratarse a sí mismos y a los demás. Solo si los adultos son amorosos consigo mismos y con sus hijos, solo si están aprendiendo de su propio Niño Interior y de los demás, solo entonces tendrá el niño un modelo de comportamiento para aprender la conducta amorosa.

Describiremos a continuación algunos de los modelos de comportamiento no amorosos más comunes que usted puede haber conocido de niño. Puede reconocerse a sí mismo y a los demás en cualquiera de estos modelos, o en una combinación de varios. Es más que probable que vea una combinación de todos ellos en sí mismo. Estos modelos de comportamiento corresponden a los modos principales en que el Niño no amado y abandonado aprende a protegerse a sí mismo.

El modelo obediente

Este es el pacificador («la paz a cualquier precio»), el tutor que se cree responsable de la felicidad y de la infelicidad de los demás. Todo el sentimiento de valía de esta persona está vinculado a agradar a los demás, a creer que la obediencia producirá amor y aprobación con solo que la persona en cuestión descubra la manera correcta de agradar. Los obedientes y obsequiosos creen que renunciar a sus propias necesidades y adaptarse a las necesidades de los demás es la manera de ser amorosos, y que no tienen el *derecho* de hacerse felices a sí mismos; creen que hacerse felices a sí mismos es egoísta. Por tanto, necesitan el permiso de otra persona, normalmente de su compañero o compañera, o de sus hijos, para hacer lo que quieren hacer. Con frecuencia, no saben siquiera lo que quieren hacer o lo que los hará felices, pues creen que toda su felicidad procede de agradar a los demás y de recibir aprobación. Todos los conflictos son culpa suya, y ceden como medio para resolverlos.

Algunas mujeres que asumen este cometido consideran que su posición de sometimiento es adecuada, pues creen que estar sometidas está de acuerdo con las leyes de la naturaleza. Estas mujeres pueden creer que los hombres son más fuertes y más inteligentes, y que el deber de ellas es servirles bien. También pueden asumir el carácter de mártires que se creen llenos de entrega y de amor, aunque interiormente estén resentidas por no recibir la consideración que creen merecer. Estas mujeres suelen caer enfermas, como único medio que conocen para disponer de tiempo para sí mismas y para negarse a las exigencias de los demás.

Las mujeres obedientes suelen intentar definirse a sí mismas a través de un hombre. Muchos hombres están encantados de complacerlas en este sentido. Si él quiere que ella sea sexual y seductora, entonces eso es lo que ella es. Si él quiere que ella sea callada y tímida, o que se comporte como una niña pequeña, entonces eso es lo que hace ella. Si él quiere que ella sea menos inteligente que él, entonces así es como se comporta ella. Si ella todavía no se siente lo bastante mujer, supone que no está con el hombre adecuado. Por último, pierde toda su identidad, todo su sentido del yo. Su poder personal es inexistente. Ha abandonado por completo a su Niño Interior, y su Niño abandonado intenta conseguir amor y aprobación cuidando del Niño abandonado de su marido o de su amante. Este niño abandonado es como un esclavo que se vende para servir, sin que tenga tiempo para dedicarlo a sí mismo ni libre albedrío.

Rachael fue siempre una «niña buena». De niña había obedecido de buena gana las exigencias de sus padres y había recibido a cambio aprobaciones condicionadas, que ella interpretaba como amor. Cuando se casó con Ron, siguió intentando agradarle como cosa natural. Renunció a su trabajo como secretaria en un bufete de abogados, porque su marido creía que las mujeres no deben trabajar. Ella se acostumbró mucho a recibir invitados, aunque en realidad no le gustaba. Renunció a la mayoría de los amigos de ella porque su marido creía que debían hacerlo todo juntos, y porque a él no le gustaban sus amigas y amigos solteros, pues temía que la influyeran. Cuando él llegaba a casa, ella siempre lo estaba esperando (lo quisiera o no), pues a él le desagradaba llegar a una casa vacía. Ella hacía el amor obedientemente siempre que él quería, aunque a ella no le interesase hacer el amor. Con el tiempo le fue interesando cada vez menos. Después de que nacieran sus hijos se dedicó por entero a ellos y estaba completamente a su servicio.

Rachael era una niña buena, una buena esposa, una buena madre, tal como había sido su madre. Nunca se preguntaba a sí misma siquiera si era feliz, o si otras actividades y otras personas podrían emocionarla. Se limitaba a hacer lo que «se suponía» que debía hacer. Tenía una Adulta Interior autoritaria que le decía constantemente que si quería hacer cosas por sí misma estaba siendo incorrecta y egoísta.

Los hombres que adoptan la posición de obediencia son las típicas «buenas personas», los hombres pasivos que dan la impresión de no existir siquiera. Estos hombres suelen ser muy callados. Van a trabajar (y suelen convertirse en adictos al trabajo); vuelven a su casa y ven la televisión o beben. Es posible que dejen la crianza de los niños y la toma de decisiones en manos de sus esposas. Los hijos de estos hombres no suelen tener recuerdos de sus padres. O bien, estos hombres pueden ser padres afectuosos, pero sus hijos los consideran débiles, siempre rindiéndose ante sus esposas.

Si usted adoptó a una persona obediente como modelo de imitación, entonces es probable que su Adulto no amoroso sea primariamente autoritario, y que desprecie los deseos y las necesidades de su Niño Interior. Su diálogo interno puede ser algo así:

—Tú no cuentas.

—Tú no mereces hacer lo que quieres hacer.

—Lo que tú quieres no tiene importancia. Es más importante lo que quiere tu marido/tu mujer/tus hijos.

—No causes problemas. No alborotes. Limítate a aguantar.

—No tiene importancia. En realidad, no importa.

—No le hagas daño; no puede soportarlo.

—Limítate a ceder. Es más fácil que embarcarse en una discusión.

—Limítate a mentir, es mejor eso que aguantar los gritos de él/ella.

—No puedes tener lo que quieres, de modo que aguántate.

—Si no cedes, acabarás solo/sola.

—No importa perderte a ti mismo, pero no lo pierdas a él/a ella.

—Haz simplemente lo que se espera de ti.

—¡Tienes que hacer lo que quiere él/ella, o habrá líos!

—Lo has hecho mal otra vez.

—Deberías estar avergonzado de ti mismo.

—Eres egoísta.

—¿Quién te has creído que eres?

—Primero trabajar, después divertirse.

—Debes... No debes... Más te vale...

El modelo controlador

Las personas controladoras creen que conocen la manera correcta de ser y de hacer las cosas, y que tienen derecho a imponérsela a los demás.

La mujer controladora es la clásica «arpía», el ama de casa y la madre dura, dominadora, iracunda y crítica. Dirige el gallinero con puño de hierro. Suele estar casada con un hombre que vacila entre la obediencia y la resistencia a través de la indiferencia, cediendo en algunas cosas pero cerrándose ante ella a través del alcohol, el trabajo o la televisión. Esta mujer cree que el modo de recibir amor y conexión es exigiéndolos. Cree que puede cambiar la conducta de los demás acusándolos y convenciéndolos de que su conducta es errónea. Cree que puede hacer que los demás hagan las cosas a la manera de ella a fuerza de castigarlos, cosa que hace con juicios de valor, siendo fría, e incluso a veces por medio de la violencia física, sobre todo con los niños. Esta mujer suele ser muy escrupulosa, y cree que su manera de hacer las cosas es la única manera correcta. Se queja constantemente de que su marido (o su novio, o sus hijos) la fastidian, o la abandonan, o de que no les importan sus sentimientos. Como en el caso del modelo de comportamiento obediente, cree que los demás son responsables de la felicidad e infelicidad de ella; pero en lugar de intentar recibir amor a través de la obediencia o de la seducción, intenta controlar por la intimidación. Es una maestra en el arte de producir miedo y culpabilidad en los que la rodean y de convencerlos de que la infelicidad de ella es culpa de ellos.

Helen acudió a uno de los grupos de mujeres porque sentía que su vida estaba vacía. Era un ama de casa con dos niños pequeños.

Esta era la vida que siempre había deseado, pero las cosas no estaban saliendo como había esperado. Parecía que su marido ya no estaba interesado por ella, y muchas veces él no volvía a casa por las noches. Cuando él estaba, rara vez quería hablar con ella. Cuando Helen hablaba, parecía una ametralladora. Las palabras salían ininterrumpidamente, sin apenas una pausa entre las frases. Estaba constantemente explicándose a sí misma, contando anécdotas que ilustraban lo terrible que era su marido y justificando la conducta de ella. Si alguien intentaba señalarle las opciones que había tomado ella misma, ella se limitaba a defenderse, explicando una y otra vez que las cosas no podían ser culpa suya, de ninguna manera. A veces se quejaba con una voz llorosa, irritante, de algo que había hecho su marido. Tardamos poco en darnos cuenta todas de por qué aquel hombre no quería pasar tiempo con ella.

Helen quería desesperadamente conectar con los demás, pero dado que se creía inadecuada e indigna de amor, y dado que creía que los demás eran responsables de los sentimientos de ella, sentía que la única forma en que podía conseguir la conexión que deseaba era controlar a los demás. Y creía que podía controlar a los demás con su voz de ametralladora, convenciendo, explicando, defendiéndose y lloriqueando.

Al hombre que asume la posición controladora lo ven su mujer y sus hijos como inasequible. Lo temen. Su ira puede explotar fácilmente en un ataque de rabia cuando no se sale con la suya. Muchas veces parece un niño que tiene una rabieta, con la única diferencia de que sus rabietas pueden llegar a la violencia física. Un hombre así también puede controlar a los demás siendo frío o haciendo juicios de valor. Una mirada helada le puede bastar para salirse con la suya. Suele estar casado con una mujer obediente.

Mike es un hombre controlador típico. Parece una persona encantadora, sociable y asequible: un hombre verdaderamente amable. Esta es su imagen pública; pero, cuando está con su familia, la amabilidad sale volando por la ventana en cuanto se le lleva la contraria. Se pone rabioso en el momento en que no se sale con la suya. Grita, y puede llegar incluso a la violencia física; pero lo más frecuente es que exprese su ira a través de sus ojos y del retraimiento frío de su amor. Cuando llega a expresar su ira en manifestaciones externas, parece que está completamente sin control.

Si usted elige a una persona controladora como modelo de imitación primario, su diálogo interior desde su Adulto Interior autoritario, crítico y lleno de juicios de valor podría ser algo así:

—No seas tan estúpido.
—Eres un imbécil.
—Nunca serás lo bastante bueno. Nunca lo harás bien.
—No tienes lo que hay que tener.
—¿Qué te pasa? ¿Por qué lloras? Te voy a hacer que llores con razón.
—Eres feo.
—Cállate. No sabes lo que dices.
—Estás loco.
—No puedes... No eres capaz.

Por otra parte, si usted se identificó con un progenitor controlador, entonces su Adulto Interior puede ser tolerante y limitarse a dejar el campo libre a su Niño Interior para que vocifere y se encolerice con los demás, sin límites interiores. Cuando se deja al Niño Interior en esta posición, generalmente no respeta los límites de los demás, y grita, pega, interrumpe, se entremete y exige tiempo, atención, afecto o sexo. Es posible que usted no sea consciente de ningún diálogo interior, que no existe cuando el Adulto Interior renuncia a sus responsabilidades y desaparece aparentemente.

Si usted adoptó una postura de resistencia como reacción ante un progenitor controlador, su diálogo interior pudo ser algo así:

—No me digas lo que tengo que hacer.

—No tengo por qué hacerlo.

—No puedes obligarme.

—Hazlo tú.

—No puedo.

Esta reacción puede producirse cuando otra persona quiere que usted haga algo, o bien puede producirse cuando su Niño Interior quiere algo de usted o quiere que usted haga algo. En este caso, su Adulto Interior está siendo tolerante, descuidando los deseos y las necesidades del Niño Interior.

El modelo resistente

Las personas resistentes evitan las responsabilidades dejando las cosas para más tarde, por la incompetencia, por la indiferencia o por el olvido. También suelen negar el hecho de que su resistencia tiene un propósito. Son rígidas y defensivas sobre su postura, asegurando que lo intentan, pero parece que nunca consiguen nada. Suelen parecer perezosas y ausentes mentalmente. Pueden escaparse con la ayuda del alcohol, las drogas o la televisión, pero niegan que tienen un problema.

Harold es un hombre resistente típico. Su padre era mañoso, y su controladora madre intentaba obligarle a participar en las obras que hacía su padre en la casa, de modo que aprendió a ser extremadamente incompetente en esas tareas. De adulto, prefiere dejar que su mujer y sus hijos arreglen las cosas. Le cuesta mucho trabajo ganarse la vida, aunque a veces parece que se esfuerza mucho. Siempre existe algún motivo por el que no tiene éxito, alguna razón por la que tiene que apoyarse en su mujer para que cuide de él. Cuando ella se exaspera por la pereza de él, se siente dolido y enfadado y la acusa de no confiar en él. Cuando ella le pide que haga algo en la casa, dice que lo hará pero no lo hace. Si ella insiste, él se pone furioso con ella por fastidiarla. Fuma mucha marihuana, y a veces se emborracha, pero niega que nada de esto sea un problema. Es incontinente y egocéntrico, y cree que los demás deben cuidar de él. Su mujer es una tutora que se vuelve controladora cuando está frustrada.

Si usted tuvo a una persona resistente como modelo de comportamiento, puede encontrarse con que tiene poco diálogo interior y que siente una especie de estancamiento interior. Esto se debe a que se está resistiendo a los deseos, necesidades y sentimientos de su Niño Interior. Está tratando con su Niño siendo tolerante, volviéndose insensible y no haciéndole caso. En otras ocasiones, cuando se encuentra que está dejando las cosas para más tarde, el diálogo interior puede ser algo así:

—¿Por qué preocuparse?
—¿Qué importancia tiene?
—Esperando el tiempo necesario, alguien lo hará por ti.
—No quiero ir a trabajar. Vamos a dormir más.

Por otra parte, usted puede haber reaccionado ante un padre irresponsable e incontinente volviéndose usted muy responsable. En este caso, su diálogo interior puede ser el diálogo autoacusador de la persona obediente.

Ninguno de los modelos que hemos descrito ofrecen a sus niños de la vida real una conducta amorosa adecuada, porque no saben amarse a sí mismos. Todos han optado por protegerse a sí mismos, y están obrando como un Adulto no amoroso y un Niño abandonado, enseñando así a sus hijos a hacer otro tanto.

El Adulto Interior amoroso

Si su Niño Interior se sintiera libre para decirle exactamente lo que quiere de usted, seguramente le diría algo así: «Quiero que me prestes atención y que pases un tiempo conmigo. Quiero *que me escuches* y que me oigas de verdad cuando estoy intentando decirte algo. Quiero que me conozcas, que sepas quién soy *de verdad,* no quién *crees* que soy. No quiero que me controles con imperativos y con reglas, pero tampoco quiero que me consientas. Quiero que tengas en cuenta lo que quiero, en lugar de limitarte a decidirlo por ti mismo sin mí. Quiero que confíes en mis instintos y en mi intuición. Quiero que me digas siempre la verdad. No me gusta que me mientas, como cuando me dices que soy malo, o que puedo controlar a la gente, o que soy responsable de los sentimientos de los demás, o que soy egoísta cuando me cuido de mí mismo. Me siento confundido cuando me mientes. Cuando me hablas, no me des lecciones ni me sueltes discursos. Quiero que hables *conmigo*. Quiero que me protejas de la ira de los demás asumiendo el control cuando los demás están actuando desde sus egos. Quiero que no me avergüences nunca. Quiero que sepas que siempre tengo buenos motivos para querer lo que quiero y para sentir lo que siento, y quiero que quieras conocer mis motivos, en lugar de culparme y de avergonzarme. Quiero que me otorgues el tiempo suficiente para jugar, y quiero que te tomes el tiempo suficiente para ganar dinero para nosotros, de modo que me sienta seguro y cuidado. Quiero que me dejes comer lo que quiera, mientras sea sano. Quiero que me ayudes a proteger nuestro cuerpo no dejándome meter en él cosas que no son buenas para mí. Siempre que esté alterado, dolido, iracundo o solo, quiero que pases tiempo conmigo, enterándote de mis sentimientos y de por qué me siento así. Quiero que me dejes hacer las cosas que son verdaderamente divertidas para mí y que me hacen sentirme vivo. Quiero que encuentres amigos para mí que sean amorosos, y que no hagas planes para mí con personas con las que me siento incómodo. Quiero que me protejas de ser utilizado y maltratado de algún modo. Quiero que actúes en mi nombre, asegurándote de que estoy seguro y de que se cubren mis deseos y mis necesidades. Quiero que me ayudes a curar mi dolor ayudándome a reemplazar mis creencias falsas con la verdad, y que aportes personas amorosas para que me ayuden con ello. Quiero que seas para mí un maestro amoroso. Quiero que seas nutriente, compasivo, blando y delicado conmigo, y que veas todo lo que soy. Quiero sentir amor que sale de tu corazón, y no solo palabras que salen de tu boca. Quiero saber que estás siempre conmigo para no sentirme solo dentro de mí».

Su Niño Interior le pide amor incondicional, que es algo de lo que la mayoría de nosotros no sabemos nada.

El amor incondicional

Ser un Adulto incondicionalmente amoroso con nuestro Niño Interior quiere decir que amamos *sin condiciones*. Quiere decir que nuestro amor es *fiable y constante,* sin que importe cómo se siente o cómo se comporta nuestro Niño Interior, ni lo que necesita o desea nuestro Niño. Nuestro Niño puede contar con que nosotros sigamos *abiertos para aprender y actuar en su nombre* incluso cuando el Niño está alterado o iracundo, o siente un dolor profundo, o cuando el Niño quiere algo que está en conflicto con lo que quiere el Adulto. Del mismo modo que los niños externos no se sentirían amados si solo les diésemos de comer una o dos veces por semana, o si solo prestásemos atención ocasional a sus dolores, o si solo raramente hiciésemos cosas divertidas con ellos, su Niño Interior tampoco se sentirá amado a no ser que pueda contar con que usted esté *siempre* allí.

Cuando pensamos en el amor incondicional, nos vienen a la mente imágenes de una corriente de blandura. El poder de dedicarse por completo al amor, sobre todo en presencia del miedo, produce un sentimiento de fuerza y de belleza. Algunas personas sienten que el amor incondicional no puede existir, que es un concepto absoluto que no se puede alcanzar nunca. Nosotras opinamos que es un objetivo que se puede elegir con tanta frecuencia como se desee.

Cualquier persona que ha tratado a animales, sobre todo a perros, ha conocido el amor incondicional. A los animales les resulta más fácil amar incondicionalmente porque no tienen egos definidos. Cuando reñimos a un perro por alguna falta, al animal se le ponen los ojos tristes y su vulnerabilidad es total. Nos dejan que veamos su dolor y están completamente abiertos. Parece que su energía y sus ojos dicen: «Sé que estás enfadado, pero te amo, y lamento que estés descontento». Esta manera de actuar es muy enternecedora para nosotros, y nosotros amamos a nuestros animales por su capacidad de amarnos tan profundamente. Los perros raramente reaccionan tirando un mordisco o intentando protegerse, salvo cuando los han tratado muy mal y están asustados.

Cuando una madre se asoma por primera vez a los ojos de su niño recién nacido y aprieta contra su cuerpo el calor y la blandura del cuerpo del niño, vive una nueva profundidad de ternura. Aunque usted no haya tenido nunca en los brazos a un niño, probablemente será capaz de recordar alguna ocasión en que haya tenido en los brazos a un cachorro, o que haya olido el pan recién salido del horno, o que lo arrebatase la belleza de un suave chaparrón de primavera. Este es el sentimiento que tiene su Niño cuando se siente amado incondicionalmente.

Todos tenemos el poder de optar por la conducta amorosa con nuestro Niño Interior siempre que queremos. Para comportarnos amorosamente, tenemos que sentirnos amorosos, lo que quiere decir que no juzgamos ni avergonzamos a nuestro Niño. Podemos creer que amamos a nuestro Niño, pero con frecuencia no sentimos ni nos comportamos de maneras amorosas con nuestro Niño Interior. No basta con hablar de amar a nuestro Niño. Tenemos que sentirlo y obrar en consecuencia. Ser incondicionalmente amorosos con nuestro Niño Interior quiere decir estar *dedicados* al Niño. Cuando una persona dice que ama a su Niño Interior, pero no obra en nombre de las necesidades del Niño, es que no está dedicada a su Niño. Todavía no está siendo amorosa: quiere que *otro* esté dedicado a su Niño. A una persona puede agradarle su Niño Interior sin llegar a estar dedicada a él; y, mientras no está dedicada, no está siendo incondicionalmente amorosa. Cuando estamos dedicados a nuestro Niño Interior, no le dejamos sufrir. Si nuestro Niño es infeliz, nos apresuramos a enterarnos de la causa de su infelicidad y de lo que lo haría feliz. No hacer caso a nuestro Niño Interior y dejar que sufra miedo o dolor, o esperar que otra persona lo arregle, es una conducta muy poco amorosa. Por ejemplo, si su Niño le dice que tiene miedo a los terremotos (cosa frecuente en Los Ángeles), y usted se limita a decirle: «No te preocupes, yo te cuidaré», su Niño no se sentirá amado y seguro. Tendría que preguntar usted a su Niño lo que necesitaba para sentirse amado y seguro, y actuar en consecuencia. Tendría, además, que obrar en nombre de su Niño asegurándose de tener un equipo completo de emergencia para el caso de un terremoto grave, tal como harían los padres amorosos para sus hijos externos. No basta con decir cosas amorosas a su Niño Interior: debe asumir la responsabilidad de *actuar* de una manera que proteja y cubra las necesidades de su Niño Interior.

Puede resultar útil imaginarse que está caminando por la vida de la mano de su Niño, o con su Niño jugando a su lado, o en sus brazos, como podría hacerlo con un niño en la vida real. Si ese niño se alterase, ¿qué haría usted? ¿No le haría caso? ¿Buscaría usted a otra persona para que se ocupase del problema? ¿Gritaría y le diría al niño que si no dejaba de llorar le haría llorar con razón? ¿Le diría lo malo o lo incorrecto que es, y que debería darle vergüenza? ¿Lo encerraría en otra habitación hasta que dejase de alborotar? Un niño de verdad no se sentiría amado si usted se comportase de este modo, ni tampoco se sentiría amado su Niño Interior. Solo se sentirá amado si usted aprende acerca de él y comprende sus problemas, y a continuación actúa para aliviar su dolor.

Es imposible aprender y amar cuando juzgamos. En realidad, es más fácil aprender y amar que juzgar, y también es mucho menos doloroso; pero en nuestra sociedad, que se rige por el hemisferio cerebral izquierdo, tendemos a verlo todo en términos de lo correcto y lo incorrecto. Desde el día en que nacemos nos enseñan a juzgarlo todo. Las cosas no se limitan a existir: son buenas o malas, correctas o incorrectas. Cuando juzgamos algo como incorrecto, no estaremos abiertos para aprender acerca de ello, y este es el problema. Nuestros juicios de valor nos impiden ser conscientes de los sentimientos y de las creencias de nuestro Niño Interior. No nos permitimos a nosotros mismos ser conscientes de algo que juzgamos incorrecto o malo. Cuando estamos avergonzados de nuestros pensamientos, sentimientos y creencias, nos robamos a nosotros mismos la oportunidad de descubrir quiénes somos, cómo somos de verdad. El ego ya cree que somos esencialmente malos, de modo que juzga nuestros pensamientos y sentimientos como malos. Pero su Yo Superior sabe que usted es un ser humano que aprende y que se desarrolla y que, como tal, algunas veces estará asustado, o será brillante y aburrido, o apasionado y reservado, o transigente y arrogante, y todo lo demás. Usted es todo lo que siente, y todo lo que siente es *aceptable*. Cuando pueda permitir a su Hijo que simplemente *sea, eso* es el amor incondicional. Habrá ocasiones en que su Niño esté dolido o iracundo. ¿Puede usted amarlo, a pesar de todo? Sí puede, si desea aprender acerca de esos sentimientos. No tiene que culparse o avergonzarse a sí mismo por el hecho de tener un ego; ni tampoco tiene que intentar librarse de él. Eso solo conduce a más conflictos dentro de sí mismo. Amar incondicionalmente a su Niño significa que usted acepta su ego: su Adulto no amoroso y su Niño no amado. Solo su ego se avergüenza a sí mismo. Su Yo Superior nunca avergüenza.

Una de las cosas que obstaculizan nuestro amor hacia nuestro Niño Interior es el intento de protegernos de aprender acerca de nuestros miedos. La causa del problema no son los miedos, sino la opción de protegernos contra ellos. Cuanto más nos enfrentamos a nuestros miedos y los tratamos *en el momento,* más fácil se vuelve ser amorosos en todas nuestras interacciones. Supongamos, por ejemplo, que usted mantiene una conversación animada. Se siente amoroso y está sintonizado con la otra persona. En ese momento, esa persona dice algo que es doloroso o temible para su Niño. Ahora, usted tiene una opción ante sí. ¿Desconecta de su Niño, u opta por aprender con y de los sentimientos de su Niño? Cuantas más veces seamos capaces de reaccionar con amor incondicional hacia nuestro Niño, mejor nos sentiremos con nosotros mismos y más podremos amar. Cuanto más amamos, más felices somos.

Ser incondicionalmente amorosos con nuestro Niño Interior quiere decir que aprenderemos a nutrir verdaderamente a nuestro Niño. Uno de los modos en que el Adulto amoroso nutre al Niño es diciendo al Niño la verdad. Dado que *la verdad es amor,* la verdad siempre nutre, aunque esta sea difícil de oír. Es mucho más amoroso decir a un Niño Interior que fue maltratado de niño, que sus padres no lo quisieron nunca de verdad, que seguir mintiendo y forjando excusas para la conducta no amorosa de los padres. Y también es nutriente permitir al Niño Interior que se aflija por el pasado. El Niño Interior puede necesitar mucho tiempo para superar la aflicción y el dolor antiguos; un Adulto amoroso y nutriente concede al Niño este tiempo.

Como dijimos antes, el sentimiento más difícil de soportar es la soledad. Todos nosotros la sentimos en mayor o menor grado cuando éramos niños, y es el sentimiento del que nos protegemos con mayor fuerza. Es un sentimiento que asusta mucho, pues cuando éramos niños de pecho podíamos morir si nos dejaban solos el tiempo suficiente; de modo que el sentimiento de soledad puede hacernos sentir que vamos a morirnos. Desencadena sentimientos de impotencia, de ser incapaces de controlar nuestras propias vidas, e incapaces de controlar a otras personas cuyo apoyo creemos necesitar. Pero mientras temamos este sentimiento, siempre nos estaremos protegiendo del mismo. La curación se produce cuando el Adulto amoroso reconoce estos sentimientos dentro del Niño Interior. Es tarea del Adulto ser testigo de estos sentimientos y comprender su causa, y capacitar al Niño para que los viva con seguridad y los supere. Esto supone proporcionar al Niño tanto amor interno como externo, el amor de un amigo o de un terapeuta que pueda sostenernos mientras nuestro Niño pasa el dolor. Una de las tareas primarias del Adulto amoroso es estar allí para la soledad del Niño Interior, no intentando quitar el dolor, sino proporcionando un campo de amor donde aprender y curarse.

El Adulto amoroso refleja sobre el Niño Interior la verdadera identidad del Niño, para que el Niño pueda reemplazar sus creencias falsas con la verdad. En el ejemplo siguiente, una de nuestras pacientes habla con su Niña interior y le dice quién es.

> Te gusta correr y jugar, y te gusta saltar y tirar pelotas y reír y gritar y chillar y hacer ruido y deslizarte por las barandillas y saltar de lo alto del armario a la cama. Y hacer rompecabezas y jugar con el gato y querer al perro y montar en bicicleta. Y te gusta ser feliz, y te gusta ser alegre y sonreír y reír y bromear y ser traviesa.
>
> Eres una niña profundamente cariñosa, muy sensible. Te das cuenta de las cosas enseguida. Sabes cuándo alguien está triste, y sabes cuándo alguien es feliz, y eres capaz de compartirlo con ellos. Y eres amistosa.
>
> Sé que cuando estoy presente para ti, estás verdaderamente sintonizada con las cosas y eres muy intuitiva. Pareces capaz de sentir las cosas con mucha rapidez, y también con claridad. Algunas veces ves cosas que otros no ven. Y también se te da bien querer decir la verdad. Te gusta ser sincera contigo misma y con los demás, y sé que intentas verdaderamente serlo.
>
> Eres capaz de escribir muchas poesías hermosas. Tienes un gran sentimiento para las cosas, aunque a veces te resulta difícil expresar lo que sientes. Eres muy apasionada. Te gusta interesarte por las cosas, y dejarte llevar por ellas y olvidarte del tiempo. Y también se te da bien aprender. Recuerdas las

cosas que son importantes para ti, y no te molestas en recordar las demás cosas. Yo no lo pensaba, pero ahora pienso que eres bastante lista y bastante inteligente, y has ido a clase, has hecho todas tus tareas y te han dado muy buenas calificaciones. Y eres una buena escritora. A veces no es fácil escribir, ya lo sé, pero cuando escribes te sale muy bien, sobre todo la poesía.

Se te da muy bien la música, elegir un instrumento y aprender a tocarlo: la guitarra, la flauta, el saxofón, el teclado: los sabes tocar todos. Pareces capaz de elegir una pieza, ensayarla un poco y, ¡mira!, ¡ya sabes tocarla! Tienes un don para tocar música.

Se te da muy bien salir de excursión, escalar rocas, esquiar, montar en bicicleta, y, ¡oye!, también sabes hacer malabarismos. Y conseguiste salir y aprender a navegar, en solitario y de timonel, y navegar de noche y orientarte; y conseguiste pilotar aquel pequeño barco de regatas tú sola. Y aprendiste a bucear con bombona. Verdaderamente, eres muy competente. Hay muchas cosas que sabes hacer. Muchísimas. Muchas actividades al aire libre, muchas cosas en la naturaleza.

Yo pensaba que eras la niña más corriente del mundo. Pensaba que eras horrible. Pensaba que eras mala y desagradable porque te pasabas el tiempo gritando, chillando y dando patadas y puñetazos. Y ahora sé que hacías todo eso porque sufrías mucho dolor. Pero debajo de todo aquel miedo, ira y dolor, hay alguien que es tan sensible y cariñoso, tan delicado, cálido y compasivo y tan capacitado, y tan vivo, tan enérgico y tan entusiasta, que sería difícil saber por qué podrías no gustar a alguien. ¡Hay tantas cosas que sabes hacer, y sabes tantas cosas!

Es triste que todas esas cualidades maravillosas estuvieran siempre allí pero nunca fueran capaces de salir a relucir hasta ahora. Es triste que estuvieran tapadas por la agresión y por la ira. Porque debajo hay mucha blandura, delicadeza y amor. Y eso es lo que es verdaderamente real. Eso es lo que tú eres de verdad. Cuando te conozco así, sé que eres verdaderamente especial.

A continuación presentamos un sumario de las conductas básicas, necesarias para repaternizar amorosamente a su Niño Interior.

1. Opte por aprender acerca de los sentimientos de su Niño y asuma la responsabilidad de curar el miedo y el dolor y de crear alegría.
2. Explore todos los sentimientos dolorosos o negativos; descubra las creencias falsas que están detrás del dolor, y enseñe la verdad.
3. Nunca juzgue ni avergüence la ira, el miedo, el dolor, la emoción, la pasión o los logros de su Niño, ni diga a su Niño que debe «hacerlo bien». Acepte que su Niño tiene siempre motivos importantes para sus sentimientos y para su conducta.
4. Actúe en nombre de su Niño para eliminar las situaciones dolorosas presentes y producir alegría. Cualquier acción, incluso incorrecta, no deja de contener más progreso y significado que la inacción.
5. Sea constante y fiable en la tarea de sintonizar diariamente con su Niño y de *actuar* en nombre de sus necesidades, carencias y deseos, sin despreciarlas ni consentirlas demasiado. El Adulto y el Niño deben tener una *voz igual* en cuanto a necesidades, carencias y deseos.
6. Reconozca con valor y sea testigo de los sentimientos más profundos de soledad y de aislamiento de su Niño Interior. Esté presente con su amor y su compasión mientras su Niño vive esos sentimientos dolorosos del pasado y del presente, y aporte personas amorosas para que ayuden a su Niño a superar esos sentimientos.
7. Refleje sobre su Niño quién es realmente él o ella.

Usted puede hacer muchas cosas para comprender lo que significa amar a su Niño Interior. Una de las mejores es leer buenos libros sobre la crianza de los niños, aplicándoselos a usted mismo en vez de aplicarlos a un niño externo. Otra es buscar a otras personas para utilizarlas como modelos de comportamiento, observando cómo se tratan a sí mismas y a sus hijos y cómo lo tratan a usted. Erika describe en el texto siguiente el modo en que Margie le sirvió de modelo de amor incondicional.

> Un día Margie llegó a mi casa para trabajar en el libro conmigo. Yo había pasado una semana terrible, y cuando llegó ella yo no tenía un pelo de amorosa. Me convertí en víctima en cuanto ella entró por la puerta, y me puse a acusarla a ella y al resto del mundo de todo lo que provocaba mi infelicidad. Yo estaba completamente en mi ego. Aunque veía en los ojos de Margie el dolor que le causaba mi conducta, parecía que yo estaba cerrada en mi opción y que no iba a abandonarla; me protegía de la soledad que yo sentía en realidad en aquellos momentos. Mientras yo seguía con ese cansado monólogo, sentía que ella se movía por la habitación conmigo. Después, me dijo amorosamente: «Erika, veo que ahora mismo necesitas verdaderamente estar enfadada, y está bien. Estoy aquí para ti». Sentí su amor incondicional. Sufría dolor por mis acusaciones, pero decidió amar en todo caso. Me sentí tan conmovida y segura con ella, que eso me permitió abrirme a mi verdadero dolor y superarlo. Solo tardé algunos momentos en llegar al dolor verdadero. Ella me abrazó mientras yo lloraba y asumía la responsabilidad de lo que me hacía daño y de mis actos.
>
> En aquellos primeros momentos, ella tomó la decisión de verme como una persona que padece un dolor, en lugar de tomarse mi ataque como cosa personal. Era muy consciente de su propio dolor y lo sentía profundamente, pero optó por amarme

> en todo caso, de manera que fue abierta y blanda y permaneció en su Yo Superior. Incluso ahora, cuando me encuentro con alguien que padece un dolor y esa persona me ataca personalmente, recuerdo la blandura de Margie y la lección que aprendí sobre la posibilidad de elegir. A veces reacciono con amor incondicional, pero otras veces no. Cuando no lo hago así, me limito a aprender cómo se puso por medio mi ego en aquella ocasión, y es posible que en la próxima ocasión consiga mi objetivo. La vivencia del modo en que ella fue amorosa me ayudó a aprender a ser amorosa con mi propio Niño Interior.

Presentamos a continuación un breve artículo de Rosey, una de nuestras pacientes, sobre el modo en que despertó a su propia Adulta Interior nutriente.

> He tardado mucho tiempo en comprender que he sido una Niña asustada, intentando funcionar en un mundo de adultos sin un Padre Interior que me ayude. He tardado más tiempo todavía en tomar la decisión de desarrollar esa parte nutriente y que cuida de mí misma, y de responsabilizarme de mi propia felicidad y de mi propia experiencia en el mundo. No había querido asumir esa postura hasta que casi había cumplido los treinta y tres.
>
> No es que yo sea tonta, ni siquiera un poco lenta; nada de eso. Había creído de verdad que era una persona responsable y madura. Pero, en algún nivel, siempre había sabido que era diferente de la mayoría de las personas que conozco. La diferencia que he llegado a descubrir por mí misma es que me abandoné a mí misma de una manera tan completa a una edad tan temprana, que mi Adulta interna no llegó siquiera a empezar a funcionar. Mis padres me enseñaron a fingir que tenía mi propia Adulta interna, y aprendí la conducta de ellos, pero nunca aprendí la conexión interna con mi Niña que habría transformado aquellos años, de vacíos que eran, en realizados y satisfactorios.

No quería saber que todas las tareas que durante toda mi vida había intentado que realizasen los demás por mí en el campo de la responsabilidad personal eran en realidad mi propia labor pendiente. No quería saber que solo yo podía hacerme a mí misma verdaderamente feliz o verdaderamente desgraciada. No quería saber que había abandonado a mi Niña Interior y la maltrataba emocional y físicamente.

Cuando llegó la hora de empezar a ver las cosas tal como eran en realidad, la decisión de ser mi propia Adulta amorosa, cariñosa, nutriente, fue muy fácil de tomar. Desde entonces, el desafío ha consistido en reconocer que a cada momento del día puedo optar por amarme a mí misma o por odiarme a mí misma, y que si no estoy amándome a mí misma activamente de algún modo, entonces me estoy abandonando, y, por tanto, me estoy maltratando a mí misma. Es así de sencillo, en realidad. Creo que cuando haya practicado durante el tiempo suficiente el amarme a mí misma de cierta manera, internalizaré automáticamente esos mensajes de amor y seré capaz entonces de centrarme en otro aspecto del autoabandono. De este modo, pieza a pieza, creo que puedo repaternizarme a mí misma y que llegaré gradualmente a conocerme a mí misma.

Las personas que tienen su propia autoconexión interna gozan de una ventaja clara en sus vidas diarias. Se sienten seguras de sí mismas. Son blandas pero no débiles; fuertes, pero no agresivas; poderosas, pero no violentas. Tienen dignidad y autoconciencia; se conocen a sí mismas de verdad. Tienen puntos de vista y opiniones fuertes, pero no necesitan defenderlas ante los demás. No se sienten atacadas personalmente por la agresión mal dirigida de otra persona. Saben que merecen amor y afecto, y son igualmente capaces de dar y de recibir ambas cosas. Están en contacto con el lado serio de la vida, así como con su lado alegre y feliz. Son espontáneas; hacen que sucedan las cosas para ellas, en lugar de estar a merced de otras personas y de otros sucesos. Han aprendido a cuidarse a sí mismas, y no tienen miedo a la responsabilidad que tal tarea tiene aparejada. Muchas

> no son conscientes siquiera de tener esta conexión interna, pues siempre ha sido muy natural para ellas: nunca se abandonaron a sí mismas.
>
> Cuanto más se conecta internamente una persona, el Adulto amoroso con el Niño amoroso, más realizada será su vida. Esta conexión y amor interno es la llave que abre la puerta a nuestras preguntas y respuestas más profundas. Es la base sobre la que podemos construir nuestras vidas como seres humanos amorosos. Cuando nos amamos a nosotros mismos, podemos amar a los demás; cuando nos odiamos a nosotros mismos, terminamos por odiar a los demás.

Cuando aprendemos a amar a nuestro Niño Interior, entonces el miedo, el dolor y la soledad del Niño abandonado se curan gradualmente y vivimos la alegría, la pasión y la vitalidad de nuestro Niño amado, y creamos el amor, el poder y la compasión de nuestro Yo Superior. La clave para todo ello es aprender a repaternizar amorosamente a nuestro Niño Interior.

La mejor manera de volvernos incondicionalmente amorosos con nuestro Niño Interior es la práctica. Como cualquier habilidad nueva que se aprende, el amor requiere práctica. Llevamos toda la vida practicando la falta de amor con nuestro Niño, y la dominamos muy bien. Volverse amoroso con su Niño no es algo que usted pueda hacer mentalmente; es algo que tiene que *hacer* de verdad. En la parte siguiente del libro presentamos procesos que le ayudarán a practicar la conexión con su Niño de una manera amorosa.

Segunda parte

Procesos

Capítulo 8
Procesos para sí mismo

Es importante advertir que la necesidad de encontrar al Niño Interior forma parte del viaje de todo ser humano hacia la plenitud.

JOHN BRADSHAW
Healding the Shame that Binds You

Cuando usted empieza a aprender a conectar con su Niño Interior, debe practicar por escrito o en voz alta. Si intenta hacerlo mentalmente, se encontrará perdido e incapaz de distinguir entre las diversas voces.

Tiene que aprender a distinguir entre cuatro voces internas diferentes: la del Adulto amoroso, la del Adulto no amoroso, la del Niño amado y la del Niño abandonado. Las voces que han sonado en su cabeza durante la mayor parte de su vida son la del Adulto no amoroso y la del Niño abandonado, las dos voces de su ego. Como llevamos tanto tiempo practicando estas voces, el diálogo silencioso entre el Adulto amoroso y el Niño Interior amado suele desintegrarse convirtiéndose en las voces del ego, sin que nos demos cuenta siquiera de ello. Solo cuando nos oímos a nosotros mismos hablar en voz alta o cuando registramos el diálogo por escrito, aprendemos a conocer la diferencia.

Como con cualquier habilidad que usted quiera practicar, usted debe estar dispuesto a marcarse horas concretas para dedicárselas. Debe incluirlas en su programa diario, del mismo modo que dedica un tiempo determinado a trabajar, a comer, a dormir, o a estar con los demás. Hemos descubierto que da buen resultado dedicar quince minutos por la mañana y otros quince minutos por la noche. Además, debe estar dispuesto a encontrar el tiempo necesario a lo largo del día para hablar con su Niño cuando este se sienta tenso, angustiado, asustado, triste o iracundo. Si no está acostumbrado a prestar atención a su plexo solar, a «centrarse» o «enfocarse» hacia dentro (consulte el libro *Focusing*, de Eugene Gendlin), es posible que ni siquiera sea consciente de esos sentimientos. Una parte de la práctica consiste en aprender a prestar atención a sus sentimientos. No podrá aprender de sus sentimientos si no sabe que está sintiendo algo.

Cuando uno empieza a hablar con su Niño, le resulta fácil deslizarse sin darse cuenta hasta el Adulto no amoroso. Su primer desafío en el proceso de curación y de creación de la conexión interior es, pues, aprender a ser un Adulto amoroso con su Niño Interior. Su Niño no se puede curar mientras usted no sepa amarlo.

Una buena parte de lo que oye decir al Niño en un principio es la voz del Niño herido, abandonado; es la parte de usted que se siente muy sola y que está aterrorizada por ese sentimiento. Es muy importante que se dé cuenta de que *ese no es su verdadero Niño*. Ese es su Niño lleno de experiencias dolorosas y de creencias falsas, y con el miedo, la ira, la vergüenza, la culpabilidad y la aflicción que proceden de estas experiencias y creencias. Cuando usted haya avanzado en su proceso de aprendizaje y esté conectando con su Niño Interior amado, oirá con frecuencia respuestas muy sabias a sus preguntas; pero al principio una gran parte de lo que oye de su Niño es su miedo, su ira, su congoja y su dolor. Puede pasar muchos meses estando presente amorosamente para su Niño abandonado antes de que una parte del dolor interior empiece a curarse, y de que empiece a disolverse una parte de la ira contra sus tutores de la infancia (y contra usted mismo por abandonarlo). Su Niño puede tener mucho dolor e ira por haber sido rechazado, abandonado, controlado y absorbido por sus padres y por otras personas. Usted necesita escuchar y vivenciar de una manera amorosa todo recuerdo y todo sentimiento que su Niño esté dispuesto a ofrecerle. Descubrirá que cuando su Niño confíe en usted verdaderamente, empezarán a salir a la luz recuerdos claros de la infancia. Hemos trabajado con muchas personas que, después de pasar años enteros bloqueadas sin recuerdos de su infancia, encuentran de pronto que les vienen recuerdos a los pocos meses de emprender este trabajo con su Niño. No obstante, esto solo sucede si son constantes y amorosas en el diálogo con su Niño.

Su Niño Interior tiene que aprender que puede confiar en usted. Si usted se compromete a hablar con su Niño todos los días, pero no lleva adelante su compromiso, su Niño Interior se siente desilusionado y dolido. Si esto sucede con cierta frecuencia, su Niño puede dejar de hablarle durante algún tiempo, hasta que sienta que puede confiar en que usted no volverá a abandonarlo. Es posible que su Niño no empiece siquiera a hablarle hasta que crea que usted se presentará todos los días. Shawn, un paciente nuestro, nos dijo que pasó tres semanas escribiendo cada día a su Niño hasta que este le respondió. Él no creía del todo que tuviera un Niño Interior, pero decidió insistir en todo caso. Cuando su Niño empezó a hablar, salieron libros enteros, pero siempre que Shawn pasaba algunos días sin escribir, su Niño se retraía y pasaba un día o dos sin hablarle.

Cuando usted esté formulando preguntas o hablando desde su Adulto, sintonice con sus pensamientos y con sus sentimientos de cariño, centrando su atención en su cabeza y en su corazón. Cuando esté hablando desde su Niño, sintonice con sus sentimientos, centrándose en la zona que está por encima de su ombligo y por debajo de su caja torácica. Ése es su plexo solar o tercer chakra. Pregúntese a sí mismo qué edad tiene su Niño Interior. La mayoría de las personas sienten que su Niño tiene alrededor de cinco o seis años, pero puede ser mayor o menor. Busque un retrato suyo a esa edad y dedique algún tiempo a ver quién es verdaderamente este Niño.

Debe cumplir dos condiciones necesarias para aprender de su Niño. En primer lugar, debe creer que su Niño tiene razones importantes y válidas para sentir como siente y para comportarse como se comporta. Si usted está juzgando los sentimientos y la conducta de su Niño como buenos o malos, como correctos o incorrectos, entonces su Niño puede tener miedo a hablarle, puede temer que usted lo juzgue por sus sentimientos. Su Niño solo se sentirá amado y seguro cuando usted crea que tiene buenos motivos para querer, necesitar y sentir lo que quiere, necesita y siente.

En segundo lugar, usted debe estar abierto para vivir el dolor de su Niño. Si usted tiene miedo al dolor y no está dispuesto a vivirlo, entonces se protegerá a sí mismo para no sentirlo ni asumir la responsabilidad del mismo.

El diálogo lo inicia el Adulto, formulando preguntas al Niño o haciendo afirmaciones con la intención de aprender acerca de las necesidades, los deseos y los sentimientos del Niño y de comprenderlos. El Adulto es abierto, curioso, cariñoso y libre de juicios de valor, pues sabe que el Niño tiene muy buenos motivos para tener los sentimientos que tiene, y desea aprender acerca de las creencias que están detrás de cualquier sentimiento negativo o doloroso. Si no existe una verdadera intención de aprender, el Niño Interior sentirá que el Adulto se está limitando a interrogarlo y a controlarlo. Sin una verdadera intención de aprender, no es posible una verdadera conexión. No es posible fingir una intención de aprender. Su Niño Interior sabe cuándo está usted verdaderamente abierto, cariñoso e interesado, y cuándo se está limitando a realizar un ejercicio y a hacerse el abierto.

El Adulto amoroso puede formular preguntas o hacer afirmaciones como las siguientes:

—¿Qué sientes?
—¿Qué quieres o qué necesitas ahora mismo?
—Sé que sientes ira, y me gustaría escuchar tu ira.
—¿Estás enfadado conmigo? Si me gritas, está bien.
—¿Estás dolido ahora mismo? ¿Me puedes decir por qué?
—Llorar está bien. Estoy aquí para ti.

—Sé que te sientes angustiado. ¿A qué se debe tu angustia?
—¿Qué sientes acerca de...? (nombrar a una persona)
—¿Qué sientes acerca del trabajo que hacemos?
—Me gustaría comprender por qué te sientes asustado de...
—Me gustaría comprender por qué no te gusta...
—Háblame más de eso.

A lo largo del día, siempre que sea consciente de que se siente angustiado, deprimido, asustado, tenso, iracundo, incómodo, dolido o triste, puede hacer a su Niño Interior preguntas como las siguientes:

—¿Qué está causando estos sentimientos?
—¿Cómo puedo ayudarte con estos sentimientos?
—¿Qué necesitas de mí?
—¿Te estoy fallando, o no te estoy cuidando en algún sentido? ¿En qué?
—¿Te he estado olvidando? ¿Despreciándote? ¿Controlándote? ¿Juzgándote?

En algunas ocasiones las situaciones presentes (personas y sucesos) pueden desencadenar vivencias pasadas y producir sensaciones de angustia, ira, dolor y miedo. Cuando sea consciente de que siente estos sentimientos, puede preguntar:

—¿Está sucediendo ahora algo que te recuerde algo que sucedió cuando éramos pequeños?

—¿Te recuerda esta persona a mamá, a papá, a un hermano o hermana, a un abuelo?
—¿Te recuerda esta situación a alguna experiencia traumática que tuviésemos cuando éramos pequeños?
—Quiero saber de verdad algo sobre todo lo que recuerdas del pasado. Tus recuerdos son muy importantes para mí, y quiero ayudarte a curar antiguos miedos y dolores.
—¿Necesitas que busque a alguien que nos ayude con esto? ¿Necesitas que te lleven de la mano mientras atraviesas este dolor?

Algunas veces, a lo largo del diálogo, el Adulto amoroso puede tener que afirmar sus sentimientos hacia el Niño.

—Estoy aquí para ti. No voy a marcharme más.
—Te amo, y tu felicidad es la cosa más importante del mundo para mí.
—Eres muy listo. Gracias por toda esta sabiduría maravillosa.
—Tu creatividad me maravilla.
—Está bien, de verdad, que sientas esta ira, aunque sea contra mí. No voy a dejar de amarte, por mucha ira que sientas.
—Puedes seguir llorando todo el tiempo que quieras. No estás solo. Estoy aquí para ti.
—No tiene importancia cometer errores. Eres digno de ser amado aunque cometas errores.
—No hace falta que hagas las cosas «bien». Seguiré amándote digas lo que digas, aunque no digas nada.

El proceso del diálogo también puede ayudarle a ser consciente de lo que usted desea en las situaciones de la vida diaria. Puede facilitarlo formulando a su Niño preguntas como las siguientes:

—¿Cuáles son tus comidas favoritas?
—¿Qué te gustaría cenar hoy?
—¿Qué ropa te apetece ponerte hoy?
—¿Cuáles son tus colores favoritos?
—¿Con quién te gustaría estar?
—¿Qué te gustaría hacer este domingo?
—¿Cuáles eran tus actividades favoritas cuando eras pequeño?
—¿Qué tipo de libros te gusta leer?
—¿Qué tipo de música te gusta?
—¿Qué tipo de películas te gustan?
—¿Qué tipos de vacaciones te gustan?
—¿Qué tipo de ejercicio te gusta hacer?
—¿Qué tipos de actividades creativas te gusta practicar? ¿La pintura? ¿Las artesanías? ¿La música? ¿Escribir?
—¿Qué cosas has querido siempre hacer pero no has hecho nunca? ¿Aprender a volar? ¿Aprender a navegar? ¿Aprender kárate?

Algunas veces su Adulto y su Niño tienen gustos diferentes en cuanto a películas, música, libros o vacaciones. Si este es el caso, es importante encontrar un modo de cubrir las necesidades de ambos aspectos de su personalidad.

Cuando su Niño responde a sus preguntas, el Adulto que es usted debe reaccionar escuchando activamente, formulando otra pregunta aclaratoria, haciendo una afirmación amorosa u ofreciendo la verdad. La escucha activa es una habilidad que debe practicarse. Este término fue creado por Thomas Gordon en su libro *Parent Effectiveness Training,* y significa escuchar con el corazón y devolver lo que se oye para hacer saber a nuestro Niño que comprendemos de verdad. Por ejemplo, si su Niño dice: «No me amas. Nunca me escuchas ni me dedicas tiempo, ni haces lo que quiero», y usted responde: «Bueno, lo intentaré con más fuerza», su Niño puede sentir que no lo oye. Si usted escucha activamente y responde: «Parece que te sientes triste y enfadado conmigo porque no te estoy cuidando bien», su Niño sentirá que lo escucha y lo comprende.

El motivo por el que es tan importante practicar el diálogo amoroso por escrito y en voz alta es que hace falta mucha práctica para pasar de nuestro diálogo interior no amoroso habitual al diálogo interior amoroso. La mayoría de las personas no son conscientes de cuánto juzgan, controlan, olvidan y desprecian a su Niño Interior: se limitan a hacerlo automáticamente. Hace falta práctica para cambiar esto. La meta es mantener un diálogo interior amoroso constante. Esto no solo supone practicar el diálogo escrito y oral, sino cambiar conscientemente el tono de nuestro diálogo a lo largo del día, de no amoroso a amoroso. Por ejemplo, si usted es pintor y pinta un cuadro que le gusta especialmente, un diálogo no amoroso podría empezar diciendo: «Sí, es bueno; pero no ha sido más que una casualidad», mientras que un diálogo amoroso podría empezar diciendo: «Gracias por tu creatividad. Aprecio de verdad tus ideas maravillosas». Con cualquier conducta, habilidad o talento, usted puede denigrarse a sí mismo («Ha estado bien, pero no ha sido perfecto»), o puede apreciarse a sí mismo («¡Oye! ¡Ha sido magnífico! ¡Has hecho un trabajo de primera!», o «No está mal; todavía estás aprendiendo. Vas bien. No está mal no ser perfecto. Aprecio tu esfuerzo, tu disposición para intentarlo»).

Dado que a muchos de nosotros nos rebajaron, nos pasaron por alto, nos ridiculizaron, nos juzgaron, nos despreciaron o se rieron de nosotros siendo niños, nuestros padres y otros tutores, aprendimos a hacer lo mismo con nosotros mismos. Cuando seguimos haciéndolo con nosotros mismos, perpetuamos nuestro amor propio a través de nuestra paternización interior no amorosa. *Repaternizarnos a nosotros mismos significa darnos a nosotros mismos el amor y la aprobación que jamás recibimos de los demás.*

Cuanto más practique usted el diálogo amoroso con su Niño Interior, más fácil le resultará saber lo que debe pedir y cómo responder. Algunos libros son muy útiles para aprender a formular preguntas y a responder para poder aprender de nuestro Niño. Cuando usted responda como Niño, permítase a sí mismo sentirse como un niño pequeño. Centre su atención en su vientre, permitiéndose a sí mismo salir de su cabeza y entrar en sus sentimientos, y responda con lo que surja. Usted no puede *deducir* lo que siente su Niño: tiene que dejar que salgan a la luz los sentimientos.

La escritura

La escritura es un medio poderoso para conectar con nuestro Niño Interior. Dado que el diálogo queda registrado sobre el papel, es fácil volver atrás y estudiar las diversas voces que pueden haber participado en él. Algunas personas escriben sus preguntas como Adultos con su mano dominante y escriben las respuestas de su Niño con su mano no dominante. Si usted es diestro, escribiría las respuestas de su Niño con la mano izquierda.

Si usted nunca ha mantenido un diálogo de este tipo, podría empezar por escribir una carta en la que explique el proceso y en la que diga a su Niño lo que siente de él o de ella, aunque lo que sienta sea negativo. Por ejemplo, podría decir: «Ni siquiera estoy seguro de que existas, pero estoy dispuesto a probar», o «Te tengo verdadero miedo. Creo que eres el que siempre me ha metido en líos». Puede ser útil, además, dejar que su Niño le escriba una carta a usted. A continuación reproducimos una carta que escribió a Sue su Niña durante un seminario. La carta está escrita con la mano no dominante, y es la primera comunicación que recibió Sue de su Niña. Le hizo saber que su Niña existía de verdad.

A continuación presentamos un ejemplo de diálogo escrito entre Janet, una paciente nuestra de unos treinta y cinco años, alta y morena, y su Niña Interior. Cuando Janet empezó a escribir, su Niña no quería hablar con ella. Después, Janet descubrió que estaba diciendo inconscientemente a su Niña que ella no estaba disponible para escuchar su ira. Cuando tomó la decisión de escuchar la ira, su Niña se le abrió.

Adulta: ¿Qué sientes sobre papá?

Niña: Ese hijo de puta. Odio su cara. Que no se me acerque. Dile que se vaya a la mierda y que me deje en paz. Dile que se mee encima. Lo odio. ¿Me expreso con claridad? Ahora vete a la mierda y no me hagas preguntas tan estúpidas. Perra estúpida. Tú también eres una puta imbécil. Doña Todopoderosa. Doña Suprema. ¿Quién demonios te piensas que eres? ¿Por qué te crees tan especial? Vete a la mierda. Apártate de mí. No me hables. No te me acerques.

Querida mamá:

Te necesito y te echo de menos y deseo que vengas a casa; me encuentro muy sola. Aquí no me divierto. No hay amigos ni nadie con quien hablar. Quiero estar contigo. Sentir tus brazos alrededor de mí, saber que te ocupas de mí. Por favor, fíjate en mí. Deseo tu amor. No me dejes.

Con amor,

Susie

Adulta: Sí que es un mensaje fuerte y claro. Oigo tu odio y tu ira, pero no sé a qué se deben. ¿Puedes decírmelo tú? (Escucha activamente y a continuación hace preguntas aclaradoras.)

Niña: ¿Eres estúpida, o qué? ¿No lo he dejado claro? No quiero que estés cerca de mí. No quiero que te me acerques. No quiero que me hables. ¿Cómo tengo que hablarte para que me entiendas? Lárgate.

Adulta: No, no me largaré. Siempre has hecho esto, desde que eras muy pequeña. Siempre has apartado a la gente cuando sufrías dolor. Nunca has dejado que se acerque nadie lo bastante para amarte y cuidarte. No voy a seguir haciendo lo mismo. No voy a dejar que me apartes. Veo que sufres un dolor insoportable y que disfrazas el dolor con ira y con rabia, contra mí y contra todos los demás. Sé que tienes un dolor allí debajo, y ya no voy a abandonarte más para que te ocupes de él tú sola. Tenemos que empezar a ocuparnos de esto juntas. Estoy aquí para quedarme. ¿Qué es lo que quieres de verdad cuando estás tan ocupada en apartar de ti a la gente y en gritarles? ¿Qué es lo que quieres de verdad que hagan? (Hace una afirmación amorosa y plantea otra pregunta.)

Niña: Quiero que me hagan sentirme mejor, porque me duele mucho. Pero sé que no pueden hacerme sentirme mejor. Simplemente lo dejarán peor, de modo que prefiero ocuparme de ello yo sola. No quiero que nadie sepa cuánto me duele en realidad. No quiero que piensen que no soy capaz de ocuparme de ello yo sola. No quiero que piensen que soy débil e indefensa. Soy fuerte y me puedo cuidar de mí misma, y nadie me va a hacer daño. No voy a permitir que me hagan daño. No voy a dejar que se acerquen lo suficiente para hacerme daño. No se pueden acercar a mí cuando grito, cuando doy patadas y chillo y los aparto de mí. De modo que di a todos que se mantengan apartados de mí. No voy a dejar entrar a nadie. No voy a dejar que nadie se acerque lo suficiente para hacerme daño.

Adulta: Sé que tenías verdadero miedo de que los miembros de la familia te hicieran daño, y veo y comprendo por qué. No sabían cuidarte, y sus actos solían hacerte daño (escucha activamente). Pero esa situación ha cambiado ya. Ya no estás con esas mismas personas en esa casa. [La Niña de Janet se basa en creencias falsas de la infancia, de modo que Janet está ofreciendo aquí a su Niña la verdad.] Las personas que te rodean ahora no te tratarán del mismo modo; y, si lo intentasen, yo estoy aquí ahora y te puedo proteger. Y, además, soy el único a quien puedes recurrir para buscar ayuda. Yo no estaba aquí antes, pero ahora sí estoy. No podías haberme pedido ayuda antes, pero sí puedes ahora. Estoy aquí para cuidarte, ayudarte, amarte y protegerte. Puedes recurrir a mí en vez de estar enfadada y dura exteriormente. (Janet hace una afirmación amorosa.)

Niña: Es verdad. No estabas aquí para mí. Nunca has estado aquí para mí. Me dejaste, y me he sentido bastante estúpida desde entonces: quedando por tonta, porque no estabas aquí cuando debías estar. Puta estúpida. ¿Sabes lo que ha sido luchar como he luchado? He tenido que ocuparme de todo yo sola, sin que tú me ayudases. Te odio. Eres estúpida y perezosa. Y tampoco empieces a pensar que vas a hacerme cambiar de opinión. No vas a engañarme ni a burlarme. No voy a permitir que te salgas con eso. Puedes quedarte donde estás. Quizá te creas que tienes planes y que vas a hacer cosas, pero yo tengo otras noticias para ti: no puedes hacer nada sin mi ayuda, y yo no te voy a dejar en paz tan fácilmente. Tienes que compensarme del todo. Antes me dejaste para que me ocupase yo sola de las cosas, y ahora voy a desquitarme. Tendrás que esperarme, esperar a que esté preparada. O no haremos nada. Te castigaré. Te odio.

Esta sesión de diálogo terminó así. Al día siguiente, Janet y su Niña mantuvieron otra sesión. Ella era consciente de que su Niña estaba padeciendo mucho dolor.

Adulta: Veo, oigo y siento que estás padeciendo mucho dolor ahora mismo. El dolor parece completamente abrumador para ti. Siento que padezcas tanto dolor y pena, y me alegro de que seas capaz de dejarme entrar en él y de compartirlo conmigo. Sé que hasta ahora siempre has tenido que luchar sola en momentos como este. Sé que a veces te ha parecido insoportable. Veo lo profundamente dolida que estás, y me preocupo mucho de ti. Veo a una niña pequeña, desgraciada, e insoportablemente sola, con miedo a cualquiera que se acerca, con miedo a aceptar ayuda de los demás. Con miedo a ser ella misma. Hay mucho daño por debajo del exterior duro. Mucha soledad, una niña muy frágil que intenta soportar el peso de una montaña de dolor, de ira, de daño y de desilusión. Está bien sentir el dolor. Está bien hacerlo ahora.

Niña: Me siento como si me hubieras fallado eternamente. Te deseo y necesito que estés aquí para mí ahora. Tengo que tener tu participación y tu compromiso totales. Tiene que ser de verdad. No quiero tener que seguir luchando, chillando y gritando. Quiero sentirme segura para ser blanda, natural, delicada, verdadera y plena.

Adulta: Eres muy hermosa. No tienes por qué seguir luchando más. No permitiré que nadie te ataque. No permitiré que nadie te haga daño. Yo no te haré daño.

Al día siguiente mantuvo este diálogo:

Adulta: Nunca me había dado cuenta, hasta ayer y hoy quizá, de lo profundos e intensos que son algunos de tus sentimientos. Me di cuenta de que sentías que querías matar a George [su hermano] y a papá; y eso no era más que el principio. Son unos sentimientos muy fuertes de odio, de rabia y de ira, y sé que ocultan además mucho dolor dentro de ti.

Niña: Sí, quiero matar a George, el pequeño desgraciado. Se aprovechó de mí, me robó, y lo odio. No lo quiero en mi vida, y quiero que devuelva el dinero que se llevó. Me gustaría matarlo. Y mi padre es un montón de mierda. Nunca se interesó por mí, y no se interesa por mí hasta la fecha. No le intereso; simplemente se siente aliviado de no tener que interesarse por mí, de no tener que hacer cosas para mí. Son dos desgraciados. Los odio a los dos.

Adulta: Está bien odiarlos. Está bien sentirse furiosa y airada y querer matarlos. Lamento no haber estado allí para ayudarte cuando las cosas marchaban mal para ti. Lamento haber dado a George todo aquel dinero. Lamento haberte abandonado, y lamento que sufras tanto dolor. Si quieres dejar de llevar el mundo sobre tus hombros, puedes dejar caer el peso en cualquier momento que te apetezca. Yo estaré aquí para ayudarte a encontrar un nuevo camino, un camino que te ayude a sentirte bien. No me marcharé. Me quedaré contigo. Quiero que seas capaz de superar esto y de disfrutar más la vida. Caminaré contigo de la mano, a través del dolor, de la ira y de la desilusión. Deseo que las cosas pudieran ser más fáciles para ti. Sé que te sientes abrumada por todas tus emociones intensas, y que por eso las cortas. Ya no tiene por qué seguir siendo así. Puedes empezar a sentirlas gradualmente, suavemente, e ir subiendo hasta las más intensas. No tardarás mucho una vez que empieces a dejarlas salir.

Si sientes ira contra mí, también puedes decírmelo. Sé que te he fallado una y otra vez. Lamento haberlo hecho. Lamento haberte hecho daño y haberte abandonado y no haberte ayudado. Merecías algo mejor que lo que te di. Mereces mi amor, mi afecto y mi cariño, todo el tiempo. Ojalá hubiera sido capaz de dártelos. Ojalá hubiera optado antes por asumir esa responsabilidad. Lamento haber permitido que los malos tratos durasen tanto tiempo. Lamento haberte maltratado. Ojalá no te hubiera dejado sola ni un segundo. Ojalá hubiera estado siempre presente para ti y conectada contigo. Sé que sufres como consecuencia de mi abandono y de mis malos tratos. Lo lamento.

Niña: Me siento verdaderamente triste y dolida por no haber sido lo bastante buena para ti y porque no me quisieras lo suficiente como para estar a mi alcance. Quería que me ayudases. Quería tu compañía y tu amistad, tu cariño y tu apoyo, pero nunca los recibí. Siempre me dejabas, y me he sentido muy odiada por ti, muy despreciada, muy indigna y mala. ¿Qué he podido hacer para que me odiases tanto que pasases años enteros sin hablarme, sin decirme nunca que me amabas? ¿Qué tenía yo tan horrible para que optases por olvidarme, criticarme, juzgarme y gritarme durante tanto tiempo? ¿Por qué nunca me has cuidado como es debido? ¿Por qué te marchaste? ¿Dónde fuiste? ¿Qué podía ser tan importante para ti como para que no hayas querido conocerme?

Adulta: Tú nunca hiciste nada, jamás, que me hiciera odiarte o pensar que no me gustabas. Sencillamente, no decidí nunca hacerme responsable de ti. No hay nada incorrecto en ti, y nunca lo ha habido [vuelve a decir a la Niña la verdad]. Sencillamente, no me he presentado hasta ahora. Me asusté mucho en una edad muy temprana, y a partir de ese momento tenía demasiado miedo para presentarme. No pasa nada contigo. Eres hermosa y te amo. Nunca me había molestado en reconocer tu existencia hasta ahora. Opté por olvidarte. Sé que te hacía daño, y lo lamento profundamente. Espero que pueda compensarte desde ahora. Solo mereces mi amor y mi cariño. Mereces lo mejor de mí, y voy a darte lo mejor que sé. Quiero aprender de ti y contigo. Estaré aquí para ti.

Me siento cansada. Es hora de acostarnos. Buenas noches. Te amo. Eres muy especial para mí, y jamás te volveré a abandonar. Ahora que sé que existes, estaré aquí para ti todo el tiempo. [Janet dibujó un corazoncito para su Niña al final de este diálogo.]

A continuación presentamos un diálogo escrito por Melissa, paciente nuestra que ha actuado de tutora para su marido, Marvin, durante muchos años, y que ahora intenta dejar el matrimonio. Siempre ha visto a su marido como cerrado al aprendizaje, pero tiende a seguir intentando enseñarle a abrirse. Mantiene la esperanza de que si ella es capaz de decir lo adecuado, él se abrirá. Melisa lleva varios meses trabajando con su Niña Interior, y ha llegado al punto en que su Niña le ofrece una gran cantidad de sabiduría.

Jueves, 10 de la noche.

Adulta: ¿Por qué hemos enfermado?

Niña: Por falta de sueño y por haberme obligado tú a que me ocupase de Marvin.

Adulta: ¿Qué puedo hacer?

Niña: ¡Dejarme hablar cuando a mí no me gusta algo!

Viernes, 3 de la madrugada.

Adulta: ¿Cómo te sientes?

Niña: Cansada, y no puedo dormir.

Adulta: ¿Por qué no?

Niña: Hay demasiados pensamientos dando vueltas en tu cabeza.

Adulta: ¿Qué tiene que pasar para detenerlos?

Niña: Supongo que debemos de estar desconectadas. ¿Por qué no conectas conmigo?

Adulta: ¿Qué necesitas ahora mismo?

Niña: Necesito que me digas que no es malo ser feliz.

Adulta: Claro que no es malo. Es maravilloso. Sufrir no tiene nada de maravilloso.

Niña: Pero Marvin me para los pies cuando soy feliz.

Adulta: Ya lo sé. Pero yo me ocuparé de ti cuando él lo haga.

Niña: ¿Qué harás?

Adulta: Te dejaré decir: «Me siento mal así», y marcharte.

Niña: Nunca has hecho eso. Siempre te pones a preguntarle por qué se comporta como se comporta, pensando que así demuestras una intención de aprender, pero no es cierto. Aprender significa sintonizar conmigo y obrar por mí. Preguntarle sus motivos es intentar hacerle que sea blando y abierto, y es una manipulación. Es intentar hacerle aprender por qué está cerrado. Eso solo se le puede preguntar cuando ya esté abierto.

Adulta: Sí, lo he hecho muchas veces. ¿De modo que tengo que aceptar que está cerrado y, simplemente, marcharme?

Niña: Sí. ¡Si comprendieses lo sencillo que es! Simplemente, sintoniza conmigo y márchate cuando yo me ponga tensa. Entonces podríamos librarnos de toda esta charla, pues no habría nada que decir.

No solo tardará algún tiempo en abrirse el Niño, sino que puede hacer falta bastante tiempo y práctica para aprender a ser un

Adulto amoroso. El repaso de sus textos escritos puede ayudarle a aprender los modos en que usted está siendo no amoroso.

En el diálogo siguiente, Roberto acababa de empezar a escribir y le estaba resultando muy difícil. Llevaba toda su vida funcionando como Niño abandonado, y su Adulto raramente hacía acto de presencia, ni en su trabajo ni en sus relaciones personales. Se está recuperando del alcoholismo y de la adicción a las drogas, y ha trabajado mucho en Alcohólicos Anónimos. Roberto, que es fisioterapeuta, se ha roto el brazo hace poco tiempo en un accidente de automóvil y casi no ha podido trabajar.

Adulto: ¿Qué quieres?

Niño: Quiero ser amado y cuidado. Quiero que cuides de nosotros.

Adulto: ¡Yo *quiero* cuidar de nosotros! [Roberto tiene tendencia a decir «quiero hacer esto o aquello» y no hacerlo. Todavía no dice: «Voy a...».]

Niño: Entonces, *¡hazlo,* maldita sea! ¡Nadie lo hará por ti! [El Niño reacciona ante el hábito de Roberto de decir «quiero hacerlo», sin seguir adelante.]

Adulto: Estás dolorido e intento cuidar de ti. [Roberto vuelve a decir «lo intento» en lugar de «lo haré».]

Niño: Estás lleno de mierda. Quieres quedarte con tu autocompasión y morirte. [El niño no se traga lo de «Lo intentaré».]

Adulto: ¡Basta! Cuido de nosotros y os amo, y este diálogo nos va a ayudar a cuidarnos. [Roberto está vendiendo algo a su Niño, en lugar de aprender y de preguntar a su Niño por qué le ha dicho que está lleno de mierda.]

Niño: ¡Este diálogo también es una estupidez! Estoy asustado.

Adulto: Este diálogo va a contribuir a salvar nuestra vida. [Sigue vendiendo, sin intención de aprender acerca del miedo del Niño.]

Niño: Necesito echar una siesta.

Adulto: Está bien.

Roberto no escribió nada al día siguiente, domingo, y volvió a escribir el lunes.

Adulto: Te amo, y estoy comprometido a cuidar de ti y a aprender de ti y sobre ti. ¿Cómo te sientes?

Niño: Me siento mejor, pero estoy enfadado contigo porque no me escribiste ayer.

Adulto: ¡Me sentía bien a la vuelta de la iglesia! ¡Disculpa! [Roberto se pone a dar explicaciones y a defenderse, en lugar de aprender acerca de la ira de su Niño.]

Niño: Parece que siempre hay alguna excusa. [Su Niño no se traga la explicación.] O estás demasiado cansado, o sufres demasiado dolor físico. ¡Necesitamos pasar tanto tiempo juntos! Ahora estoy asustado, y no has sido capaz de ocuparte de más asuntos.

Adulto: Creo que me estás quitando las palabras de la boca. Háblame de tu miedo. [Ahora pasa a una intención de aprender.]

Niño: Tengo miedo de que nos cerremos, de que nos quedemos en la calle y no volvamos a entrar. Estoy solo y necesito divertirme un poco.

Adulto: Está bien. ¡Vamos a dar un paseo! [Roberto deja el aprendizaje e intenta componer a su Niño en lugar de preguntarle lo que quiere.]

Niño: En primer lugar, quiero decirte cuánto echo de menos a Patti. ¡Nos divertíamos tanto! Estoy enfadado contigo por haberla alejado cerrándote a ella como a todas las demás.

Adulto: Patti era demasiado joven y no estaba comprometida con su recuperación. Lamento haber escogido mal. [Roberto da explicaciones en lugar de intentar comprender los sentimientos de su Niño.]

Niño: Estoy asustado por el trabajo. ¿Cómo vas a darnos de comer?

Adulto: Lo intento todo lo que puedo. Tenemos problemas físicos que deben curarse. [Roberto no intenta aprender acerca de los sentimientos de su Niño ni comprenderlos.]

Al día siguiente Roberto mantuvo este diálogo con su *Niño:*

Adulto: ¿Qué pasa hoy?

Niño: ¡Me siento mal! ¡Estoy dolido y asustado! ¿Por qué no trabajamos más?

Adulto: Querido, estamos trabajando tanto como podemos. Si nos damos demasiada prisa, pondremos en peligro nuestro brazo. ¿No te gustó el paseo en bicicleta a la consulta del quiropráctico?

Niño: Sí, eso fue divertido. Gracias. Me siento triste. ¿Cuánto tiempo vamos a sufrir todo este dolor físico y esta tensión de no trabajar?

Adulto: Lamento que te sientas tan triste hoy. La mayor parte del dolor que sufrimos es el milagro de la curación de Dios. [Al Niño no le sirven de nada estas explicaciones metafísicas. Sigue sin tener la intención de aprender acerca de la tristeza de su Niño.]

Niño: ¡A la porra Dios! Estoy harto de sufrir dolor.

Roberto no estaba dispuesto a aprender acerca de los sentimientos de ira y de tristeza de su Niño y concluyó el diálogo aquí. Mientras Roberto mantenga su intención de proteger, no puede tener lugar ningún aprendizaje ni curación. Su Niño no se siente amado por este diálogo.

Hablar

Hablar en voz alta con el Niño es otra manera muy poderosa de conectar. A algunas personas les da mejor resultado que escribir, porque es más inmediato. No es posible escribir tan deprisa como se piensa, pero sí se puede hablar tan deprisa como se piensa. Y si estamos airados o doloridos, puede ser más liberador hacerlo en voz alta. A algunas personas les resulta más fácil acceder a su Niño Interior cuando hablan en voz alta. Para ellas, la escritura es demasiado intelectual.

En un diálogo hablado resulta práctico utilizar un retrato de usted mismo de niño y otro retrato suyo tal como es ahora. Disponga dos sillas y ponga la foto de su Niño en una silla y la de su Adulto en la otra. Cuando usted esté hablando como Adulto, hable al retrato de su Niño, y cuando hable como Niño, hable al retrato de su Adulto. Es posible que tenga que cambiar de silla cada vez que cambia de voz, pues resulta fácil confundirse entre una voz y otra. Se procede del mismo modo que con la escritura: el Adulto empieza formulando al Niño una pregunta. Cuando esté hablando como Niño, permítase a sí mismo sentirse pequeño y dejar que su voz sea una voz de niño. Si surgen sentimientos, deje que su Niño llore o chille. Cuando hable como Adulto, pase a un modo calmado y abierto, el que adoptaría con cualquier niño de cinco años al que quisiera conocer de verdad.

A muchas personas les resulta útil recurrir a una muñeca grande y blanda que represente a su Niño. Hable a la muñeca cuando esté hablando con su Niño, y sujete a la muñeca contra usted, con la cara de la muñeca hacia su Adulto cuando esté hablando como Niño. Si no le gustan las muñecas, un animal grande de peluche también le servirá.

Compre una muñeca o un animal con el que se relacione desde su Niño Interior. Abrazar esta muñeca o este animal en momentos de estrés puede llegar a consolar a su Niño Interior. Algunos de nuestros pacientes a los que les cuesta recordar que tienen un Niño Interior han descubierto que llevar encima su muñeca o su animal les recuerda que deben comprobar cómo se sienten y que son responsables de su Niño Interior.

El diálogo interno

Como dijimos antes, el objetivo es mantener un flujo de amor constante entre su Adulto y su Niño, entre sus pensamientos y sus sentimientos. Siempre que conseguimos este equilibrio estamos en un lugar de plenitud. Si usted practica todos los días el diálogo escrito o verbal con su Niño, descubrirá que paulatinamente va viviendo más y más esta conexión interior amorosa entre su Adulto y su Niño. *El único medio para que su diálogo interno se vuelva amoroso en lugar de no amoroso es que usted practique todos los días.* Cuando vaya dominando el arte de ser consciente de sus pensamientos y de sus sentimientos amorosos y no amorosos, se encontrará a sí mismo reaccionando ante las situaciones en el momento, en lugar de una hora más tarde o de un día más tarde. ¿Cuántas veces se ha dado cuenta mucho después del momento de lo que le hubiera gustado decir o hacer en dicho momento? Eso se debe a que usted no estaba sintonizado y conectado en el momento: su Adulto amoroso no estaba prestando atención a la experiencia de su Niño.

Cuando sea consciente de los sentimientos de su Niño, sabrá inmediatamente cuándo está alterado su Niño. Advertirá la tensión o el dolor en su estómago, o en alguna otra parte de su cuerpo, como sus piernas o sus hombros la señal de que algo marcha mal. Cuando su Niño haya aprendido a confiar en usted, puede preguntarle en ese mismo momento y lugar qué es lo que marcha mal, y recibirá inmediatamente una respuesta. Su Niño puede decirle: «Esta persona te está mintiendo. Lo percibo», o «esta persona te está manipulando», o «esto no se siente bien. Llévame de aquí», o «esta situación es peligrosa. Ten cuidado».

También se volverá más consciente de lo que desea en cualquier momento dado. Sabrá cuándo tiene hambre, lo que le apetece comer, cuándo se siente lleno, cuándo quiere dormir, lo que desea hacer verdaderamente en su tiempo libre, con quién quiere estar de verdad, qué colores le gustan de verdad, o qué tipo de ropas le gustan. Se dejará guiar más por sus necesidades y por sus deseos y menos por sus «imperativos».

Explorar los miedos y las creencias

La mayoría de nuestros miedos, y las creencias falsas que los producen, proceden de nuestras vivencias de la infancia. Nuestras creencias sobre la incapacidad de enfrentarnos a nuestro dolor, sobre nuestra valía, sobre si somos adecuados y dignos de ser amados, sobre si somos capaces de controlar el modo en que los demás nos tratan o sus sentimientos acerca de nosotros, y sobre si somos capaces de controlar a los demás («si soy lo suficientemente abierto o lo suficientemente amoroso, entonces él o ella también se abrirá»), nuestras creencias sobre nuestra incapacidad para hacernos felices a nosotros mismos, sobre nuestra responsabilidad por los sentimientos de los demás... todas estas creencias proceden de las vivencias de la infancia. Aunque todas son creencias falsas, las adoptamos por buenos motivos, y probablemente no seremos capaces de modificar la conducta que surge como consecuencia de estas creencias mientras no comprendamos dónde las adoptamos y cuál es su propósito. Es tarea del Adulto amoroso aprender acerca de las creencias del Adulto no amoroso y del Niño no amado, acerca de las creencias del ego. Usted puede plantearse a sí mismo preguntas como las siguientes:

—¿Cuál es mi creencia sobre mi capacidad de enfrentarme al dolor (o sobre mi capacidad para ser amado, para controlar a los demás, sobre mis sentimientos de responsabilidad por los demás, sobre la responsabilidad de los demás por mí, etcétera)?

—¿De dónde saqué esta creencia? ¿Qué experiencias de la infancia generaron esta creencia?

—¿Qué gano actuando como si esta creencia fuera cierta?

—¿De qué tengo miedo? ¿Qué pasaría si dejase de actuar como si esta creencia fuera cierta?

Sam, un paciente nuestro, describe así el proceso por el que pasó al enfrentarse a algunas creencias falsas:

> He sido tutor toda mi vida. De niño asumí la responsabilidad de los sentimientos de mi madre, y de adulto he asumido la responsabilidad de los sentimientos de mi esposa. Mi tutoría adoptó dos formas distintas: rendirme a los demás y enseñar. Yo aceptaba lo que quería mi esposa para evitar su ira, y después le mostraba las cosas con las que tenía que tratar, el aprendizaje que tenía que adquirir. Cuando fui consciente de estas cosas en las sesiones de terapia, dejé gradualmente de rendirme, pero parecía incapaz de dejar de enseñar. Era como una obsesión. Sentía que si podía simplemente enseñarle a ella la cosa exacta, vería lo que estaba haciendo ella y dejaría de estar enfadada y desconectada de mí. Veía que no funcionaba; de hecho, funcionaba en mi contra, pues ella se resistía a cualquier cosa que yo dijera. Pero yo no podía dejar de hacerlo; era una adicción.
>
> Después tuve una sesión en la que entré en contacto con los sentimientos profundos de soledad en mi Niño Interior y vi que había pasado mi vida como tutor para evitar estos sentimientos profundamente dolorosos. Me di cuenta de que creía que no podría enfrentarme a aquellos sentimientos y que la tutoría y la enseñanza impedirían que mi esposa se desconectase de mí, de modo que yo no tendría aquellos sentimientos. En cuanto me abrí a la soledad que siente mi Niño Interior cuando mi esposa se desconecta, y en cuanto me di cuenta de que podía enfrentarme a aquellos sentimientos, la adicción a la enseñanza desapareció por completo. Vi que creer que podía impedir que ella se desconectase de mí era una creencia falsa, pero que me había protegido todo este tiempo de sentirme solo.

Sam no pudo cambiar su conducta, que era no amorosa para sí mismo y para su esposa, hasta que comprendió los buenos motivos (los miedos y las creencias falsas) que estaban detrás de su conducta. Cuando su Adulto aprende con su Niño Interior, entonces las falsas creencias del ego se pueden desvelar y usted puede aproximarse a vivir en la verdad.

Desarrollar la confianza entre su Adulto y su Niño

Del mismo modo que el Niño necesita confiar en que el Adulto estará presente de una manera amorosa, igualmente necesita el Adulto aprender a confiar en el Niño. Con frecuencia, cuando las personas emprenden por primera vez el proceso de empezar a conocer a su Niño, descubren que odian a su Niño. Pueden ver a su Niño como una víctima indefensa e impotente, o pueden ver a su Niño como malvado, iracundo y vengativo. Pueden creer que su Niño es tonto, o vacío y aburrido. El problema es que lo único que conocen de su Niño es su Niño abandonado, y que creen que este es su Niño verdadero. Pueden recordar que pegaban a otros niños cuando eran pequeños, o que eran malos estudiantes en la escuela, o que eran totalmente inconscientes y desatentos, o que robaban, o que prendían fuego a las cosas, o que mentían; pueden recordar que les gritaban mucho y que les decían que no eran más que unos alborotadores. No se dan cuenta de que el Niño que recuerdan es el Niño abandonado, y de que no tienen idea de quién es su Niño cuando está siendo amado. De modo que no confían en su Niño y pueden tener miedo de llegar a conocerlo.

La única manera de superar esta falta de confianza es arriesgarse a llegar a conocer a este Niño. Una manera útil de empezar es imaginarse que ha adoptado a un niño de cinco años. Este niño ha sido abandonado, ha sufrido malos tratos quizá, y es muy iracundo y duro, o ausente e insensible, o pasivo y deprimido. Este niño o niña no está dispuesto a dejarle ver a usted quién es él o ella. ¿Qué haría usted? ¿Diría a este niño que es un chico muy malo? ¿O sería usted blando y delicado, dando a este niño abandonado tiempo para que se sintiese seguro? Cuando usted se asoma a los ojos de ese niño, ve el miedo, pero también ve, más allá del miedo, la blandura y la necesidad de amor. Este es su Niño Interior; iracundo, rudo, duro y cerrado quizá, pero en su interior solo quiere ser amado por usted. Y cuando usted ama a este Niño durante el tiempo suficiente, él (o ella) se abrirá y le dará entrada a la curiosidad, la pasión, la vivacidad, la ludicidad, la sabiduría, la ternura y el sentimiento de asombro que es quien usted es de verdad.

Capítulo 9
Atascándose-desatascándose

> Debemos aceptar que en último extremo no son nuestros padres ni Dios quien nos ha abandonado: nos hemos abandonado a nosotros mismos.
>
> ... muchas de nuestras defensas son en realidad nuestros amigos más antiguos, fieles y a toda prueba. Han seguido a nuestro lado, nos han protegido cuando fallaba todo lo demás. Y a pesar de que ahora nos hacen poco bien, estamos poco dispuestos a descartarlos.
>
> PHILIP OLIVER-DIAZ Y PATRICIA A. O'GORMAN
> *12 Steps to Self-Parenting*

Hemos visto en nuestro trabajo con pacientes que algunas personas, al comprender lo profundo que puede ser y lo mucho que puede cambiar su vida el aprender a amar y a conectar con su Niño Interior, se ponen a trabajar inmediatamente. Leen libros, practican los diálogos todos los días, prestan atención a los mensajes de su Niño, empiezan a actuar en nombre de su Niño y hacen progresos muy rápidos. Establecen consigo mismos un compromiso de aprender a ser Adultos amorosos con su Niño Interior, y siguen adelante hasta el final. Es un verdadero privilegio y una alegría trabajar con estas personas.

Otras personas, no obstante, parecen tener grandes dificultades para establecer el compromiso y para seguir adelante. Acuden una semana tras otra, atascados en el mismo sitio, sintiendo el mismo sufrimiento. O fingen que mejoran para recibir la aprobación del terapeuta, pero pronto salta a la vista que en realidad no está sucediendo nada, que no se está realizando ningún trabajo verdadero. Es posible que estén haciendo incluso sus diálogos, pero solo como un ejercicio, sin verdadera compasión y sin verdadera intención de aprender.

¿Por qué están abiertas algunas personas para aprender y para asumir responsabilidades consigo mismas, mientras que otras no lo están?

Los seres humanos somos comprometidos por naturaleza. Cuando usted se encuentra atascado, se debe a que en algún terreno de su vida se ha comprometido a evitar o a negar los miedos y el dolor que yacen allí. Puede ser difícil verlos. Después de años de compromiso para cubrirlos, su dolor, sus miedos y sus creencias están enterrados profundamente, y probablemente se han convertido en mecanismos disparadores para volverse ciego e inconsciente. Es como si derramásemos toda nuestra energía para crear un escudo de invisibilidad, diseñado para esconder de todos, incluso de nosotros mismos, nuestro dolor, nuestros miedos y nuestras creencias basadas en la vergüenza; y solo cuando volvemos a comprometer nuestras energías para ver, aceptar y vivenciar el dolor y la aflicción ocultos estará disponible ese poder para ayudarnos a arreglar el desorden y seguir adelante para crear alegría y diversión. El poder de desatascarse está allí, mal dirigido actualmente. Para desatascarse, debe cambiar su compromiso, de evitar la responsabilidad de su dolor y alegría a ser responsable de todos sus sentimientos a través de la intención de aprender acerca de su dolor, de sus miedos y de sus creencias, y acerca de lo que le aporta alegría. Este nuevo compromiso debe proceder de su Adulto, dado que el Adulto es el tomador de decisiones en cuanto a las intenciones.

A su Niño abandonado le dará miedo, probablemente, ayudarle a usted a hacer esto. Ningún niño quiere ir al hospital para someterse a una operación. Pero si es necesaria una operación de apéndice para vivir, para estar sanos y para desarrollarse, esa decisión la debe tomar el adulto a cuyo cargo está el niño. Y como cualquier adulto amoroso, usted puede tener que mantener algunas conversaciones largas con un niño tremendamente enfadado y asustado. Es tarea suya mantener su nuevo compromiso de descubrir la verdad, y al mismo tiempo estar presente para el Niño, que puede estar abrumado por los miedos y por las informaciones erróneas.

Existen muchos miedos y creencias falsas que pueden bloquear la disposición para aprender y para asumir la responsabilidad personal. Presentamos a continuación los miedos y las creencias principales que hemos descubierto que bloquean el aprendizaje, con la esperanza de que si usted se encuentra atascado, este conocimiento le ayude a desatascarse.

El miedo a la ira del Niño

Cuando éramos niños muchos de nosotros sufrimos a manos de nuestros padres, abuelos, hermanos, otros parientes, maestros o compañeros. Es posible que nos agredieran física, sexual y/o emocionalmente. No solo estábamos impotentes para protegernos, sino que, en general, no se nos permitía expresar nuestra ira, o nos maltrataban más todavía si la expresábamos. La mayoría de nosotros tenemos iras y rabias antiguas que guardamos dentro de los sentimientos del Niño abandonado: ira contra los demás por habernos abandonado de niños, e ira contra nosotros mismos por haber abandonado a nuestro Niño Interior y por haber dejado que el Niño se cuidara de sí mismo.

Cuando usted se abre para aprender con su Niño, debe estar preparado para vivir y expresar esta ira y esta rabia.

Muchas personas tienen miedo a su ira. Juzgan y condenan su ira, diciendo a su Niño Interior que es malo e incorrecto que se sientan así, y que temen que los demás también los condenen. Pueden temer que su ira les cause problemas, como sucedía cuando eran niños. Pueden creer que la ira no hace más que engendrar más ira. Pueden tener miedo de ser personas esencialmente iracundas que tienen un pozo sin fondo de ira, que no se agotará por mucho que trabajen en ello. Pueden temer que su ira los domine y que si se abren a ella se harán daño a sí mismos, o lleguen a matar a alguien. Este miedo procede de su vivencia de ser un Niño abandonado sin un Adulto que marque límites. Nuestra experiencia indica que la ira solo se vuelve descontrolada cuando las personas la reprimen y evitan tratarla. En cuanto se ponen en contacto con su Adulto amoroso, pueden aprender a descargar su ira de modos inofensivos. Pero si usted cree que la gente lo juzgará, o que su ira le causará problemas, o que lo dominará, y si no está dispuesto a poner a prueba la validez de estas creencias, entonces seguirá atascado.

Cuando la mayoría de las personas empiezan a dialogar, se chocan con la ira de su Niño Interior contra el Adulto Interior por haberlo abandonado. Esta ira puede durar semanas enteras, y si usted no está dispuesto a permitir a su Niño que la exprese, se quedará atascado. Julie, una mujer rubia, pequeña, que asistía a uno de nuestros grupos, se había atascado de esta manera. Cuando aceptó por fin la ira, tuvo una experiencia maravillosa con su Niño:

Julie: Quiero compartir algo. Me siento verdaderamente emocionada porque he estado dialogando todos los días.

Grupo: ¡Bravo! ¡Muy bien, Julie! (Algunos aplausos.)

Julie: Y me encanta, de verdad que me encanta. Tuve que pasar por esa horrible resistencia, y los bloqueos, y toda esa basura. Pero lo hice por fin, y lo he estado haciendo todos los días, y ahora siento que no puedo perdérmelo ni un solo día.

Margie: Quería preguntarte qué era lo que había cambiado. Tu energía es muy diferente hoy.

Grupo: Sí, es más chispeante, más ligera.

Julie: He tenido una experiencia increíble con ella ayer. Algo cambió después de la reunión del grupo la semana pasada. Yo había empezado a hacerlo, y lo único que sacaba en limpio era que la Niña estaba enfadada con la Adulta. Y vosotros dijisteis: «Por supuesto. Si hubieras abandonado a una niña durante tantos años de su vida, también estaría enfadada contigo». De modo que eso le dio otra perspectiva, y me di cuenta de que, bueno, entonces tenía que quedarme con eso, y simplemente pasar por ello, sea lo que sea. Y eso hice. Lo pasé, y hubo algo más de ira, y después, ¡algo cambió! Algo cambió, simplemente. Y de pronto fue como si mi Adulta pudiera estar allí de aquella manera verdaderamente amorosa. De manera que ayer estuve preguntando a mi Niña lo que quería. Y ella quería salir a pasear por las colinas onduladas, donde hubiera mucha hierba, y llevar a mis perros, y simplemente salir a pasar el día. En primer lugar, yo no conozco ahora mismo ningún sitio así, y en segundo lugar no tengo tiempo. De modo que pensé, bueno, siempre he oído decir que si haces las cosas como una visualización, utilizando todos los sentidos, la mente tiene la misma experiencia que si lo estuvieras haciendo de verdad. Y decidí, bueno, que iba a hacer aquella visualización. De modo que me metí en mi habitación, puse música bonita y realicé una visualización increíble de aquella experiencia. Fue increíble. Entré totalmente en ella, y después entré en toda aquella tristeza y aflicción, porque me conectó de verdad con lo que mi niña pequeña no había tenido, con la tristeza de lo que no había tenido. Pero incluso aquello fue increíble, tener aquello que fluia tan libremente. Y eso fue ayer.

Es importante comprender que existen dos tipos de ira, la ira cerrada y la ira abierta; es decir, la ira expresada con intención de proteger y la ira expresada con intención de aprender. La ira cerrada es la ira controladora o vengativa que expresa el Niño abandonado cuando no se presenta ningún Adulto Interior amoroso y el Niño

Interior se siente desvalido e impotente. La ira cerrada también es la ira expresada por el Adulto no amoroso hacia el Niño abandonado. Esta es la ira que produce miedo y que puede volverse descontrolada y hacer daño a uno mismo y a los demás. La ira abierta es la ira expresada por el Niño abandonado cuando el Adulto Interior amoroso tiene la intención de aprender y de comprender lo que ha vivido el Niño Interior en el pasado o lo que está viviendo en el presente. El Adulto Interior está allí para poner límites a la conducta, asegurándose de que no nos hacemos daño a nosotros mismos ni se lo hacemos a los demás. El Adulto amoroso escucha y aporta consuelo y apoyo para los sentimientos de rabia del Niño. Esta es la ira que abre y enseña, y que ayuda a curar antiguas heridas.

El miedo al dolor del Niño

Debajo de la ira siempre hay dolor. Todos nosotros hemos conocido el dolor siendo niños, y todos aprendimos a evitar sentirlo. Pero los sentimientos siguen allí, dentro del Niño Interior. Para aprender con el Niño Interior, usted debe estar dispuesto a sentir y a curar el antiguo dolor. Si usted sigue manteniendo las creencias falsas de su Niño abandonado o de su Adulto no amoroso sobre el dolor (que si se abre a él será eterno, lo dominará, se morirá o se volverá loco; que simplemente no puede enfrentarse a él), y si no está dispuesto a poner a prueba estas creencias, entonces se quedará atascado en un modo protector. No puede abrirse a aprender y protegerse a sí mismo de su dolor al mismo tiempo.

A menudo no estamos dispuestos a saber nada siquiera acerca de nuestro dolor antiguo. Si usted está envuelto en la creencia de que tuvo una infancia ideal, si su familia le enseñó a guardar los secretos, entonces puede creer que es malo llegar a ser conscientes de la verdad. Mientras conocer la verdad sea menos importante que esconderse y vivir en la negativa, usted seguirá atascado. La mayoría de nosotros viviremos una aflicción profunda cuando aceptamos la pérdida de nuestros padres idealizados y de nuestra infancia idealizada. Si no estamos dispuestos a pasar por este dolor, la recuperación no es posible. No hay rodeo posible para el dolor, el miedo y la aflicción. Tenemos que pasar por estos sentimientos para curarnos.

El dolor más profundo con que tenemos que enfrentarnos es la soledad, el aislamiento y la vivencia desgarradora de la impotencia con respecto a esos sentimientos que vivimos de niños. Toda nuestra locura está causada por nuestra falta de disposición para vivir esos sentimientos. Todas nuestras protecciones del ego comienzan con el miedo a ese dolor. He aquí una poesía que escribió Erika cuando se estaba enfrentando con su propia soledad de la infancia.

La soledad es el único dolor puro.
Todo otro dolor nace de ella.
Ella sola
engendra en último extremo a todas
las protecciones concebibles contra ella.
Empezamos a marchitarnos con solo oír su nombre.
Es la Separación última

del alma
y la humanidad.
Tememos que no podremos sobrevivir a ella,
pues es el dolor que nosotros solos
no podemos reparar.
La soledad es una grieta del corazón
que solo puede ser salvada por otro.
La inflingimos,
la detestamos,
y la negamos,
sin darnos cuenta
de que en su presencia
estamos forzados a avanzar...
La soledad
es el libro
que nos negamos a leer...

Nuestra soledad más profunda, que «solo puede ser salvada por otro», no puede empezar a curarse hasta que nosotros empezamos a crear dentro de nosotros mismos el puente, la conexión entre nuestro Adulto y nuestro Niño. El amor de otro no tiene por dónde entrar mientras nuestro propio corazón no esté abierto. Mientras usted no se enfrente a su dolor, se protegerá a sí mismo de él y su corazón estará cerrado.

Hace falta un gran valor para enfrentarnos al dolor de nuestra soledad, de nuestro aislamiento y de nuestra impotencia, y usted no lo conseguirá mientras no exista una conexión sólida entre su

Adulto Interior y su Niño Interior. Su Niño no le dejará sentir este dolor hasta que confíe en que usted no huirá del dolor, hasta que confíe en que usted se quedará y le proporcionará un apoyo amoroso para aprender de este dolor y para pasar por el mismo.

Erika recurre a una metáfora para describir su experiencia de apertura a este dolor.

> Fue como llevar mi barco a una parte muy profunda del mar, a 4 000 metros, y saltar al agua. La mayoría de las personas se pasan la vida intentando frenéticamente quedarse en la superficie, temiendo que si se dejan llevar se ahogarán. O bien, se tienden calladamente de espaldas sobre la superficie, como si estuviesen muertas, en un estado de depresión, para no dar la cara a sus miedos al dolor. Pero enfrentarse a la soledad es como dejarse llevar y dejarse hundir hasta el fondo, hasta 4 000 metros de profundidad. Desciendes lentamente. Al principio contienes la respiración, pero después descubres que puedes respirar bajo el agua. No sabes dónde está el fondo, de modo que tienes que seguir adelante basándote en la fe en que todo marchará bien. Por fin, das con el fondo, echas una ojeada a tu alrededor y ves de qué has tenido miedo de sentir y de saber durante toda tu vida. Puedes quedarte allí una temporada, quizá un mes, hasta que has aprendido todo lo que se puede aprender, y después empiezas a sentirte más ligero. Vas ascendiendo lentamente hasta la superficie. Pueden existir otras ocasiones en tu vida en las que deberás dejarte llevar y hundirte de nuevo, pero no durarán tanto tiempo, y nunca volverás a tenerle miedo. Probablemente nunca tendrás que volver a bajar hasta el fondo.

La falta de disposición para sentir y vivir el dolor que subyace dentro del Niño Interior es uno de los motivos principales por los que las personas se quedan atascadas. Mientras protegerse de los sentimientos y de ser responsable de aprender acerca de las creencias y experiencias que crearon y siguen creando su dolor siga siendo más importante que aprender, usted no será capaz de aprender.

Algunas veces, incluso cuando el Adulto ha decidido estar abierto para aprender acerca de la ira y del dolor del Niño, la persona se sigue sintiendo atascada. Esto puede deberse a que el Niño Interior teme que el Adulto juzgue y condene su ira y su dolor. Cuando sucede así, el Niño Interior se queda callado hasta que siente que puede confiar de verdad en que el Adulto Interior sea amoroso.

El miedo a ser controlados y traicionados por el Niño

Las personas que aprendieron a resistirse de niños para protegerse de ser controladas por uno de sus padres, por un abuelo o por un hermano, suelen llevar esta manera de ser hasta la vida adulta. Se condicionan tanto para resistirse ante cualquier cosa que alguien desee de ellos, que se resisten inconscientemente a las necesidades y a los deseos de su propio Niño Interior. El Niño Interior de usted quiere y necesita su atención, su amor y su aprobación, además de su intención de aprender de y con él y la devoción de usted a su consuelo, a su sentido de la seguridad y a su alegría. *Siempre* quiere y necesita estas cosas de usted. Si usted es una persona resistente, puede estar diciendo inconscientemente a su Niño Interior: «No tengo por qué hacer lo que tú dices. Que tú lo quieras no quiere decir que yo tenga que dártelo. Búscate a otro que te lo dé».

A continuación transcribimos una parte de una sesión que mantuvo Margie con Dean, que descubrió que se había quedado atascado en una lucha de poder con su Niño Interior.

Adulto de Dean: ¿Qué quieres ahora mismo?

Niño de Dean: Quiero que me prestes atención. Quiero que me hables. Quiero que me escuches y no me olvides... si no es mucho pedir (suspiró de enojo). Estoy enfadado contigo porque dices que estás haciendo todas esas cosas pero no las haces. Estoy harto de cómo me tratas, y me siento muy solo y distanciado de ti. ¿Cuándo vas a tomar la decisión, por Dios? ¿Cuándo vas a cambiar? (Está verdaderamente enfadado.)

Margie: Vuelve allí. [A ser el Adulto].

Adulto de Dean: (Suspira.) Es muy fácil decir que no sé cuándo voy a cambiar y seguir retrasándolo y retrasándolo y retrasándolo. Porque no he tomado esa decisión. Es duro abrirse a lo que guardas dentro y a lo que has guardado dentro porque yo no te he dejado sacarlo. Y me siento verdaderamente inseguro sobre la adopción de tal compromiso contigo. Sé que nunca he sido capaz de hacerlo. Siempre he echado la culpa a otros; nunca he asumido esa responsabilidad. Y veo que todo está empeorando por ello. Todavía me siento inseguro sobre si debo hacerlo.

Margie: Vuelve aquí.

Niño de Dean: ¡Lo estás haciendo *otra* vez! Estás siendo el mismo imbécil que has sido siempre. Estás inventando excusas otra vez. Cuando haces esto, no quiero hablarte siquiera porque no tiene sentido. No me escuchas, y acabo sintiéndome mal, y la situación empeora cada vez más. Y yo estoy atrapado aquí dentro. Es como si nunca, nunca, jamás, fueras a hacer nada al respecto. Vas a dejarme aquí dentro, y yo nunca voy a llegar a hacer ni a ser nada más que lo que he hecho y he sido. Si no vas a hacer nada al respecto, ¿qué sentido tiene todo?

Margie: Ahora vuelve a pasar a tu Adulto... Tu Niño te está diciendo que eres un maltratador de niños, y siente que no tiene sentido vivir así. Pero, naturalmente, tú tienes que seguir resistiéndote para no ser controlado por él.

Adulto de Dean: ¿Es eso lo que estoy haciendo?

Margie: A mí me parece una lucha por el poder. Me parece una intensa lucha interna por el poder. Quiere aquello de ti con tanta vehemencia, y tú no se lo quieres dar. No te quieres dejar controlar por tu Niño. Parece que dices que sí a todo, que hablas de ello, que haces como que eres consciente y todo eso, pero que mientras tanto lo más importante es resistirte, no comprometerte, no hacerlo, resistirte a lo que quiere él de ti.

Dean: Parece que ni siquiera puedo decir las palabras por las que me comprometería.

Margie: Lo sé. Eso es lo que me da la impresión de que es una lucha por el poder.

Dean: Me siento como un yoyó. Es como ir atrás y adelante con lo mismo.

Margie: Sí. ¿Eres capaz de sentir tu resistencia?

Dean: Sí.

Margie: Pues bien, esa resistencia es la lucha de poder dentro de ti. Tu niño pequeño desea vivamente que tú le prestes atención, y tú no vas a hacerlo, porque no vas a ceder ante él.

Dean: Sí que produce esa sensación de ceder, cuando él quiere hacerlo y yo lo hago.

Margie: Sí, eso es lo que se siente: que si tú lo haces, estás cediendo.

Dean: Sí.

Margie: En tu esfuerzo por no ser controlado por tu Niño estás siendo totalmente controlado, pues no estás tomando una decisión independiente sobre lo que tú quieres. ¿Eres capaz de decirme sinceramente «no quiero ser un ser humano amoroso»?

Dean: No.

Margie: Bueno, entonces, si ésa no es la verdad y si quieres ser un ser humano amoroso...

Dean: ... entonces, ¿por qué no lo estoy haciendo?

Margie: ... entonces no estás tomando esa opción independiente. Te parece una cesión, más que una opción independiente.

Dean: Una cesión ante mí mismo...

Margie: Sí.

Dean: Una cesión ante mi Niño.

Margie: Exacto. Eso es.

Dean: Supongo que es el colmo de las luchas por el poder, ¿no?

Después de esta sesión, Dean se comprometió con el diálogo con su Niño y empezó a hacer progresos verdaderos.

Es frecuente que las luchas por el poder que empezaron en la infancia se proyecten sobre un compañero, sobre el hijo de uno o incluso sobre el terapeuta de uno. Bob y Rachael acudieron solicitando consejos para su matrimonio, pues se sentían muy desconectados entre sí. Reñían mucho, y sus relaciones sexuales habían dejado de existir, cosa que hacía muy infeliz a Bob. Bob creía que había algo incorrecto en Rachael, pues ella estaba iracunda casi todo el tiempo y no le interesaba el sexo. Rachael, por su parte, sentía ira contra Bob y creía que todos los problemas eran por culpa de él.

Al comienzo de la terapia parecía que Bob era una persona muy abierta. Parecía blando y delicado y muy capaz de hacerse feliz a sí mismo. Tenía muchas aficiones que raramente practicaba, porque Rachael se sentía rechazada cuando no le dedicaba a ella todo su tiempo libre. Rachael siempre sentía ira contra Bob; siempre lo culpaba de la infelicidad de ella. En una de las sesiones se puso tan iracunda y tan acusadora, y alcanzó tal grado de negativa con su intención de protegerse, que la terapeuta sugirió que las sesiones no le servirían de nada hasta que no se decidiese a aprender. Ella gritó que no quería aprender y dio por finalizada su terapia. Bob siguió asistiendo a algunas sesiones más. Empezaba a ser consciente de su Niño Interior y de la ira que sentía su Niño contra su madre porque esta intentaba siempre controlarlo; pero entonces abandonó repentinamente la terapia. A la semana siguiente, Rachael se presentó a la hora de la sesión de él. Se sentó con decisión en la mirada, y dijo: «Usted tenía razón. He sido iracunda y cerrada, y eso me está haciendo muy infeliz. Estoy cansada de ser infeliz. Estoy dispuesta a trabajar». No hace falta decir que la terapeuta se quedó muy sorprendida.

En las seis semanas siguientes Rachael realizó progresos increíbles. Practicaba sus diálogos con diligencia, y conectar con su Niña Interior se convirtió en su máxima prioridad. Cuando empezó a ver claramente cómo podía hacer feliz a su Niña interior, y cómo podía dejar de tomarse como cosa personal la conducta de los demás, su ira se fundió y empezó a sentirse feliz y en paz en su interior. Pero cuanto más feliz se sentía ella, más iracundo se volvía Bob. Sus relaciones empeoraban. La terapeuta pidió a Rachael que viniera con Bob, si él estaba dispuesto.

Bob se presentó con Rachael, pero estaba muy tenso, frío y distante. Tal como había hecho antes Rachael, negó su intención de protegerse contra sus sentimientos de miedo. Rachael dijo que siempre que intentaba compartir con Bob el trabajo con su Niña Interior y darle a entender cuánto bien le estaba haciendo a ella, él se irritaba. La terapeuta preguntó a Bob cómo se sentía acerca del cambio de Rachael; él dijo que no le inspiraba confianza. De pronto, empezó a acusarla del mismo modo iracundo en que ella le acusaba a él antes. Entre estas acusaciones, exclamó:

—¡Las dos estáis aliadas contra mí! Me producís los mismos sentimientos que mi madre. Quieren controlarme y obligarme a hacer las cosas a su manera. Bueno, el camino de vosotras no es el único camino. Mi camino es diferente del vuestro, y no tengo por qué hacerlo a vuestra manera.

La terapeuta señaló que él estaba manteniendo una lucha por el poder con ella y con Rachael, y preguntó:

—¿No sientes que si te abres al aprendizaje estás capitulando, cediendo, perdiendo, siendo controlado?

—Sí —respondió él, abriendo mucho los ojos—. Eso es exactamente lo que siento. De modo que eso es lo que sucede.

El simple hecho de que Bob se diera cuenta de que estaba manteniendo una lucha por el poder no hizo que se desatascase. Siguió atascado hasta que estuvo dispuesto a poner a prueba su miedo de que se perdería a sí mismo y sería controlado por Rachael y por la terapeuta si se abría al aprendizaje con y de su Niño Interior.

Hemos advertido que los pacientes que se resisten a realizar su trabajo interior, que se resisten a aprender de su Niño y a responsabilizarse de él, suelen decir cosas como las siguientes:

—Este proceso es una verdadera tontería.

—Esta teoría es demasiado simplista.

—¿Quién me dice que su camino es el camino correcto?

—No me trago estas tonterías sobre el Adulto y el Niño. ¿Se ha creído que soy un esquizofrénico?

—He asistido a muchas terapias y seminarios. Ninguno ha dado resultado. ¿Por qué había de ser diferente este? ¿Por qué molestarse? No dará resultado.

—No sé hacerlo.

Muchos de nosotros tenemos creencias falsas sobre quién es en realidad el Niño Interior, pues solo conocemos al niño cuando está abandonado y sin recibir amor. Usted puede creer que su Niño es un alborotador, salvaje y revoltoso, no dispuesto a ceñirse a ninguna regla. Usted puede sentirse seguro de que su Niño no quiere más que controlarlo a usted, y de que si usted se abre a su Niño perderá el control sobre su vida.

Thomas, un paciente nuestro, tiene un Adulto Interior autoritario que trata a su Niño Interior tal como lo hicieron los padres de él. Thomas siempre se ha ceñido a las reglas, una de las cuales lo incita a no dejar nunca de acudir a su trabajo, aunque esté enfermo. Thomas ha tenido miedo de dialogar con su Niño Interior por miedo de que su Niño desee que él quebrante las reglas y provoque un desorden en su vida. Es cierto que su Niño quiere quebrantar algunas reglas, pero es seguro que quebrantar estas reglas no provocará un desorden. Thomas mantuvo el diálogo siguiente con su Niño en nuestra consulta. Era un día frío y lluvioso, y Thomas, que venía del trabajo, tenía un resfriado.

Adulto: ¿Por qué odias la lluvia?

Niño: Sencillamente, la odio. La odio. Odio el frío. Me hace sentirme solo.

Adulto: ¿Es decir, el motivo principal por el que odias la lluvia es el frío y el sentimiento de soledad? ¿Cómo puedo ayudarte?

Niño: Manténme caliente. Y hazme quedar en casa algunas veces cuando llueve, sin ir al trabajo; sobre todo cuando estoy enfermo.

Thomas no quería saber que su Niño se sentía así. Su falta de deseo de saber le impedía dialogar. Tenía miedo de que, si escuchaba a su Niño, su Niño asumiría el control y Thomas acabaría siendo una persona irresponsable. Thomas está atascado mientras no desee conocer la verdad y pase a una intención de aprender.

Muchas personas temen que si se abren a su Niño Interior no querrán trabajar más, que se volverán perezosas y eludirán sus responsabilidades. Creen que el Niño no quiere más que jugar, o esconderse, o pelear, o llorar todo el tiempo. Esto puede ser verdad cuando han abandonado a su Niño, pero no cabe duda de que es falso cuando su Niño se siente amado por ellos. No obstante, temen que si se abren a conocer a su Niño no amado, acabarán siendo controlados por este Niño y lo perderán todo. Esta es una creencia falsa. Nunca hemos visto que suceda esto como consecuencia de que una persona se abra a su Niño Interior. De hecho, hemos visto suceder lo contrario. Cuando las personas conectan con la vivacidad de su Niño Interior y ayudan a curar su miedo y su dolor, se vuelven más productivas y creativas. Es posible que atraviesen un periodo inicial de confusión, resistencia y pérdida de eficiencia, pero esto es temporal. Pero usted no conocerá la realidad de todo esto en sí mismo hasta que esté dispuesto a poner a prueba sus miedos decidiendo aprender con su Niño Interior.

Esta falta de confianza en el Niño quedó bien ilustrada en una sesión con Shelly, estudiante universitaria de diecinueve años. Hacia el final de la sesión anterior había quedado claro que Shelly tenía algunas dificultades con respecto a sus sentimientos acerca de su padre. La terapeuta había pedido a Shelly que dialogase en casa con su Niña sobre esto, pero Shelly se quedó atascada detrás de su miedo a la pérdida de control, a ser controlada por su Niña, y no dialogó. Shelly temía que su Niña no quisiera estar nunca con su padre, y la Shelly Adulta creía que si su Niña se sentía así, entonces ella tenía que seguir a su Niña. En el diálogo que mantuvo en aquella sesión quedó claro que aquéllos no eran los sentimientos de su Niña, que lo que no gustaba a la pequeña Shelly era que la Shelly grande la abandonase cuando estaban con su padre. Pero incluso si su Niña no hubiese querido estar con su padre y si la Shelly Adulta sí lo hubiese querido, eso no habría querido decir que la Shelly Adulta tuviera que estar controlada por su Niña. Lo que querría decir sería que Shelly tendría que abrirse para aprender por qué su

Niña se sentía así y cómo podía ayudarla a sentirse mejor en aquella situación. Shelly se dio cuenta, desde esta sesión, de que hacía muchas suposiciones sobre los sentimientos de su Niña y que después no quería saber lo que eran en realidad (y de que también hacía eso con otras personas). Se dio cuenta de que veía a su Niña como a una niña exigente, dominante, alborotadora, tal como la habían visto sus padres, más que como a una Niña que necesita ser escuchada y comprendida.

Nuestro ego siempre quiere tener el control, y teme perderlo. Nos dice que si nos abrimos al Niño estaremos sin control. Esto resulta aterrador para la mayoría de las personas, de modo que el Adulto no amoroso quiere controlar al Niño. El Niño no amado, a su vez, quiere controlar a los demás y quiere controlar los sentimientos. Cuando éramos niños de pecho nos sentíamos muy despojados del control. No sabíamos caminar, ni hablar, ni hacer nada para cubrir nuestras propias necesidades, y si nadie nos oía llorar y nos dejaban solos podíamos morir. Ahora, siendo adultos, el ego nos dice que podemos morir si perdemos el control, sobre todo el control sobre la posibilidad de quedar abandonados, el control sobre el dolor. *El miedo a perder el control sobre las personas y sobre los sucesos que causan dolor y el miedo a perder el control sobre el dolor es uno de los grandes bloqueos que obstaculizan el aprendizaje.* Mientras no estemos dispuestos a sentir nuestro dolor, optaremos por el control sobre nosotros mismos, sobre los demás y sobre el resultado de los sucesos. Muchas personas son *adictas* al control, creyendo erróneamente que tener el control y resistirse a ser controladas es lo que las hará felices.

Para aprender, tenemos que *rendirle* el ese control a nuestros Yoes Superiores, y aquí es donde se quedan atascadas tantas personas. No podemos pasar a nuestros Yoes Superiores sin abrirnos para conocer al Niño Interior, y esto hace sentirse a muchas personas tan sin control sobre sus vidas y sobre sus sentimientos que no están dispuestas a hacerlo. Mientras usted no esté dispuesto a arriesgarse a saber lo que sucede cuando rinde el control a su Yo Superior, seguirá atascado.

He aquí una parte de una sesión con Ed.

Ed: Cuando hablo a mi Niño, siento que mi Adulto está en realidad controlando, criticando y haciendo cosas así. No estoy completamente seguro de cómo debo hacer una exploración, moviéndome entre mi Adulto y mi Niño, pues siento como si él... No sé como expresarlo con palabras. Supongo que estoy incómodo cuando mi Niño da consejos a mi Adulto. ¡Es como si pidiera consejo a mis hijos! ¡De verdad, desconfío! Siento como si estuviera haciendo toda la exploración con mi Adulto, como si mi Adulto estuviera hablando con mi Adulto, en vez de con mi Niño.

Terapeuta: Parece que quiere controlarlo, en lugar de aprender con él.

Ed: Sí. Como cerrarlo por completo. Ya lo veo.

Terapeuta: ¿De modo que te sientes descontrolado si te dejas guiar por tu Yo Superior?

Ed: Ah. ¿Hay que *dejarse guiar,* en lugar de *guiar?*

Terapeuta: Así es. Te debes rendir a la información que llega a través de tu Niño amado procedente de su Yo Superior. Tu ego no la controla.

Ed: Eso me pone muy nervioso. De hecho, es uno de los problemas cuando hablo con mi Niño. Siento que... *¡¡¡no quiero saberlo!!!*

Terapeuta: Así pues, esto es un conflicto entre tu ego y tu Yo Superior. Tu ego quiere el control.

Ed: Y yo tengo un ego muy fuerte.

Terapeuta: Sí. Tu ego no quiere renunciar al control y dejarse guiar. Para abrirte a su Niño, tienes que estar dispuesto a liberarte de la creencia del ego de que él sabe lo que te conviene a ti o a cualquiera. Tienes que estar dispuesto a rendirte al amor y a la orientación universales que llegan a través del Niño. Veo en ti un conflicto enorme con el que todavía no te has enfrentado. Tu ego te dice: «Voy a hacerlo *yo solo.* No me digas lo que tengo que hacer. Sé lo que está bien. Sé lo que es mejor, y voy a hacerlo *yo mismo,* maldita sea... *¡¡¡aunque me mate!!!»*.

Ed: Es como un niño pequeño y testarudo.

Terapeuta: Pero tú tienes el poder de elegir otra opción. Tu Adulto es el tomador de decisiones. Tu Adulto ha elegido tu ego por encima de tu Yo Superior.

Ed: Eso es. Una vez, y otra, y otra más.

Terapeuta: ¿Por qué? ¿De qué tienes miedo si te rindes y te dejas guiar? ¿Qué puede suceder? ¿Qué tienes miedo de perder?

Ed: Supongo que... bueno, para empezar, la aprobación por parte de mi familia y de mis amigos.

Terapeuta: ¿Qué más?

Ed: Supongo que siento la presión de encajar en el molde de una familia feliz con dos hijos, de vivir en una casa y de ganar dinero.

Terapeuta: En realidad tienes miedo de lo que él quiere. No dejas de cerrarle el paso porque no sabes lo que él quiere, y piensas que lo que quiere es raro, amenazador, salvaje y loco, y estás aterrorizado.

Ed: Ni siquiera estoy seguro de tener miedo de lo que él quiere, pues no sé lo que quiere.

Terapeuta: Pero tú no puedes saberlo hasta que retires los juicios y hasta que estés dispuesto a perder la aprobación. Él no va a decírtelo si siente que tienes miedo de lo que él va a decir. Mientras no estés dispuesto a decir: «Me dejaré guiar, pierda lo que pierda. Para ganar a mi yo, perderé lo que tenga que perder. Pero quiero ganar a mi yo de una manera pura y amorosa. Y estoy dispuesto a perder lo que tenga que perder para conseguirlo». Mientras no estés dispuesto a elegir esa opción, entonces estará optando por el control.

Ed: Bueno, sé las cosas que me ha dicho él, que no han sido muchas; pero todo lo que me ha dicho ha dado resultado perfectamente y me ha dado buenos sentimientos.

Terapeuta: Sí. Ya ves: tu guía es infalible.

Ed: Sí.

Terapeuta: Y lo que te aportará verdaderamente la alegría en la vida puede sorprenderte. Y no vas a saber lo que es mientras no estés dispuesto a dejarte guiar y a dejar el control. Todos los programas de doce pasos se basan en eso. En rendir el control. Uno no lo puede conseguir todo por su cuenta. Tienes que rendirte a una Fuente Superior.

Ed: Da miedo. Mucho, mucho miedo.

Terapeuta: ¿De qué tienes miedo? Hasta el momento, lo peor de que me has hablado es la desaprobación de tu familia. ¿De qué más tienes miedo?

Ed: Bueno, supongo que tengo miedo a perderlo todo. Se reduce a eso. Tengo miedo de no amar a Rebeca, de no querer estar con mis hijos, de marcharme al África... ya sabe, de hacer algo loco, como vivir con los nativos y enseñarles a construir casas, o algo así. Dudo que sucediera algo así, pero supongo que este es el miedo verdadero. Miedo a que me cambie la vida *tanto*...

Mientras Ed no esté dispuesto a rendirse y a empezar a aprender con su Niño Interior, nunca descubrirá qué es lo que le aporta verdaderamente alegría.

El miedo a ser responsables del propio Yo

Muchas personas harán casi cualquier cosa para recibir amor y aprobación de los demás, o para evitar su desaprobación, creyendo (erróneamente) que la aprobación las hará felices y que pueden, de algún modo, *controlar* el proceso por el que reciben aprobación y evitan la desaprobación. Es posible que usted crea que es más importante *recibir* amor que *darlo, ser vistos* que *ver,* que lo que *verdaderamente importa* es el amor y la aprobación de los demás. Muchas personas creen erróneamente que sus *mejores sentimientos* vienen de recibir algo de otra persona: conexión, atención, sexo, aprobación, comprensión, aceptación, amor; en lugar de darse cuenta de que sus mejores sentimientos proceden de dar amor y comprensión a sí mismos y a los demás. Creen que sus mejores sentimientos proceden de fuera de sí mismos, en lugar de proceder de dentro. Cuando usted cree esto, se encuentra con que siempre quiere más y más de alguien o de algo: más sexo, afecto, atención, aprobación o tiempo con alguien; o más comida, drogas, alcohol, posesiones materiales, dinero o poder; y nunca siente que lo que recibe le basta. Esta creencia falsa está en el núcleo mismo de la adicción y de la codependencia.

Existen ocasiones en que una persona está atascada porque es profundamente adicta a otra persona. Estas personas creen, a un nivel muy profundo, que sus mejores sentimientos proceden de esa otra persona; no son capaces de imaginarse que generan esos sentimientos por sí mismas. Pueden creer que no es tarea suya cuidarse a sí mismos emocionalmente, que esa otra persona *debe* hacerlo. Uno de nuestros pacientes descubrió esta creencia cuando se oyó a sí mismo decir a su Niño Interior: «No quiero esta tarea. No es tarea mía. Es tarea de Tessa. Ella debe ocuparse de ello. Para eso estoy con ella». Cuando suceda así, usted puede necesitar dejar las relaciones y estar solo para desatascarse. Del mismo modo que un alcohólico necesita abstenerse del alcohol para empezar a curarse, igualmente un adicto a unas relaciones personales debe abstenerse de las relaciones. La búsqueda de otras relaciones provocará la misma adicción, hasta que usted decida que es su propia responsabilidad aprender a conectar profunda y amorosamente con su propio Niño Interior y vivir sentimientos que son *mejores* que los que se consiguen *de* otra persona. Solo entonces puede vivir los sentimientos verdaderamente maravillosos que proceden de compartir su amor *con* otra persona, más que de simplemente recibir amor *de* otra persona.

Algunas personas se quedan atascadas porque están buscando constantemente en los demás el amor que no recibieron jamás de sus padres. Stacy, una paciente nuestra, dijo en una sesión: «Anhelo recibir de alguien lo que no recibí de mis padres. Siempre estoy buscando a alguien que me devuelva lo que he perdido. No parece justo que tenga que dármelo yo a mí misma. No quiero hacerlo. Si lo hago para mí misma, me perderé para siempre que alguien lo haga para mí». Stacy se niega a aceptar que ella no puede ni siquiera vivir el amor de otro hasta que se abra y se ame a sí misma. Su conducta no amorosa consigo misma, que cierra su corazón, bloquea el amor de los demás.

Es posible que usted solo actúe de una manera amorosa *después* de recibir *primero* el amor y la aprobación de otro, convenciéndose a sí mismo de que lo merece y de que los demás no merecen su amor hasta que demuestren que lo aman a usted. Quizá crea que ya es amoroso, y que el problema no es ése; que el problema no está en usted, sino en los demás. Puede que se vea a sí mismo tan amoroso que, con solo que su compañero o compañera le dejase amarle, todo marcharía bien. Muchas personas que están desconectadas no se ven nunca a sí mismas como no amorosas consigo mismas o con los demás. Están atascadas porque no reconocen lo poco amorosas que son. Puede que sepan cómo *hacerse* las amorosas en el mundo, de tal modo que otras personas puedan creer que ellas son amorosas, pero las personas más importantes en sus vidas no se sienten amadas por ellas. Están atascadas porque se están mintiendo a sí mismas sobre su intención, que es *recibir amor antes de entregarlo. Se hacen* las amorosas para recibir amor. La intención primaria sigue siendo recibir amor de los demás, más que entregárselo a sí mismas y a los demás; y cuanto más desgraciadas se vuelven, mayor es su demanda de amor.

Por debajo de la superficie tienen miedo a asumir la responsabilidad de sí mismas, debido a su creencia, que absorbieron de sus padres, de que son *incapaces* de cuidar de sí mismas y de hacerse felices a sí mismas. Algunas veces estas personas son completamente inconscientes del hecho de que tienen un Adulto que está renunciando a su responsabilidad. Suelen decir: «Yo no tengo un Niño pequeño *dentro* de mí: yo *soy* el Niño». El Adulto ha renunciado tan completamente a su responsabilidad que el Niño está abandonado, creyendo que no existe ningún Adulto. Estas personas suelen decir, como respuesta a la pregunta de por qué no practican el diálogo: «No puedo. No sé cómo hacerlo». Habla el Niño abandonado, que en verdad no puede iniciar el diálogo, que en verdad no sabe hacerlo. Mientras el Adulto no reconozca su propia existencia y su opción de ser un Adulto no amoroso, y de evitar la responsabilidad de los sentimientos y de las necesidades del Niño Interior, y su poder de elegir una opción diferente, ese individuo estará atascado. Erika nos cuenta cómo ha visto a personas que estaban aparentemente atascadas de este modo en su consulta de terapia.

Tengo una perra de caza llamada Chi que es a veces una gran maestra para las personas atascadas. Chi me suele acompañar durante las sesiones. Ayuda maravillosamente al Niño Interior de

> las personas a sentirse cómodo ofreciéndole amor incondicional en forma de abrazos y besos.
>
> He advertido que el modo en que las personas reaccionan ante el afecto de Chi no suele concordar con el modo en que tratan a su Niño Interior. Lo que resulta enigmático es que las personas que acarician a Chi y que juegan con ella o la besan son las mismas que se quedan tan atascadas y que se vuelven a mí y me dicen: «¡Pero no sé cómo amar a mi Niño Interior!». En aquel momento, Chi suele ayudarnos a enfrentarnos a esta creencia errónea. Amar a su Niño Interior no es diferente de lo que sienten hacia Chi y de cómo la tratan. Ya saben hacerlo; no es más que una cuestión de elección. Convencerse a uno mismo de que no sabe cómo sentirse y cómo comportarse de una manera amorosa es una de las mayores mentiras del ego.

Es frecuente que las personas que albergan estas creencias falsas solo permitan salir a su niño, amante de la diversión, cuando se sienten seguras y aprobadas, o cuando están intentando recibir aprobación a base de divertir a los demás. En cualquier momento en que se sientan amenazadas en lo más mínimo, el Niño abandonado, airado y dolido, se queda sin ningún Adulto Interior que le ayude a no tomarse las cosas como algo personal, o a impedirle actuar de manera airada, violenta o autodestructiva. El Adulto no amoroso perpetúa entonces la desconexión echando al Niño la culpa por sentirse amenazado y fingir.

Dorothy es una mujer muy atractiva de algo menos de cincuenta años. Lleva mucho tiempo casada y tiene dos hijos mayores. Vivió en su casa con sus hijos hasta que ambos se marcharon de casa, y entonces encontró un trabajo de secretaria. Acudió a la terapia porque había descubierto que su marido, Paul, tenía una relación amorosa. Paul es abogado y tiene relaciones con una colega suya, Pamela, una mujer inteligente e interesante. Paul ha dicho a Dorothy claramente que no tiene intención de concluir sus relaciones. Le ha dicho que todavía la quiere, pero que está cansado de los intentos de ella por controlarlo y por hacerle responsable de los sentimientos de ella. Le ha dicho que está aburrido por la incapacidad de ella de mantener una conversación interesante e inteligente, y que está aburrido también de su falta de interés por aprender acerca de los procesos internos de ella misma.

Dorothy es una mujer muy inteligente, y no hay motivo alguno por el que no pueda aprender, aparte del hecho de que cree que no puede. Cree que es muy limitada. Comprende lo que quiere decir «intención de aprender», y le han enseñado a mantener los diálogos entre su Adulta y su Niña; pero no los realiza. En lugar de ello, finge ser feliz. Al menos una vez cada semana estalla contra Paul y amenaza con dejarlo, pero nunca lo hace. Está intentando constantemente manipularlo para que le dedique más atención. Paul se siente cada vez más tiranizado por Dorothy; sus sentimientos de amor hacia ella están menguando. Mientras tanto, su relación con Pamela se va reforzando. Dice que le gusta estar con Dorothy cuando ella está lúdica, pero se está cansando mucho de la Niña abandonada de ella, que intenta hacerlo responsable de ella. Él ya no desea esa responsabilidad. Quiere unas relaciones de igualdad con alguien que pueda relacionarse con él desde el Adulto y el Niño. Está empezando a pensar en dejar a Dorothy.

Aun a riesgo de perder a Paul, al que dice amar, Dorothy se niega a enfrentarse con su miedo a la responsabilidad sobre sí misma.

Mantiene que es «incapaz» de ser una Adulta para su Niña abandonada, y se niega a practicar la conexión interior. Se ha llegado a engañar a sí misma haciéndose creer que está practicando los diálogos, pero solo escribe desde su Niña. Le da miedo poner a prueba su creencia de que es incapaz de ser una Adulta responsable para su Niña Interior, y se niega a enfrentarse a este miedo, optando en cambio por intentar controlar a Paul. Dorothy está atascada. No se desatascará hasta que no se comprometa a hacerse plenamente responsable de sí misma y a obrar en su propio nombre, a pesar de sus miedos y de sus creencias, cosa poco probable hasta que toque fondo. Las personas en la posición de Dorothy no suelen cambiar hasta que sus vidas se están deshaciendo, hasta que sus protecciones dejan de funcionar para ellos por completo.

El miedo a descubrir que el yo esencial es indigno de ser amado

A muchas personas no solo les *dijeron* que eran malos de niños, sino que *hicieron*, en efecto, cosas malas. Es posible que usted obrase así de niño, pegando a otros niños, robando, mintiendo, prendiendo fuego a las cosas o siendo mezquino en general. Es posible que usted sea así cuando se siente no amado y abandonado, pero este no es usted en realidad, este no es su Niño Interior cuando se siente amado. Pero si usted cree que su verdadero yo es malo, entonces puede tener miedo a aprender acerca de su Niño Interior y a descubrir la verdad. *Nuestra esencia nunca es mala,* pero usted no lo sabrá mientras no se arriesgue a abrirse al aprendizaje, a sentir el dolor y a recordar. Mientras usted tenga miedo a enterarse, se quedará atascado.

Muchos de nosotros nos criamos con la creencia de que *no vale la pena conocer* quiénes somos. Si a sus padres no les interesaba en absoluto conocerlo a usted, conocer sus miedos y sus deseos, sus alegrías y su dolor, entonces usted puede creer que sencillamente no vale la pena conocer a su Niño Interior, y ¿para qué, entonces, molestarse en aprender con él? Cuando usted cree esto, puede encontrarse persuadiendo a otros para que quieran conocerlo a usted, creyendo que solo si quieren conocerlo a usted vale la pena conocerlos a ellos. Mientras no esté dispuesto a llegar a conocer a su Niño Interior y a descubrir que su creencia de que no vale la pena conocerse es, en realidad, falsa, usted se quedará atascado.

La vergüenza es el sentimiento que tenemos cuando creemos que nuestra esencia es mala o que algo acerca de nosotros es malo. Nuestros sentimientos de vergüenza no se curarán mientras no estemos abiertos para amar a nuestro Niño Interior y para descubrir lo dignos de ser amados que somos verdaderamente por debajo de todas esas protecciones. Cuando tememos que somos malos, entonces tememos de manera natural que los demás nos vean malos o incorrectos. El miedo a ser juzgados *incorrectos* suele ser un bloqueo ante el aprendizaje con los demás. Cuando creemos que nuestro Niño Interior es malo, entonces creemos que tenemos que controlar a nuestro Niño cuando estamos con los demás, para no ser rechazados, y en general nos cerramos a la información que nos ofrecen los demás, creyendo falsamente que así podemos protegernos de ser vistos como incorrectos.

El miedo a conocer la verdad

Usted puede temer que si está abierto para conocer a su Niño, descubrirá que este desea cosas que su Adulto no necesariamente desea, o que desea cosas que están en conflicto con lo que desea su Adulto. Es posible que su Niño quiera establecerse y tener una familia, pero que su Adulto quiera dedicar todo el tiempo de usted a labrarse una carrera profesional. Es posible que su adulto desee pasar tiempo con personas cuya presencia no agrada a su Niño. Es posible que su Niño odie el trabajo de usted, o que sienta una falta de integridad en su trabajo, o que le molesten sus largas jornadas de trabajo, pero que su Adulto quiera seguir con ello por motivos económicos. Es posible que su Niño quiera asistir a sesiones de terapia, pero que su Adulto crea que la terapia es una pérdida de tiempo. Como sucede con cualquier conflicto entre dos personas, estos se pueden resolver cuando el Adulto opta por aprender, pero usted puede tener miedo de que si se abre a su Niño, uno de los dos ganará y el otro perderá. El doctor John K. Pollard presenta en su libro *Self-Parenting* un ejemplo maravilloso de un conflicto interno y de cómo se resolvió. En este caso, el Adulto quería ir a un seminario de fin de semana de su trabajo, pero el Niño no quería pasarse doce días seguidos trabajando. El Niño quería, en cambio, ir a esquiar el fin de semana. Pollard expone que si el Adulto no hace caso al Niño, es probable que el Niño socave la situación poniendo enfermo al Adulto, de modo que tendría que acudir enfermo al seminario o cancelarlo, en cuyo caso el Niño podría tener una recuperación milagrosa y conseguir hacer lo que quería. Pero cuando el Adulto decidió resolverlo con el Niño, descubrió que no le importaba dejar de trabajar el jueves y el viernes e ir a esquiar para poder asistir al seminario en el fin de semana. Siempre existe un modo de resolver los conflictos interiores, pero si usted teme que se trate siempre de una situación en la que uno pierde para que el otro gane, y si no está dispuesto a poner a prueba este miedo, entonces se quedará atascado.

Regina, una contable, acudió a la terapia porque estaba muy deprimida. Había dejado de ver a sus amigos y se encontraba sola en casa todas las noches. No era capaz de determinar la causa. En nuestra conversación salió a relucir que, si bien a ella le encantaba ser contable, a su Niña le desagradaba su lugar de trabajo, porque sentía que tenía que hacer cosas poco íntegras. Pero Regina se acababa de comprar una casa nueva, y a su Adulta le preocupaba que si cambiaba de trabajo no ganaría el dinero suficiente para pagar la casa. Después de darse cuenta de que su Niña estaba causando la depresión, decidió subarrendar una parte de la casa y cambiar de trabajo. Cuando su Niña se dio cuenta de que la estaban escuchando, la depresión desapareció.

Clinton, un hombre de negocios, también acudió a la terapia porque estaba deprimido. Resultó que su Niño era infeliz porque lo único que hacía él era trabajar, y el Niño nunca podía jugar. Cuando este hombre se dio cuenta de que su depresión procedía del deseo que tenía su Niño de tiempo de ocio y de compañía, dejó la terapia. No quería enfrentarse a su conflicto interior. Siempre había creído que ganar mucho dinero lo haría feliz, y no estaba preparado para enfrentarse a la verdad.

Es frecuente que la intención de aprender se bloquee detrás de un miedo a conocer nuestros verdaderos sentimientos sobre algo y a saber que si nos permitimos a nosotros mismos conocer la verdad, tendremos que hacer algo al respecto. Puede parecer más fácil y más seguro seguir siendo inconscientes de lo que deseamos de verdad, sobre todo si nuestros deseos suponen correr un riesgo.

Carol acudió a la terapia porque estaba muy deprimida. Se quejaba de que se sentía cansada y agotada y de que siempre estaba enfermando. Había sufrido problemas de espalda y la había estado tratando un fisioterapeuta. Llevaba veinte años casada y creía que tenía un buen matrimonio, aunque no le interesaba sexualmente su marido y en realidad no le gustaba estar con él. Había intentado durante años establecer una conexión emocional con él, pero él estaba frío y distante durante una buena parte del tiempo, sobre todo cuando ella se negaba a tener relaciones sexuales.

La terapeuta enseñó a Carol a practicar los diálogos, y sugirió que Carol preguntase a su Niña sus sentimientos acerca de su marido. La Niña respondió: «No quiero que termine este matrimonio». La Adulta respondió a su vez: «Tampoco yo lo quiero». Carol pasó los meses siguientes aprendiendo acerca de su codependencia. Realizó bastantes progresos liberándose de ser tutora, pero no se sentía mejor. La terapeuta la animó a que dialogase con su Niña, pero cada semana ella tenía un nuevo motivo para no hacerlo. Resultaba claro que estaba atascada. No quería conocer a su Niña.

Por último, algunos meses después de comenzar la terapia, la terapeuta sugirió a Carol que volviese a preguntar a su Niña cómo se sentía acerca de su marido. Esta vez, la Niña dijo: «¡Lo odio! ¡Es tan mezquino! No me ama. Nunca me ha amado. Solo quiere que yo lo ame. Nunca se preocupa de mis sentimientos. Solo quiere utilizarme para el sexo, y odio que le dejes utilizarme». Carol se quedó aturdida. Esta era la verdad que ella había evitado conocer con tanta vehemencia. Dado que no había querido enfrentarse a sus miedos a dejar su matrimonio, no había querido conocer sus verdaderos sentimientos. Solo se desatascó cuando estuvo dispuesta a conocer la verdad y a enfrentarse a sus miedos.

De cuando en cuando, el medio por el que las personas evitan enfrentarse a un conflicto interior es asumir que ya saben lo que siente y lo que desea su Niño. Su Adulto no amoroso adopta una postura arrogante y controladora, y dice: «Ya sé lo que siente mi Niño; ¿por qué molestarme en preguntárselo?». Así, el Adulto puede tomar las decisiones sin tener que consultar nunca al Niño, y se evita el conflicto interior. Pero no se puede evitar eternamente. Con el tiempo, el Niño actuará causando depresiones o enfermedades.

El miedo al fracaso

Muchas personas se han criado sin el verdadero sentido de tener un Niño Interior, y no creen que haya en ellas un Niño que tenga cosas que decirles. Cuando se les pregunta por qué no practican los diálogos, dicen que temen fracasar en la tarea, porque «el Niño no se presentará», o «el Niño no tendrá nada que decir», o «no hay Niño. Estoy vacío». Mientras siga siendo más importante para ellos protegerse contra la posibilidad del fracaso que poner a prueba la validez de sus miedos y de sus creencias, seguirán atascados detrás de su miedo. Además, como dijimos antes, muchas personas creen que no tienen Adulto y que, por tanto, son incapaces de cuidar de su Niño. Temen que si intentan dialogar no se presentará ningún Adulto, de modo que evitan el fracaso no haciendo nada.

El miedo a perder unas relaciones personales por el desarrollo

Si usted tiene intención de aprender con su Niño Interior, se desarrollará. Se volverá más poderoso, más seguro, más alegre y más amoroso. Si mantiene ahora unas relaciones de pareja y su compañero o compañera opta por no realizar su propio trabajo interior, es muy posible que usted se desarrolle más allá de tales relaciones y acabe por sentirse muy insatisfecho de ellas. Cuanto más conectado se sienta consigo mismo, menos deseará mantener unas relaciones con alguien que está desconectado de sí mismo y, por tanto, de usted.

Muchas personas se retraen de desarrollarse por este preciso motivo. Si es más importante para usted proteger sus relaciones que alcanzar la plenitud dentro de sí mismo, entonces se quedará atascado detrás del miedo a desarrollarse más allá de las relaciones. Debe estar dispuesto a perderlo todo para poder ganarlo todo, y es duro llegar hasta allí. Muchas personas se encuentran con que se están retrayendo cuando sus niños son pequeños porque no quieren arriesgarse a romper la familia, y esto es comprensible, desde luego. Pero es importante que se den cuenta de que no están proporcionando un modelo de comportamiento adecuado para sus hijos, que es una de las cosas más importantes que pueden ofrecerles. Existe siempre la posibilidad de que, si usted decide desarrollarse, su compañero o compañera sentirá tanto dolor por quedarse atrás que se abra a su vez; pero esto no está garantizado. Si usted se encuentra atascado, puede tener que preguntarse a sí mismo: «¿Estoy dispuesto a sacrificarme para conservar las relaciones, o ha llegado el momento de aspirar a mi plenitud y de arriesgarse a perder las relaciones?».

La disposición a enfrentarse al miedo y al dolor

Parece que el mundo se divide en dos clases de personas: las que están dispuestas a asumir la responsabilidad personal de su propia felicidad e infelicidad, a aprender, a enfrentarse a su miedo y dolor y a poner a prueba la validez de sus creencias, y las que no están dispuestas a asumir su responsabilidad personal y han optado por dejarse controlar por sus miedos y por sus creencias falsas. En otras palabras, existen personas que están comprometidas a aprender y a ser responsables personalmente, y personas que están comprometidas a protegerse a sí mismas de las responsabilidades personales. Naturalmente, todo el mundo está dispuesto en algunas ocasiones y no lo está en otras. Es importante darse cuenta de que si estamos dispuestos menos de la mitad del tiempo, apenas progresaremos en absoluto, pues el daño que nos hacemos cuando estamos desconectados puede anular con mucha facilidad el bien que se produce cuando estamos abiertos para aprender con nuestro Niño.

¿Qué quiere decir estar dispuestos? Vamos a utilizar como analogía una pista de esquí. Usted apenas acaba de aprender a esquiar, y su instructor lo lleva a lo más alto de una pista. A usted le parece una caída en picado, pero su instructor le asegura que puede bajar con seguridad. Por supuesto, no hay ninguna garantía. Siempre existe la posibilidad de que se rompa una pierna. Usted se asoma a la pista y está aterrorizado. *Cree* que no puede hacerlo. ¿Qué hace usted? ¿Asume el riesgo, desafía a su creencia y baja la pista esquiando? ¿O se baja en el telesilla?

Las personas que han aprendido a esquiar han optado por enfrentarse a su miedo. Si no hubieran estado dispuestas a enfrentarse a su miedo, si no hubieran decidido esquiar, jamás habrían aprendido a hacerlo. Bajar en el telesilla es como nuestras adicciones, como hacer que alguien o algo ajeno a nosotros nos quite nuestro miedo. Muchos lectores pueden haber estado dispuestos a enfrentarse a su miedo en la pista de esquí, pero ¿con cuánta frecuencia han bajado en el telesilla en la vida? ¿Con cuánta frecuencia han optado por la intención de protegerse, en lugar de optar por la intención de aprender?

Cuanto más dispuesto esté usted a enfrentarse a la angustia, a la soledad, al aislamiento, al miedo, al daño, al dolor, al aburrimiento, a la desilusión o a cualquier otra incomodidad, más rápidos serán sus progresos dejando atrás estos sentimientos y llegando a su alegría. Cuanto más se desconecte de estos sentimientos, es decir, cuantas más veces baje de la pista en telesilla en lugar de enfrentarse a sus sentimientos y aprender de ellos, más tiempo se quedará atascado.

Es muy doloroso mantener unas relaciones con una persona que está atascada. Es como presenciar los malos tratos a un niño, con la diferencia de que el niño que sufre los malos tratos es el Niño Interior. Es difícil ver a alguien que se siente vacío, inseguro, dolorido, iracundo, deprimido, estancado o enfermo y saber que se está provocando esos sentimientos en sí mismo siendo no amoroso consigo mismo. Queremos ayudar a esa persona, pero no podemos hacer nada. *No podemos controlar ni modificar la opción de otras personas.* Mientras sea más importante para ellas protegerse de sus miedos que enfrentarse a sus miedos y a su dolor, seguirán atascadas, y nadie podrá hacer nada.

Es duro ver familias que se rompen porque uno de los miembros de la pareja o ambos se niegan a realizar su trabajo interior. Como terapeutas, vemos todos los días a personas que siguen agrediendo a su Niño Interior y que se niegan a aprender. Es deseo-razonador. Hacemos todo lo que podemos para ayudarles a encontrar el valor para enfrentarse a su miedo y a su dolor, pero cuando resulta evidente que están atascadas y que no están dispuestas a hacer nada al respecto, entonces tenemos que dejarlas.

¿Por qué están dispuestas algunas personas a plantar cara a sus miedos y a sus creencias y a enfrentarse a su dolor más profundo, mientras otras se quedan atascadas en su conducta no amorosa? La respuesta está relacionada con la prioridad más elevada de cada persona. Cuando su prioridad más elevada es ser amoroso, *cuando su deseo más profundo es ser un ser humano amoroso consigo mismo y con los demás, y cuando cree que es posible llegar allí,* entonces usted está en ese camino. Los dos elementos que componen la disposición son, por tanto, *el deseo* y *la fe*. Pero cuando es más importante la autoprotección, entonces usted no saldrá de su atolladero, por muchos libros que lea o por muchos seminarios a los que asista. Como terapeutas, conocemos a muchas personas que se leen todos los libros, que asisten a sesiones de terapia y que acuden a todos los seminarios, pero que no han salido de su conducta protectora. Esto se debe a que *su miedo es mayor que su deseo,* y sus protecciones todavía están en marcha para evitarles tocar fondo. Si llegan a tocar fondo y a vivir todo el dolor, el miedo, la soledad y el fracaso que han estado intentando evitar con sus protecciones, entonces pueden empezar a aprender. Muchas personas tienen que tocar fondo antes de que su deseo de triunfar sea mayor que su deseo de evitar el dolor, el miedo, la soledad o el fracaso. Las personas que se desarrollan son los individuos cuyo deseo de curarse y de ser amorosos y alegres es tan grande que están dispuestos a *comprometerse* con el proceso de desarrollo. No basta con desear algo. No conseguiremos lo que decimos que deseamos mientras no estemos dispuestos a comprometernos a conseguirlo y mientras no estemos preparados para fracasar por el camino que conduce al éxito. Cada uno de nosotros tiene la fuerza de voluntad suficiente para elegir lo que es más importante para nosotros: evitar el dolor y el fracaso, o curarnos, desarrollarnos y ser amorosos. La opción que tomamos lo rige todo.

Capítulo 10
El procesamiento con ayuda: la maternización

Cuando nuestra parte nutriente, receptiva e intuitiva está desarrolla y permitimos que esa profundidad de conexión salga adelante y recaiga sobre otro ser humano, tal como hacemos con nuestros hijos, entonces estamos haciendo lo que vinimos a hacer.

JOYCE Y BARRY VISSELL

Modelos de amor

Al contrario de la creencia popular de que debemos ser capaces de recuperarnos solos, no podemos hacerlo por nuestra cuenta. Necesitamos la información de otras personas para vernos claramente a nosotros mismos, y necesitamos que otras personas nos ayuden a pasar por nuestro miedo y nuestro dolor. Aunque estemos amando muy bien a nuestro Niño Interior, es frecuente que el dolor de nuestro Niño sea tan grande que no podamos llevarlo solos. Algunas veces lo único que necesitamos es que nos abracen mientras pasamos por nuestro dolor. Otras veces podemos necesitar la presencia de otros para saber que no estamos solos en nuestra lucha. A veces podemos necesitar orientación para aprender a ser amorosos con nuestro Niño Interior.

Es importante comprender la diferencia entre *necesidad* y *menesterosidad.* Todos necesitamos de la ayuda de otros para aprender y para desarrollarnos. Pero estamos siendo menesterosos cuando abandonamos a nuestro Niño Interior y esperamos que otros nos arreglen: que se lleven nuestro dolor, nuestra soledad y nuestro miedo o que nos hagan felices. La necesidad significa, pues, recibir ayuda de los demás, mientras que la menesterosidad es esperar que los demás lo hagan por nosotros.

En los tres capítulos siguientes exploramos diversos modos de recibir ayuda de los demás. Lo importante es reconocer que *los demás no pueden ayudarnos a no ser que decidamos aprender a convertirnos en un Adulto amoroso y ayudarnos a nosotros mismos.* No se nos puede ayudar si dejamos la responsabilidad de nuestros sentimientos en manos de otra persona, renunciando a nuestra propia responsabilidad con nuestro Niño. Las demás personas pueden amarnos, consolarnos y guiarnos a lo largo de nuestro propio aprendizaje y curación. Pues, por mucho que los demás nos amen y nos ayuden, no pueden curar nuestras antiguas heridas. Solo podemos curar estas aprendiendo a amarnos a nosotros mismos y a pasar por nuestro miedo, nuestra aflicción y nuestro dolor.

La maternización

Estamos utilizando el término *maternización (mothering)* para denotar una actitud y una manera de ser. Es algo que pueden hacer tanto los hombres como las mujeres; pero en nuestra cultura se ha dejado, desgraciadamente, sobre todo en manos de las mujeres. Parece, no obstante, que esto cambia, pues cada vez son más los hombres que conectan desde su Adulto amoroso con su Niño Interior y descubren su deseo de amar y de nutrir a los demás.

La maternización es algo que podemos necesitar si no nos abrazaron con amor nuestros padres, o es algo que necesitamos para sentirnos lo bastante seguros para enfrentarnos a los traumas profundos de nuestra infancia. En ocasiones, el dolor del Niño Interior es tan grande que incluso nuestro Adulto Interior amoroso puede necesitar la presencia de otro adulto amoroso para que nos abrace y nos ayude a pasarlo.

Algunas veces, cuando estamos doloridos o nos sentimos solos o asustados, podemos crear en nuestra fantasía a la Mamá o al Papá perfectos, a una persona que sabe exactamente cómo debe consolarnos. Nos entrega amor incondicional y siempre sabe decir la palabra perfecta. Cuando pensamos en ser maternizados, pensamos en que nos toman en brazos y nos dejan ser el Niño pequeño que llevamos dentro. Nuestra madre o nuestro padre, lleno de compasión y de perdón, está allí para protegernos y para ocuparse de que tengamos un sitio seguro donde podamos aprender acerca de nuestro dolor y pasarlo. Es curativo ser abrazados, tocados y acariciados.

Cuando pensamos en la maternización, solemos pensar únicamente en los niños. La verdad es que todos nosotros necesitamos en algunas ocasiones ser maternizados, sea cual sea nuestra edad. A muchos de nosotros se nos puede dar muy bien nutrir y tomar en brazos a los demás, pero es posible que no nos demos cuenta de que a veces lo necesitamos nosotros mismos. Los hombres suelen recibir maternización de sus cónyuges o de sus novias, pero muchas mujeres se encuentran con que ellas están nutriendo a sus maridos o amantes, pero que no están recibiendo lo mismo a cambio. También las mujeres necesitan la blandura y la ternura de la maternización, pero les suele resultar difícil cubrir esa necesidad. Algunos hombres, los que se presentan como Adultos amorosos ante sus propios Niños Interiores, son blandos y tiernos y son verdaderamente capaces de nutrir y de tomar en brazos, y las mujeres afortunadas que están con ellos pueden recibir maternización cuando lo necesitan. Pero los hombres que han abandonado a su Niño Interior normalmente no quieren más que *recibir* maternización.

Muchas de las mujeres con las que hemos trabajado han hecho caso omiso de la necesidad de ser maternizadas, o son completamente inconscientes de ella, porque no ven ningún modo de satisfacerla. Presionan constantemente a los hombres que intervienen en sus vidas para que les aporten este tipo de ternura, pero fracasan constantemente. Con frecuencia, las mujeres sexualizan su necesidad de maternización e intentan cubrir esta necesidad con las relaciones sexuales con sus maridos o amantes. Otras mujeres pueden sexualizar esta necesidad con mujeres y llegar a la conclusión errónea de que son lesbianas.

Cuando presentamos por primera vez la idea de la maternización a uno de nuestros grupos, algunas de las mujeres se opusieron a la idea, expresando la creencia de que los adultos debían superar la necesidad de maternización para ser verdaderos adultos. Algunas comprendieron rápidamente el poder curativo de la maternización y lo aplicaron a sus vidas. El tema conmovió especialmente a cierta mujer. Era una mujer muy seria de unos treinta y cinco años. Había trabajado en las cuestiones del vacío y la soledad y estaba dialogando con su Niña Interior, pero descubría que a veces no quería más que ser tomada en brazos. A su marido le resultaba difícil apoyarla sin esperar mantener relaciones sexuales. Ella no sabía cómo cubrir esta necesidad, y se encontró con que estaba presionando a su marido y a su hija para recibir aprobación a cambio. Cuando compartimos con ella nuestras propias experiencias con la maternización y con la nutrición, se le llenaron los ojos de lágrimas. Dijo que su madre nunca la había tomado en brazos de niña y que ella siempre había deseado aquel consuelo, pero que no sabía dónde encontrarlo. Las demás mujeres del grupo quedaron profundamente conmovidas por su apertura y por su tristeza. La rodearon, la tomaron en brazos y le ofrecieron apoyo y amor. Al cabo de pocas semanas, ella se abrió mucho más profundamente a su Niña Interior y descubrió que su Niña quería tener más amigos para jugar con ellos. Estableció contacto son sus amigas y empezó a pasar tiempo con ellas para explorarse a sí misma y para desarrollarse. Se dio permiso a sí misma para ser una niña pequeña, para jugar y para dejarse tomar en brazos a veces. Se volvió más sensible a las necesidades de su hija y se encontró más abierta y más capaz de jugar con ella. Aprendió a reconocer sus necesidades y a cubrirlas, más que a juzgarlas. Poco tiempo después anunció en el grupo que sentía que había llegado para ella el momento de «licenciarse». La maternización había sido una cuestión esencial para ella. Había estado iracunda y no realizada intentando negar que a su Niña Interior le hacía falta maternización. Cuando se abrió a la verdad, todo el mundo se abrió a ella. Dejó de presionar a su familia y, al hacerse más amorosa, recibió a su vez más amor. Dejó de temer que estuviera siendo infantil o inmadura por sentir la necesidad de ser tomada en brazos.

Cuando pedimos a algunas de las mujeres de nuestro grupo que pusieran en común lo que ha significado para ellas la maternización, Kathy y Gwen decidieron grabar una respuesta común. Reproducimos a continuación el texto de su grabación.

Kathy: Conocí a Gwen en el grupo de mujeres de Margie y Erika. Fui atraída inmediatamente por su cara bonita y luminosa y por su risa maravillosa. Me sentí, seguramente por primera vez desde que era estudiante de escuela secundaria, como una niña de doce años que quería conectar y hacerme amiga de esta persona. Recuerdo que me acercaba a ella después de la reunión del grupo para ver si quería hacerse amiga mía.

Gwen: Cuando conocí a Kathy, prácticamente me enamoré. Era muy bonita, y sus ojos eran muy luminosos y llenos de alegría. Supe que quería ser amiga suya. Empecé, incluso, a tener fantasías sexuales con ella. Margie sugirió que estaba sexualizando mi necesidad de maternización. Yo no tenía ni idea de lo que quería decir. *¿Maternización?* Mi madre era una arpía fría y temible.

Kathy: Maternización es una palabra muy extraña. Siempre que la oigo me vienen a la cabeza imágenes de mi madre, cuando, en realidad, la verdadera maternización tal como la he llegado a conocer suele ser totalmente diferente de lo que viví cuando me estaba desarrollando. Cuando mi madre me tomaba en brazos o me consolaba, era muy frecuente que yo no lo sintiera como un consuelo ni mucho menos; sentía que me ahogaba, como si ella estuviera aprovechando la oportunidad para manipularme, para componerme, para enseñarme o para poseerme. ¡Era tan desconcertante! Ella estaba intentando «ayudarme», y, al fin y al cabo, era mi madre; pero el saldo global era que a mí no me producía buenos sentimientos. Yo sentía que se levantaban las murallas dentro de mí.

Gwen: Con mi madre sucedían dos cosas. La primera consistía en que ella no era capaz de reconocer mi dolor, mis inseguridades, mis miedos ni mi soledad. La segunda estribaba en que era casi incapaz de tomarme en brazos. Yo solía ver a algunas mujeres que se abrazaban las unas a los otras en el grupo. Eran muy dulces, blandas y cariñosas. Prácticamente me rompía el corazón: ¡Yo lo deseaba con tanta urgencia! Me di cuenta de que me hacía falta que me abrazasen... mucha falta. Me resultó difícil pedirlo, pero me resultó mucho más fácil abrirme a los sentimientos de mi Niña Interior cuando Kathy me abrazaba, calmando mi dolor y mi confusión de una manera dulce y cariñosa. Yo, a mi vez, abrazaba a Kathy cuando ella lloraba.

Kathy: Que Gwen me abrazase fue una experiencia muy diferente. ¡Qué maravilloso es ser abrazada cuando estoy dolorida, y que me dejen estar con mis sentimientos, ser aceptada y amada por mí misma y con mis sentimientos, sean cuales sean, sin que esperen que cambie o que aprenda la lección de otra persona; ser abrazada por alguien que no se siente incómodo por mi dolor! Vivo la verdadera maternización cuando Gwen me deja vivir los sentimientos de mi Niña Interior y curarme a mí misma. No se está «componiendo» nada. Se crea un círculo de energía que es curador y potenciador.

Gwen: Cuando Kathy me materniza, mi Niña se siente segura, amada y protegida. Me abro y siento el poder increíble de mi propio amor y de mi capacidad de curarme a mí misma. Cuando Kathy y yo nos hicimos amigas, éramos compañeras de juegos, casi como adolescentes. Fuimos a Disneylandia sin nuestros hijos para poder ser niñas *nosotras*. Hablábamos por teléfono todas las noches.

Kathy: Lo que empezó como horas enteras juntas por teléfono cada día, compartiendo secretos personales, escuchándonos y consolándonos la una a la otra por los demás problemas de nuestras vidas, se ha desarrollado hasta convertirse en una verdadera conexión, en un camino de desarrollo personal juntas. Nuestras conversaciones nunca fueron sesiones de quejas, ni siquiera al principio. Estábamos allí para escucharnos y ayudarnos la una a la otra a aprender de la situación que estuviésemos tratando. Eso es lo que ha hecho tan especial esta relación. No es una cuestión de quejarnos ni de acusar al marido o al hijo; es una cuestión de asumir responsabilidades personales para hacer realidad nuestro propio potencial para la felicidad.

Gwen: Nuestra relación empezó como una conexión lúdica, energética. Podíamos ser niñas juntas y cuidarnos la una a la otra sin estar cohibidas, como niñas. Pasamos a maternizarnos, abrazarnos, cuidarnos y calmarnos la una a la otra cuando una padecía un dolor, cuando la Niña de la otra necesitaba ser tenida en brazos.

Kathy: Nuestra amistad ha levantado una buena parte de la presión en mis relaciones con mi marido. Me di cuenta de que todas las cosas para las que yo lo presionaba (la conexión, el desarrollo mutuo y la diversión) no tenían por qué proceder de él. El simple hecho de que él no me las estuviese aportando constantemente no quería decir que yo no las pudiese tener cuando las necesitaba.

Gwen: Nos apoyamos mutuamente en nuestro trabajo interior dirigido a convertirnos en personas felices y amorosas. Nos apoyamos mutuamente para curar nuestro dolor y para desarrollar nuestra alegría. Nos ayudamos mutuamente en nuestras propias cuestiones y exploramos las que desencadenamos la una en la otra. Para mí, creer que Kathy es capaz de amarme sin juicios de valor, incondicionalmente, es probablemente uno de los sucesos más importantes de mi vida. Esa es la verdadera maternización, aquí mismo.

Kathy: Es importante para mí recordar lo que ha llegado a significar para mí «maternización» cuando estoy tratando con mi propia hija de doce años, saber que eso es también lo que necesita ella. Sé que, si recibe amor y confianza incondicionales, ella encontrara sus propias respuestas.

Lo que me resulta emocionante en este punto de nuestras relaciones es que tenemos un campo donde podemos trabajar sobre las creencias esenciales de nuestros egos, sobre las creencias erróneas que han obstaculizado nuestro desarrollo y nuestra felicidad durante todas nuestras vidas. Algunas veces una de nosotras desencadena una de estas creencias en la otra. Creo que este es un buen momento de hablar de alguna de estas cuestiones que surgen entre nosotras. Una de las más importantes tiene que ver con nuestras respectivas madres. Yo digo sobre la mía: «¡Oh, Dios mío, me van a tragar!». Y cuando Gwen me abraza, siento terror pensando que es mi mamá «antigua» y no mi mamá «nueva» (risas).

Gwen: Una de mis cuestiones es el miedo a ser indigna de amor, a ser repugnante y a que nadie me pueda soportar de ninguna manera. Si surge ese miedo cuando estoy con Kathy, durante un círculo amoroso, puedo tratarlo en ese momento; deja de ser amenazador.

Kathy: Si no fuera por Gwen, no tendría a nadie con quien trabajar estas cuestiones, a nadie que las desencadenase ni que me ayudase a reconocerlas. Trabajamos estas cosas juntas porque se interponen en nuestro camino.

Gwen: Tiene gracia. Antes, las cosas se interponían en el camino de otras personas de nuestras vidas, y nosotras trabajábamos para superar esas cuestiones. Ahora estamos trabajando en las cuestiones que se interponen en el camino de nuestra propia relación. Este tipo de relación magnifica las cuestiones. Cuando estamos así de próximas y estamos tan dispuestas a trabajar, vemos lo poderosos que son incluso los problemas más pequeños; vemos la potencialidad que tienen para minar nuestra felicidad.

Kathy: Así es. Solo quiero añadir que esta parte de nuestra relación es muy emocionante para mí, pues estas cuestiones antiguas, muy antiguas, me han obstaculizado mucho en mi vida normalmente. Cuando surgen entre nosotras, es una oportunidad para estudiarlas a fondo, para aprender de ellas y para dejarlas atrás por fin.

La madre de Charyl murió cuando esta tenía diez años. Cheryl escribió lo siguiente sobre su experiencia con la maternización.

> Siempre había sentido una ambivalencia sobre el contacto físico y los abrazos. Yo deseaba la experiencia, pero no era capaz de aceptarla por completo. Veía que los padres, y sobre todo las madres, llevaban a sus hijos de la mano, y yo sentía ira y añoranza a la vez. Yo seguía teniendo también una gran añoranza por mi madre, aunque hacía treinta años que había muerto. Nunca conecté ninguno de estos dos sentimientos con una necesidad poderosa de maternización hasta que cierta noche en que estábamos hablando de la maternización en la terapia de grupo, Erika comentó cómo sus amigas y ella se dan maternización las unas a las otras. Al principio me parecía extraño que una mujer siguiera queriendo y necesitando aquello. Al mismo tiempo, me di cuenta que yo también tenía hambre de un contacto así. Todo ese aspecto de mi vida se había desvanecido cuando mi madre murió y cuando mi padre se casó sucesivamente con dos mujeres violentas. Al cabo de cierto tiempo, me negué a reconocer esa necesidad mía. Era casi como si hubiera decidido que no podían hacerme daño si yo no las necesitaba. De modo que yo no sabía que la niña pequeña que había en mí seguía necesitando maternización.
>
> Cuando Erika me miró y me tocó la mano, me pareció que ella sabia lo que yo pensaba y que sabía que estaba bien. En aquel momento decidí seguir mis sentimientos porque me sentí segura, y me eché en sus brazos. De pronto, el dolor de todos los años de negativa rebosó, y rompí a llorar. Mientras lloraba, me di cuenta de que la negativa me había causado más dolor que el que podía haberme causado buscar ayuda.

Charles acudió a la terapia para buscar ayuda para su adicción al sexo. Siempre que se sentía angustiado, quería hacer el amor con su esposa. Si ella no estaba disponible, iba a tiendas de pornografía y a veces tenía relaciones sexuales con otras mujeres. Durante la terapia, Charles recordó que su madre le había hecho caricias sexuales, y se daba cuenta de que nunca lo había tenido en brazos de una manera no sexual. Para él, amor, aprobación y sexo se habían convertido en una misma cosa, de modo que siempre que se sentía solo utilizaba el sexo para sentirse mejor. La esposa de Charles, Abby, estaba luchando con sus propios sentimientos de soledad y con sus recuerdos de no haber sido nunca tenida en brazos amorosamente por su madre. Cuando tanto Charles como Abby reconocieron su necesidad de maternización y empezaron a pasar más tiempo abrazados y hablando, en vez de practicar siempre el sexo, la obsesión sexual de Charles se fue deshaciendo lentamente.

William acudió a la terapia en busca de ayuda sobre su identidad sexual. Lo atraían los hombres, pero quería casarse y tener una familia. Le agradaban las mujeres, pero no sentía ninguna atracción sexual hacia ellas. Cuando empezó a recordar su infancia, se dio cuenta de que había sido criado por una madre extremadamente fría y controladora, que también era seductora de una manera encubierta. El padre de William, un hombre blando y cariñoso, había muerto cuando William tenía cinco años, y William había quedado a merced de su madre. William se dio cuenta de que la supresión de su reacción sexual ante las mujeres era la única manera que había conocido para protegerse de estar completamente controlado por su madre.

William ha aceptado la maternización por parte de la terapeuta y también está buscando la maternización de otras mujeres. Cuando este proceso cure su miedo a las mujeres, podrá optar por ser homosexual, bisexual o heterosexual. Si opta por la homosexualidad, será porque allí es donde estriba su felicidad, y no porque tenga miedo a las mujeres.

Del mismo modo que las mujeres necesitan maternización por parte de otras mujeres, también los hombres necesitan maternización por parte de otros hombres. Pocos hombres fueron tenidos en brazos lo suficiente por sus padres, por lo que la mayoría de los hombres necesitan el afecto y el apoyo de otros hombres. Pero existen todavía más tabúes en contra de que los hombres abracen a los hombres que en contra de que las mujeres abracen a las mujeres. Es muy triste que nuestra cultura sexualice con tanta frecuencia la necesidad de abrazar, tocar y ser consolados, la necesidad de afecto y de apoyo.

Tocar

Algunas personas tienen miedo a tocar o a ser tocadas. Perciben el contacto físico como una petición de algo. Han asociado el tocar con renunciar a sí mismos, con rendirse y tener relaciones sexuales, o con reprimir sus sentimientos.

Existen muchos tipos de contactos, y muchos de ellos no producen sentimientos buenos ni consoladores. Si se ofrece el contacto con la intención de dar amor, entonces es fácil aceptarlo, y produce una sensación de curación. Si el contacto es seductor y sexual, puede no ser bien acogido. Usted puede tocar a alguien desde su Yo

Superior, con intención de dar algo, o puede tocar a alguien desde su ego, con intención de recibir algo.

El contacto desde el ego

El contacto seductor

El contacto seductor está diciendo: «Quiero de ti afirmación a través de la sexualidad. No te estoy tocando para darte amor, sino más bien para recibir algo de ti, tu respuesta sexual. Cuando me respondas sexualmente, entonces sabré que estoy bien». Los padres que tocan a sus hijos seductoramente les producen unos problemas enormes. El niño queda atrapado entre el deseo del amor del padre y el miedo a ser violentado. Como consecuencia, muchos niños cierran por completo sus reacciones, para protegerse a sí mismos de la violencia sexual que temen.

Los adultos también se suelen sentir violentados cuando la intención del contacto es buscar el sexo más que entregar amor. Esto, como ya dijimos, es enloquecedor, sobre todo cuando la persona que toca a la otra insiste en que no hace más que ser amoroso o amorosa. El contacto no produce buenos sentimientos, pero la otra persona suele negar sus intenciones. Muchas de las personas con las que hemos trabajado se quejan de que sus esposos o esposas solo son afectuosos cuando desean sexo. Dicen que ese tipo de afecto no produce buenos sentimientos; produce sentimientos de manipulación.

El contacto sofocante

Algunas personas tocan y abrazan a las demás para controlarlas y para recibir su atención, su amor o su afecto, tal como se abraza a un cachorrillo inquieto. Esto suele hacerse con los niños pequeños, y los resultados son desastrosos. Una mujer llamada Lynn que acudía a uno de nuestros grupos tenía un miedo patente a ser tocada, sobre todo por mujeres. Cuando exploramos esta cuestión, ella dijo que sentía que ser tocada era una amenaza para su vida, que de algún modo no solo perdería su individualidad, sino también la vida. Nos permitió abrazarla, y, cuando lo hicimos, ella empezó a recordar a su madre. Recordaba con gran detalle cómo su madre la sofocaba entre sus brazos. Su madre decía una y otra vez a su hija que se retorcía: «Pero ¡si te quiero!». La pequeña Lynn no se sentía amada; se sentía atrapada y explotada. Como consecuencia, no era capaz de dejarse tocar ni de disfrutar en los espacios cerrados.

El contacto sofocante está diciendo: «No eres un individuo libre. Tu cuerpo es de mi propiedad. Por tanto, tengo derecho a abrazarte, a tocarte o a pellizcarte siempre que quiera. No me importa lo que quieras; pero es tarea tuya ocuparte de lo que yo quiero. Tengo derecho a imponerme sobre ti, y si me quieres me dejarás controlarte de esta manera». A las personas que sofocan a las demás con su contacto les gusta creerse que son personas muy amorosas, sin darse cuenta nunca de que están violentando los límites de la otra persona.

Margie recordaba una experiencia así.

> Cierto día yo pronuncié una conferencia ante un grupo de clérigos. Después de la conferencia, muchos de los clérigos acudieron para abrazarme de una manera cariñosa y para decirme cuánto les había gustado la conferencia. Pero uno de los hombres me rodeó con sus brazos y se quedó así. Cuando yo intenté apartarme, él apretó los brazos. Su mensaje era: «Si te apartas, me sentiré insultado». Por supuesto, su abrazo no producía un sentimiento de amor. Cuando conseguí por fin zafarme de su presa, me miró con una ancha sonrisa complaciente, convencido de que era el más amoroso de los presentes.

El contacto apaciguador

El contacto apaciguador está diciendo: «Ya pasó; ya pasó; no te sientas mal. Deja de estar dolorido, pues yo no soy capaz de resolver tu dolor». Los padres suelen tocar o abrazar a sus hijos de este modo, en lugar de limitarse a consolarlos mientras ellos viven su dolor. Transmiten a sus hijos el mensaje de que, si los están abrazando, ellos ya no deben sentir más dolor. Es un desconcertante mensaje doble. El mensaje manifiesto es: «Te amo». El mensaje encubierto es: «Mi amor está condicionado a que tú pongas una tapa a tu dolor». El niño siente que esto es manipulador y malo. Los padres que se creen malos padres cuando su hijo sufre un dolor intentan hacer que el niño deje de llorar para que ellos, los padres, no tengan que sentirse mal. O bien, si el dolor del niño desencadena el propio dolor de la infancia de los padres y estos no se enfrentan a él, los padres harán cualquier cosa para cortar el dolor de su niño, recurriendo incluso a los malos tratos emocionales y físicos.

Los compañeros de pareja suelen usar este contacto entre sí, dando palmaditas a la otra persona en un intento de parecer agradables, pero diciendo en realidad: «No estés alterado/alterada (o no llores), pues yo no soy capaz de resolverlo». El contacto apaciguador produce una sensación de paternalismo, más que de consuelo.

El contacto no exigente del Yo Superior

El contacto no exigente es la esencia de la verdadera maternización. Es un contacto incondicionalmente amoroso que dice: «Estoy aquí para ti. Estoy contigo en tu tristeza, en tu miedo, en tu aflicción, en tu terror, en tu tormento, en tu dolor, en tu alegría. No tengo expectativas que tú debas cubrir. Te amo tal como eres, y estoy aquí para ti comoquiera que tú decidas ser». Este contacto da consuelo; está lleno de amor y de ternura. Es un contacto curativo.

Es este contacto incondicionalmente amoroso el que puede ayudar a curar la soledad y el aislamiento desesperados del Niño Interior. Este dolor, tan difícil de sentir, se puede vivir en presencia de otra persona amorosa, de modo que no tenemos por qué sentirnos solos al vivir el antiguo dolor de nuestro Niño abandonado. Erika describe su experiencia como terapeuta en el empleo del contacto no exigente.

> Las terapias tradicionales señalan que nunca se toque a los pacientes, por todo tipo de motivos desagradables y no demostrados: porque puede ser interpretado como algo sexual, o porque el cliente puede volverse demasiado dependiente, o

porque puede provocar problemas de transferencia. Yo no creo que haya trabajado nunca con un cliente al que no haya abrazado como a un niño o tocado. Es frecuente que las personas tengan dificultades para conectar con su Niño Interior y para articular sus sentimientos, y necesitan tiempo simplemente para sentir. Mis abrazos les permiten vivir sencillamente sus sentimientos; también aportan una vía adicional de comunicación. Yo siento su energía y ellos pueden sentir la mía. Si se están enfrentando a cuestiones muy dolorosas, mis abrazos les permiten pasar por el dolor con seguridad. Los hombres, las mujeres y los adolescentes reaccionan ante el amor y la amabilidad. Nunca he tenido experiencias en que los pacientes se volviesen perezosos o dependientes, o en que utilizasen mis abrazos como un vendaje. Al contrario: me he encontrado con que cuanto más seguro es el entorno que yo proporciono a la persona, más probable es que la persona aborde las cuestiones difíciles y las cure. Parece que lo hacen con más rapidez que los que deben recorrer ese camino en solitario, sin el amor ni la maternización de otra persona.

El dolor abierto y el dolor cerrado

No deseamos automáticamente abrazar a toda persona que vemos llorar. Nuestro deseo de abrazar a otra persona depende de la intención del dolor. Existen dos tipos de dolor: el dolor abierto y el dolor cerrado. El dolor abierto es el dolor de la pérdida y del duelo y la aceptación de las heridas. Es el dolor que sentimos cuando nos abrimos para aprender de nuestro Niño Interior. Es un dolor curativo que conduce a la comprensión y a la toma de opciones. El dolor cerrado es el dolor del abandono que se produce cuando nos desconectamos de nuestro Niño Interior y nos convertimos en una víctima de nuestras propias opciones. Es el dolor tipo «pobre de mí», «soy una víctima», que utilizan las personas para manipular a otras para que las cuiden cuando han optado por no cuidarse de sí mismas.

Cuando vemos que alguien sufre dolor abierto, nos conmueve. Estas personas están abiertas a su propia experiencia y no culpan a nadie de ella. Solo quieren sentirse seguros y pasar el dolor. Casi siempre nos acercamos a estas personas y las consolamos. Las personas que sufren dolor cerrado son muy diferentes. Sus lágrimas no nos conmueven, y nos sentimos manipulados por ellas. Si usted se encuentra alguna vez junto a una persona que llora y no se siente conmovido, es probable que la otra persona haya optado por protegerse a sí misma y haya renunciado a su responsabilidad de Adulto. Quieren a otra persona que se lleve su dolor. No quieren aprender; quieren ser rescatados. Abrazar a una víctima no avanza su desarrollo ni ayuda a curar a su Niño Interior; por el contrario, fomenta sus adicciones enseñándole que recibirá lo que desea, al menos de momento.

No todo el mundo responde de manera positiva a un contacto amoroso. A algunas personas las hace sentirse demasiado vulnerables: temen necesitarlo demasiado, o temen perder algo que les produce un sentimiento tan bueno y que han deseado durante tanto tiempo. A las personas que han tenido poco amor en sus vidas de niños, el amor incondicional puede resultarles abrumador. Pero el amor incondicional es tan curativo que, con el tiempo, la mayoría de las personas se abren a él.

Existirán ocasiones en su vida en que se sienta muy maternal hacia alguien. También existirán ocasiones en que desee verdaderamente ser maternizado y abrazado. Jamás realizará su vida ni sus necesidades sin asumir el riesgo de pedir y de entregar lo que desea. Esperamos que se conceda permiso a sí mismo para abrazar, tener en brazos y amar, pues esto es lo que desea y merece su Niño Interior.

Capítulo 11
Los programas de Doce Pasos

> Los Doce Pasos para la recuperación aportan una elegante simplicidad a la desesperanza general de la adicción. Sus principios bien pueden ser universales. No son originales de A. A., pero se han encontrado en todas las religiones y filosofías importantes.
>
> La Sociedad Agustina
> *Adictos al Sexo y al Amor Anónimos*

Los programas de Doce Pasos consisten en hombres y mujeres que, tal como afirma el Libro Grande de los Alcohólicos Anónimos, se reúnen juntos para «compartir su experiencia, su fuerza y su esperanza los unos con los otros para poder resolver su problema común y ayudar a otros a recuperarse del alcoholismo», o de cualquier otra adicción. La participación en un programa de Doce Pasos suele formar parte esencial de la recuperación de un individuo. Superar las adicciones es un proceso muy difícil; los programas de Doce Pasos aportan un marco precioso para el aprendizaje, además del apoyo y sentimiento de comunidad que suelen ser necesarios. Las personas suelen sentirse completamente solas en sus luchas, pero, teniendo tan al alcance de la mano los programas de Doce Pasos, nadie tiene por qué estar solo. Es increíblemente beneficioso oír a otras personas hablar abiertamente de cosas que nosotros nos hemos guardado en secreto durante toda nuestra vida. En los programas de Doce Pasos se encuentra uno con personas en diversas etapas de recuperación, y es posible aprender y curarse mientras cada persona comparte su propio dolor y su desarrollo. Además, suele ser un lugar adecuado para conocer a personas de ideas semejantes, a personas que quieren desarrollarse y que están dedicadas a su recuperación. Si usted decide empezar a asistir a un programa de Doce Pasos, es importante que busque una reunión en la que se sienta a gusto. No todas las reuniones son iguales, y es importante que encuentre a personas con las que pueda relacionarse.

Existen programas de Doce Pasos disponibles para casi todos los tipos de adicciones a sustancias y a procesos. Entre ellos figuran los Alcohólicos Anónimos, los Narcóticos Anónimos, los Cocainómanos Anónimos, los Bulímicos Anónimos, los Fumadores Anónimos, los Derrochadores Anónimos, los Adictos Sexuales Anónimos, los Compulsivos Sexuales Anónimos y los Adictos al Sexo y al Amor Anónimos. Si bien los programas de Doce Pasos son célebres por su utilidad para los que abusan de las sustancias, también dan buen resultado para los adictos a la aprobación, al amor, al sexo y a las aventuras amorosas. Existen también programas de Doce Pasos para ayudar a las personas que han estado relacionadas con adictos a las sustancias y a los procesos: Hijos Adultos de Alcohólicos; Al-Anon y Alateen, para compañeros/compañeras e hijos adolescentes de alcohólicos, respectivamente; Supervivientes al Incesto Anónimos y Codependientes de Adictos al Sexo.

Si usted no se identifica con ninguna de las categorías citadas pero sabe que algo no marcha bien en sus relaciones personales, pruebe con Codependientes Anónimos. Según nuestra experiencia, la codependencia es la cuestión que subyace en toda conducta adictiva. Si usted es miembro de cualquiera de los programas de Doce Pasos citados, podría interesarle con el tiempo asistir también a reuniones de Codependientes Anónimos. Todos los grupos de programas de doce pasos son gratuitos y están abiertos a todos.

Es muy frecuente que cuando recomendamos a un cliente que asista a un programa de Doce Pasos nos encontremos con mucha resistencia por su parte. Esta resistencia puede clasificarse en tres categorías: 1) No quiero mezclarme con un montón de perdedores. 2) No puedo meterme en esas cosas de Dios y el Poder Superior. 3) Puedo hacerlo por mi cuenta. Lo que hemos dicho como respuesta a la primera objeción es esto: «Sí, algunas de las personas que asisten a estos programas son perdedores, pero no todos ni mucho menos. En los programas de Doce Pasos se encuentran personas de todo tipo. Asista a diversas reuniones hasta que encuentre a personas con las que pueda relacionarse, a las que admire y respete. Están allí».

Lo que hemos dicho como respuesta a la segunda objeción es lo siguiente: «Puede ver a Dios o a un Poder Superior como quiera. No tiene por qué ser una fuente exterior a usted mismo. El Poder Superior puede ser su propio Yo Superior». Hemos descubierto que cuando la gente se hace consciente de su propio Yo Superior y lo desarrolla, pasa de manera natural a vivir el amor universal que es la verdadera fuente de la curación, sobre todo en la curación de la soledad. Cuanto más nos enfrentamos a la soledad de nuestro Niño Interior con nuestro propio Adulto amoroso, más sentimos que en realidad no estamos solos.

Lo que hemos dicho como respuesta a la tercera objeción es esto: «No, no puede hacerlo solo; de lo contrario, ya lo habría hecho. Una de las mentiras que el ego nos cuenta para mantener el control sobre nosotros es que podemos hacerlo solos, o que deberíamos ser capaces de hacerlo solos. Nadie se cura por sí mismo».

Cada grupo adapta los Doce Pasos para ajustarlos a su programa particular. He aquí los Doce Pasos que proponemos para utilizarlos en cualquiera de los programas.

1. Reconocer que en nuestro estado de ego (Adulto no amoroso y Niño abandonado) somos impotentes sobre nuestras adicciones, que nuestras vidas se han vuelto incontrolables.
2. Llegar a creer que renunciar al control del ego, rendirnos a nuestro Yo Superior/Poder Superior, y aprender de nuestro Yo Superior que ser un Adulto amoroso para nuestro Niño Interior puede devolvernos la cordura.
3. Tomar la decisión de entregar nuestras vidas a nuestros Yoes Superiores a base de aprender con nuestro Niño Interior.
4. Hacer una evaluación sincera de los medios que hemos escogido para protegernos a nosotros mismos y de las creencias y heridas sin curar que están detrás de esas defensas.
5. Reconocer ante nuestro Poder Superior, ante nosotros mismos, y ante al menos una persona más toda la historia de

nuestras autoprotecciones, heridas y creencias que nos hicieron abandonar a nuestro Niño Interior.

6. Decidir abrirnos a nuestro Poder Superior/Yo superior y abandonar las protecciones del ego asumiendo la responsabilidad de nuestro propio Niño Interior.
7. Rendir nuestro control del ego y buscar amorosamente la orientación de nuestro Poder Superior para cubrir las necesidades y los sentimientos de nuestro Niño Interior.
8. Hacer una lista de todos los modos en que hemos herido a nuestro Niño Interior y a otras personas y estar dispuestos a hacer reparaciones.
9. Emprender el proceso de perdonarnos a nosotros mismos y de hacer reparaciones a nuestro Niño Interior y a las demás personas que hayamos dañado, salvo cuando hacerlas resultase no amoroso.
10. Seguir prestando atención estrecha a las necesidades y a los sentimientos de nuestro Niño Interior y tomando medidas rápidamente para reconectarnos cuando nos desconectamos.
11. Aspirar, a través de la meditación y del diálogo escrito y oral, a mejorar nuestra conexión con nosotros mismos, con los demás y con el universo.
12. Habiendo tenido un despertar espiritual como consecuencia de estos pasos, nos dirigimos a los demás con amor y con cariño.

Es imposible que usted comience siquiera a conectarse con su Niño Interior si es un alcohólico o drogadicto practicante. Llamamos a estas sustancias «alimentos del go», pues lo mantienen en su ego y le impiden conectar con su yo. La práctica de los diálogos, o incluso asistir a sesiones de terapia, no lo conducirá a ninguna parte mientras no se abstenga, y la mayoría de las personas no son capaces de hacerlo por sí mismas. Nosotras no aceptamos en la terapia a alcohólicos o drogadictos practicantes mientras no se comprometan a asistir a un programa de Doce Pasos. Si no están siguiendo un programa de Doce Pasos, la terapia es una pérdida de tiempo.

Le recomendamos encarecidamente que aproveche el apoyo y la enseñanza que aportan los programas de Doce Pasos.

Capítulo 12
Los procesos en la terapia

> La oportunidad de formar parte de (...) la curación parece un poco como asistir a un parto. Es maravilloso tocar tan de cerca el milagro de la vida.
>
> ELLEN BASS Y LAURA DAVIS
> *The Courage to Heal*

Le resultará muy útil trabajar con un terapeuta que le pueda ayudar a aprender lo que significa ser un Adulto amoroso con su Niño Interior, que le pueda apoyar mientras usted se enfrenta a su dolor y a su aflicción y que pueda ayudarle a explorar las falsas creencias que lo mantienen atascado en su miedo y en su dolor. Ningún terapeuta, por hábil que sea, puede hacer el trabajo por usted; pero un terapeuta competente puede ser precioso para ayudarle a aprender a curar su propio dolor. Pero con demasiada frecuencia las personas acuden a la terapia esperando que el terapeuta sea una especie de mago que pueda curarlas sin que ellas tengan que hacer el trabajo que les corresponde. Esto arranca de la creencia básica de que las demás personas pueden hacernos felices, de la creencia de que con solo que el terapeuta sea lo suficientemente amoroso y nos acepte lo suficiente, entonces nos sentiremos bien con nosotros mismos y nos curaremos. Un buen terapeuta aporta maternización cuando es necesario, no hace juicios de valor y está abierto para aprender, pero el terapeuta ofrece la verdad tal como la ve, contándola con compasión, en lugar de ofrecer una aprobación general.

La terapia individual

Muchas personas no se sienten seguras en la terapia, no necesariamente porque el terapeuta haga juicios de valor, sino porque el Adulto Interior ha abandonado al Niño Interior, que necesita entonces la aprobación del terapeuta para sentirse bien. Cuando los pacientes quieren aprobación más que oír la verdad, no se sentirán seguros con terapeutas que no son codependientes y que no fomentan la codependencia de sus pacientes. Los terapeutas codependientes ofrecen simpatía y aprobación con la esperanza de ganarse la aprobación de sus pacientes. Temen que si dicen la verdad tal como la ven, sus pacientes se enfadarán con ellos. Decir la verdad puede suponer decir a un paciente: «Veo que está culpando a su marido del dolor de usted, en lugar de enfrentarse al dolor que es consecuencia de sus propias opciones», en lugar de limitarse a expresar solidaridad. Si los pacientes quieren aprender, agradecerán estas visiones, pero si lo único que desean es que les digan que tienen razón y recibir solidaridad o aprobación, se sentirán inseguros y es posible que se marchen para buscar a un terapeuta más solidario. Es un acto no amoroso por parte de un terapeuta alimentar la adicción del paciente a la aprobación. Esto no quiere decir que el terapeuta deba guardarse la aprobación, sino que no debe utilizar la aprobación como medio para fomentar la adicción del paciente al terapeuta.

La tarea del terapeuta consiste en ayudar al paciente a comprender el modo de asumir la responsabilidad personal de su propio dolor y alegría. Esto significa ayudar al paciente a aprender a amar de verdad al Niño Interior aprendiendo a aceptar el dolor y la aflicción antiguos del Niño; a explorar las creencias falsas que causan el dolor, y a escuchar al Niño Interior y obrar en nombre de las necesidades y de los deseos del Niño. El terapeuta puede servir de modelo de comportamiento de conducta amorosa, dando muestras de una intención de aprender y ayudando al paciente a hacerse consciente de su propia autopaternización no amorosa, autoritaria o tolerante. El terapeuta puede colaborar también desempeñando el papel de Adulto amoroso del paciente cuando el paciente está siendo el Niño Interior, sobre todo cuando el Niño Interior del paciente se siente abandonado, o desempeñando el papel del Niño Interior del paciente y dejando que el paciente practique el arte de ser amoroso o sea consciente del modo en que está siendo no amoroso. Llamamos a esta terapia *Terapia de enlace interior.*

El terapeuta puede aportar apoyo amoroso para ayudar al paciente a sentir su ira y su dolor. Cuando surgen recuerdos profundos de la infancia y el miedo y el dolor son intensos, el terapeuta puede aportar maternización, si es lo que necesita el paciente, para ayudarle a pasarlos. Los recuerdos de malos tratos emocionales, físicos y sexuales son extremadamente difíciles de sentir; resulta muy útil contar con un terapeuta amoroso que aporte un entorno seguro donde se puedan vivir estos sentimientos profundos y pasarlos.

Es extremadamente importante que el terapeuta ayude al paciente a realizar su propio trabajo. Con demasiada frecuencia, los pacientes se vuelven dependientes del terapeuta y no siguen con su aprendizaje por su cuenta durante la semana. No basta con ver a un terapeuta una o dos veces por semana para curarse. Es preciso estar dispuestos a seguir trabajando por nuestra cuenta con nuestro Niño Interior todos los días. Uno de los motivos por los que las personas acaban asistiendo a terapias durante tanto tiempo es que solo trabajan cuando están en la consulta del terapeuta, y así no llegan a ninguna parte. La terapia prolongada puede llegarse a convertir en otra adicción más.

A continuación presentamos un ejemplo de una sesión en la que la paciente, Jessica, está realizando una buena parte de su propio trabajo, con alguna ayuda por parte de la terapeuta.

Jessica: Fui a ver a mis dos hermanos, que viven en la zona de San Diego. Me quedé en casa de mi hermano mayor, Richard, y de su novia, Margo. Es una señora verdaderamente notable. Es bastante mayor que él (él tiene treinta y siete años y ella debe tener cincuenta. Es una señora pequeña, delicada, con pelo rubio canoso, y es verdaderamente tranquila. La quiero, y quiero a mi hermano. En un momento dado entré en su dormitorio porque tenía que preguntarles algo. Estaban en la cama juntos, y a mí me vino un sentimiento de repugnancia, casi de náuseas; y eso que son dos personas a las que quiero y que tienen unas relaciones que considero verdaderamente buenas y sanas. Quiero seguir trabajando la cuestión del sexo hasta que se me quiten estas cosas. De modo que cuando me pregunto por qué fue todo, se reduce al hecho de que Richard no quiere casarse con ella. Ella no puede tener hijos, y él dice que quiere tener hijos algún día. Así que pienso que la repugnancia fue por... en realidad no estoy segura. Puede tener que ver con creencias que me han quedado desde que yo era muy joven (y que, evidentemente, siguen presentes) de que una mujer no debe hacer esas cosas si no está casada. Y supongo que siento que si una mujer se acuesta con un hombre sin estar casada con él, está siendo verdaderamente *estúpida*. Dios mío, estoy nerviosa. Me pone nerviosa hablar de estas cosas. Pero son todo cosas de la cabeza. Todavía no estoy bajando al vientre.

Terapeuta: ¿Por qué no preguntas a tu Niña lo que siente acerca de ello?

Jessica: Ah. (Habla a la muñeca.) ¿Qué nos pasaba cuando sucedió aquello? (Pasa a la silla donde está la muñeca, abraza a la muñeca y habla con voz de niña pequeña.)

Niña de Jessica: No deberíamos haber estado allí. No deberíamos haber estado allí en absoluto. No deberíamos haber entrado en aquella habitación en absoluto. Era un lugar privado suyo y no deberíamos haber estado allí en absoluto. Ojalá no los hubiésemos visto así. (Rompe a llorar.) Yo no quería verlos así en absoluto. Yo no quería verlos así. Hacer eso fue una cosa mala. No deberíamos haber entrado allí.

Adulta de Jessica: ¿Por que crees que hacer aquello fue una cosa mala? Ellos nos invitaron a entrar. Dijeron que estaba bien.

Niña de Jessica: Pero no lo estaba. No estaba bien. No estaban vestidos. *No estaban vestidos.* ¡Y era *asqueroso*!

Adulta de Jessica: ¿De modo que crees que no debían habernos invitado a entrar? ¿Porque no estaban vestidos? (A la terapeuta.) Dios mío, no sé dónde va a parar esto…

Terapeuta: Pregúntale si le recuerda a algo que le sucediera de niña.

Jessica: Está bien. ¿Te recuerda a algo que te sucedió cuando éramos muy pequeñas?

Niña de Jessica: Bueno, lo único que se me ocurre es que vi una vez a papá en el cuarto de baño, pero no es eso. Sí. (Pausa.) Recuerdo que fui una vez al dormitorio de papá y mamá y llamé a la puerta porque salían ruidos raros, pero estaba cerrado… (Pausa más larga.)

Adulta de Jessica: ¿Por qué piensas que era malo?

Niña de Jessica: (Alterada ahora.) Porque yo no quería entrar. Porque no quería ver nada. No quiero mirarlos. No quiero verlos. No quiero mirar esas cosas. No quiero ver a Robert hacer esas cosas. Me pone enferma.

Adulta de Jessica: ¿Por qué te pone enferma ver…? Vaya, ya estamos llegando a la cuestión…

Niña de Jessica: (Llorando.) Porque él no está casado con ella y está haciendo lo mismo que hacía papá. No quiero que Richard sea como papá. No quiero que sea como papá. Él no es como papá. *No. ¡No quiero que lo sea!*

Adulta de Jessica: ¿Por qué crees que Rich es como papá? No trata a Margo como papá trataba a mamá, ¿verdad?

Niña de Jessica: No... pero en cierto modo sí lo hace, porque no la ama lo suficiente como para casarse con ella, y... hay una parte de él que cree que ella es demasiado vieja, o que no es lo suficientemente bonita o lista, o algo así, y es lo mismo que hacía papá a mamá. Es *lo mismo*. Es toda esa *mierda* de «ella no es lo bastante buena». Y eso es lo que le hace *a ella*. Porque no quiere casarse con ella. En realidad no la quiere. Se cree que las mujeres lo adoran. Es tan arrogante como lo era papá. Y me pone *enferma*. Porque no quiero que sea como era papá. (A la terapeuta, todavía llorando.) Eso es todo, en suma.

Terapeuta: De modo que parece que la náusea era una proyección sobre Rich de los sentimientos verdaderamente profundos que tu Niña tenía acerca de su padre.

Jessica: Sí, desde luego que sí.

Terapeuta: ¿Quieres dar voz ahora mismo a tu niña pequeña e intentar hablar con tu padre y expresar tu repugnancia?

Jessica: Sí. Sí.

Terapeuta: Pon allí a tu padre.

Niña de Jessica: Eres terrible. Eres mezquino con mamá. (Llorando.) Eres muy mezquino con ella. Y eres muy mezquino con Donnie. Y no confío en ti en absoluto. Tratas mal a mamá. Te tratas mal a ti mismo. Culpas a todo, eres mezquino y odias a todo el mundo.

Terapeuta: ¿No estaba la repugnancia relacionada con la sexualidad?

La niña de Jessica: (Llorando otra vez.) Sí. Sí. Creo que te tirabas a todas las camareras del restaurante. [Su padre tenía un restaurante.]

Terapeuta: Y ¿qué hay de tu repugnancia?

Niña de Jessica: ¡¡¡Y me pone *enferma*!!! ¡Me revuelve el estómago! Y me dan ganas de darte de patadas, de pegarte, de cortarte el pene y meterlo en una picadora de carne, de pegarte, de sacarte los ojos y sacarte la lengua y arrancarte los labios y darte de patadas en la cara y pegarte en el estómago. ¡Y me dan ganas de vomitarte encima! ¡¡¡Y siento lástima de todas a las que engañaste!!! Y también estoy furiosa con mamá por haberte aguantado. Y aquella vez que volviste de San Francisco y... y los dos... os metisteis en el dormitorio horas enteras, y cuando salió ella no era capaz siquiera de *andar* en línea recta... eso también me puso *enferma*. ¡¡¡Me puso *enferma*!!! Porque vuestro matrimonio tenía muchos problemas, y vosotros no hablabais en absoluto; simplemente, os metíais en el dormitorio y *jodíais,* nunca hablabais. ¡Y ella lo consentía! ¡¡¡Me ponía enferma!!! ¡¡¡Me ponía enferma!!! ¡Te odiaba!

Terapeuta: ¿Quieres pone allí a tu mamá?

Niña de Jessica: ¡Tú también me pones enferma! ¡Nunca te haces valer! ¡Nunca le dices que no! ¡¡¡Nunca le dices que se vaya *a la mierda*!!! ¡Nunca le dijiste lo que sabías, y nunca le dijiste que *dejase de hacerlo,* y nunca le dijiste cuánto *te dolía*! ¡Y le dejaste abusar de ti y tenerte a sus pies como una alfombra! ¡Se limpiaba los pies en ti! Y tú simplemente fingías que no pasaba nada malo... (Larga pausa.) Ojalá lo hubieras echado a patadas. Ojalá lo hubieras mandado al infierno y nos hubiésemos marchado todos dejándolo a él. ¡Tú eras buena, y él era un hijo de perra mezquino! Y ojalá hubieras tenido un trabajo para que pudiésemos haberlo hecho así. Y ojalá te lo hubiera dicho como te lo digo.

Terapeuta: ¿Quieres decirles algo más?

Niña de Jessica: Sí. Los dos erais *terribles* juntos. Nunca debisteis casaros. Mamá, nunca debiste consentirle que te despreciase tanto. No te lo merecías. Y tú, papá, eres un hijo de perra arrogante, y solo porque ella estuviese mal del oído no debías haberle hecho lo que le hiciste. Ella era una buena señora, y ése era su defecto principal. Era demasiado buena contigo. Creo que necesitabas a alguien con quien pelear. ¡¡¡Ojalá os hubieseis divorciado cuando yo tenía *dos años*!!!. Desearía que hubieseis sido felices los dos, pero ambos fuisteis desgraciados. (Pausa, seguida de nuevas lágrimas.) Y hay otra cosas que quiero decir a mi hermanito Donnie. *Lamento de verdad,* Donnie, que también te pasase a ti, que papá fuese tan mezquino contigo también, y que yo no le dijese nada no le dijese que *se callase.* Lo lamento de verdad; *lo lamento de verdad, de verdad, de verdad,* Donnie. Lo lamento de verdad. (Larga pausa.) Lo lamento por mamá, y lo lamento por ti. Lamento no haber dicho la verdad a papá también por ti. Y también lamento no habérsela dicho por mí.

Terapeuta: ¿Sientes ira contra tu Adulto por no haberle concedido una voz? ¿Por no haberle permitido decir su verdad?

Jessica: No, pues creo que nos habría pegado si le hubiésemos dicho algo cuando estaba tan iracundo. No creo que hubiésemos podido decir nada. Y él nunca nos pegaba, pero creo que era porque nos comportábamos con mucho cuidado en su presencia. Y creo que si le hubiésemos presionado un poco más, podría haber sucedido algo terrible. Pero supongo que tienes razón: creo que estoy furiosa contra mí misma, porque deseo que lo hubiésemos intentado al menos. Podríamos haberlo intentado y haber salido corriendo acto seguido. Podríamos haber intentado alguna otra cosa. Pero no estoy enfadada de verdad, simplemente lamento que no intentásemos alguna otra cosa. (Pausa.) Sigo estando furiosa contra mi padre. Todavía estoy furiosa contra él. No estoy tan furiosa contra mi madre, pero todavía estoy furiosa contra él. (Larga pausa.) Todavía estoy verdaderamente furiosa contra él porque se tiraba a todas las camareras del restaurante. Siento que, de algún modo extraño, me hacía daño directamente a mí misma haciendo aquello. Siento como si no fuésemos bastante para él, ¿sabes?, y como si *yo no fuese bastante para él.* Supongo que la creencia básica es que se tiraba a las camareras porque nosotros no éramos bastante para él, y eso quería decir que yo no era bastante para él.

Terapeuta: ¿Por qué no se lo dices ahora mismo a tu niña pequeña?

Adulta de Jessica: Ah. (A su Niña, en un susurro.) No es que no fueses bastante par él. No es eso en absoluto. No es que tú no fueses *bastante.* Puede que no lo fueras… probablemente no eras bastante para él. No sé lo que estaba buscando él; nunca lo encontró. Pero eso no quiere decir que tú no fueses *bastante.* Estás bien. Eres maravillosa. Y ¿sabes una cosa? Creo que papá se quedaría muy alterado si supiese lo que hemos sacado en limpio de sus actos. No creo que él quisiera que nos sintiésemos como nos sentimos, en absoluto. Pero el resultado total es que no es que tú no seas bastante. Eres maravillosa. (Se echa a llorar; la débil consuela a la débil.) Eres una niñita preciosa. Y te interesas por la gente, y eres divertida y dulce, e intentas dar todo lo que puedes, y haces reír y sonreír a la gente. Eres una niñita maravillosa. Eres una niñita *maravillosa.* No era culpa tuya que papá hiciera todo eso. No era culpa tuya. No era culpa tuya que papá hiciera todas esas cosas. No era culpa tuya...

Terapeuta: Jessica, quiero que intentes decírselo desde una posición más de Adulta. No sé si te puede oír y creerte desde la posición en que estás ahora mismo.

Adulta de Jessica: (Se rehace, deja de llorar.) No era culpa tuya, ya lo sabes.

Terapeuta: Intenta llegar desde una posición de convicción y de poder.

Adulta de Jessica: Y no desde la debilidad y la vulnerabilidad. Está bien. (A la Niña, con voz más firme, como una Adulta que intenta hacer olvidar a un niño sus sentimientos a base de razonamientos.) No fue culpa tuya, ya lo sabes. No fue culpa tuya que papá hiciera lo que hizo. En realidad, no tenías nada que ver con lo que optó por hacer. No tenías nada que ver con ello. (A la terapeuta.) Vaya, no me lo creo ni yo misma.

Terapeuta: Por eso se lo estabas diciendo desde la posición de abandono. Cuando se lo puedas decir desde una posición de verdad y de convicción de Adulta, entonces ella empezará a *sentirlo.* No lo *sentirá* mientras tú no conozcas esa verdad.

Jessica: Mira, lo que es cierto para mí es que si yo hubiera sido más sincera, si le hubiera dado mi verdad... Me siento como si hubiera contribuido a lo que él optó por hacer por haber aportado algo a la falta de sinceridad.

Terapeuta: Te basas en una creencia falsa.

Jessica: Está bien. ¿En cuál?

Terapeuta: En que tú podías haber dicho o hecho algo que habría cambiado las cosas.

Jessica: Es lo mismo con lo que choqué con Jack [el jefe de ella].

Terapeuta: Sí. Es una cuestión de control. Tú crees que si hubieras sido más sincera, que si hubieras dicho tu verdad, podrías haber cambiado algo. Lo único que habría cambiado sería con respecto a ti. Las cosas habrían cambiado internamente para tu Niña Interior si hubiera tenido voz. Pero la conducta de él no habría cambiado en nada. Pues la verdad de otra persona no es lo que cambia a las personas. Solo las cambia su propia verdad.

Adulta de Jessica: Sí. (A la Niña, intentándolo de nuevo.) No teníamos ningún poder sobre él. No teníamos *ningún poder mágico* sobre él. (Algo se ha movido dentro de ella; parece segura y consoladora al fin.) Por muy sinceras que fuésemos, y por mucho que lo amásemos, no teníamos ningún poder mágico para cambiar su cerebro ni para cambiar su corazón. No podíamos hacerlo. *No podíamos hacerlo.* Hicimos todo lo que pudimos. Hicimos todo lo que pudimos por amar. Hicimos todo lo que pudimos por ser una niña buena, e hicimos todo lo que pudimos por ser felices con él y con mamá, e hicimos todo lo que pudimos por hacerlos felices también a ellos. Y ¿sabes una cosa? ¡No teníamos aquel poder! No lo teníamos.

Terapeuta: No solo eso; además, no tenéis manera de saber lo que podría haber sucedido si le hubierais dicho vuestra verdad. ¡Podría haber sido todavía peor!

Adulta de Jessica: ¡Es verdad! Si hubiésemos dicho nuestra verdad, podría haber sido peor.

Terapeuta: De niños aprendimos a no decir nuestra verdad porque solía empeorar las cosas en lugar de mejorarlas.

Adulta de Jessica: (A su Niña.) Mira: si papá hubiera querido de verdad hacer cambios en su vida, habría buscado la verdad. Habría buscado otras maneras de ser. Habría buscado dentro de sí mismo, habría hablado con otras personas sobre el modo de ser diferente, habría consultado quizá a un psicólogo, habría hecho todo tipo de cosas de manera diferente. Pero aquellas fueron sus opciones. Ya ves: tenía el poder, tenía el dinero, tenía el tiempo, tenía la capacidad necesaria para tomar esas opciones, y, por lo que fuera, no las tomó. Y eso no fue culpa nuestra. Hicimos todo lo que pudimos. Lo que tienes que hacer ahora viene a ser liberarte de papá... y sea lo que sea lo que él se ha ganado y los desafíos con que se tiene que enfrentar ahora, pues ahora es él el que se tiene que enfrentar con ellos y nosotros tenemos que liberarnos de eso. Lo único que tenemos que saber es que hicimos todo lo que pudimos. No tenemos un poder mágico para cambiar a las personas. El único poder mágico que tenemos es el de cambiarnos a nosotras mismas, hablar así y cambiarnos a nosotras mismas. ¡*Ese* es nuestro poder mágico! Ese es nuestro poder mágico. Y te amo. (A la terapeuta.) Me siento bien con esto. Ese poder mágico... Supongo que nunca había renunciado hasta ahora a la creencia de que sí poseía ese poder mágico. Me siento como si me hubiera liberado de muchas cosas con eso. Ya no siento ira contra él por haberse tirado a las camareras.

Terapeuta: Ha sido un buen trabajo.

Jessica: Gracias.

El trabajo con trastornos específicos

Algunos trastornos son muy difíciles de tratar por medio de la terapia. Las personas que los padecen suelen ir de terapeuta en terapeuta sin mejorar. Vamos a estudiar a continuación algunos de estos trastornos y veremos cómo se puede producir la curación a través de la Terapia de Enlace Interior. Pero quisiéramos recordar de nuevo en este punto que ningún trastorno se puede curar si el cliente no está *dispuesto* a realizar su trabajo interior.

Trastornos de la personalidad

Por desgracia, los trastornos de la personalidad son bastante comunes y provocan dificultades sociales, profesionales y de relaciones personales, entre moderadas y graves. Según el *Diagnostic and Statistical Manual of Mental Disorders (DSM-111-R)* («Manual de diagnóstico y estadística de trastornos mentales»), publicado por la Asociación Psiquiátrica Americana, los trastornos de la personalidad más comunes son los trastornos fronterizos, histriónicos, narcisistas, de evitación, de dependencia y obsesivos-compulsivos.

Nuestra experiencia con los pacientes que sufren trastornos de la personalidad es que en su raíz se encuentra una desconexión profunda y constante entre el Adulto Interior y el Niño Interior. Estas personas pueden tener un Adulto autoritario extremadamente rígido que lleva las cosas y que excluye por completo al Niño, como en el caso de los trastornos obsesivos-compulsivos de la personalidad. O, lo que es más común, tienen un Adulto extremadamente tolerante que prácticamente no existe, y su Niño abandonado se queda completamente solo para enfrentarse a las cosas, como sucede en el caso de los trastornos de la personalidad fronterizos, histriónicos, narcisistas, de evitación y de dependencia.

Como la desconexión es tan profunda, la curación requiere mucho más tiempo que en el caso de las personas cuyo Adulto y cuyo Niño están conectados en algunas áreas. En muchas personas, el Adulto solo abandona al Niño cuando se activan ciertas cuestiones, pero los trastornos de la personalidad representan una desconexión completa, y por eso lo pasan tan mal estas personas en sus trabajos y en sus relaciones personales.

Es difícil tratar los trastornos de la personalidad, porque es difícil establecer contacto siquiera con el Adulto, y el Adulto debe estar dispuesto a aprender. Pero hemos visto que es posible realizar progresos si el paciente se compromete a practicar el diálogo oral y escrito durante media hora al día por lo menos. El Niño no puede evitar empezar a sentirse mejor y curarse a través del diálogo. Si el paciente se niega a establecer ese compromiso, entonces no es posible progresar a menos que el paciente acuda a la terapia al menos tres veces por semana y dialogue en voz alta en la consulta del terapeuta, mientras el terapeuta hace de modelo de rol del Adulto Interior amoroso, así como del Niño abandonado.

Trastornos de la nutrición

Los trastornos de la nutrición tales como la anorexia nerviosa, la bulimia y la obesidad son muy comunes en nuestra cultura, y cada vez se ven más en las consultas de los terapeutas. La persona que padece anorexia suele ser una mujer adolescente o joven cuya Adulta y cuya Niña están muy desconectados, y cuya Niña ha optado por tratar un miedo intenso a la pérdida de control a fuerza de limitar estrictamente el consumo de alimentos. Esta Niña con miedo a ser controlada por los demás debido al grave abandono de la Adulta, opta por controlar un área donde nadie más puede tener el control. Nadie puede obligarla a comer, a no ser que la hospitalicen y la obliguen a comer a la fuerza. En tales casos la Adulta puede dejar que la Niña se muera de hambre antes que presentarse y asumir la responsabilidad.

Las jóvenes que padecen bulimia sufren una desconexión interior similar. En este caso, la Niña ha aprendido a llenar de comida la soledad interior intensa que se produce cuando la Adulta se desconecta o cuando se activa la soledad por la interacción desconectada con los demás. El comer se convierte en un modo por el que la Niña aprende a nutrirse cuando no vive la nutrición interior por parte del Adulto. El comer puede convertirse en una manera de reaccionar cuando se siente sin control en el mundo. La comida mitiga el sentimiento de estar sin control sobre el modo en que los demás la tratan, o sobre el sentimiento de soledad. De modo que la Niña come y come, en un intento de llenar su vasto vacío interior y de quitarse el dolor. Cuando está tan llena que ya no puede comer más y se satisface temporalmente su ansia de nutrición, sale a relucir su miedo al rechazo por estar gorda, y se purga haciéndose vomitar o tomando laxantes o diuréticos. Oscila entre los atracones y las purgas, las dietas o los ayunos, en función de si predomina el vacío o el miedo al rechazo.

Tamira es una hermosa mujer de unos veinticinco años, inteligente y con talento, pintora de éxito. Lleva padeciendo bulimia desde los diecisiete años, edad a la que descubrió que le resultaba fácil provocarse el vómito. Antes de emprender la terapia había trabajado duramente por recuperarse a través de Bulímicos Anónimos, y había conseguido alcanzar cierto grado de abstinencia; pero se sentía desanimada al ver que todavía tenía que luchar mucho.

Poco después de emprender la terapia, se puso a trabajar diligentemente con su Niña Interior. Al principio su Niña guardaba silencio, pero ella siguió insistiendo hasta que la Niña habló, y, cuando lo hizo, pronunció libros enteros. Tamira estaba maravillada de la información que tenía para ella su Niña Interior. Su Niña le dijo que cuando su Adulta se negaba a escucharla y a obrar en su nombre, su Niña se sentía tan sola que comía para llenar el vacío. Tamira observó que sus episodios de abusos de la comida seguidos de purga se hacían cada vez menos frecuentes cuanto más tiempo pasaba conectada con su Niña Interior. Tal como sucede con todas las dificultades, la bulimia no era más que un síntoma de su propia desconexión interior.

Cuando la Niña Interior de Tamira se fue haciendo más accesible, Tamira supo que se había sentido muy desconectada de niña. Había visto a su madre fría y distante, y su Niña Interior tenía una gran necesidad de maternización, necesidad que solía llenar con comida. Cuando Tamira se dirigió a sus amigos para satisfacer su necesidad de maternización, empezó a sentir que controlaba más su bulimia. Después fue consciente de lo rechazada que se había sentido por su padre, que los había abandonado cuando ella era pequeña, y del modo en que esto había afectado a todas sus relaciones con los hombres. Llegada a este punto, mantuvo el diálogo siguiente por escrito con su Niña:

Adulta de Tamira: Hola, pequeña.

Niña de Tamira: Mamá, estoy furiosa.

Adulta de Tamira: Dime por qué.

Niña de Tamira: Esos sentimientos sobre los hombres me tienen inquieta. Me siento enormemente incómoda. Quiero salir; he estado gritando dentro de mí todo el día. Odio esto. Me duele mucho. Quería ser Dios, lo deseaba mucho. Quiero comer toda esa comida sin engordar nunca. Quiero que todas las leyes de un universo práctico no se me apliquen a mí. [deseo de control] Me siento muy incómoda. Quiero vomitar, o matar a alguien, o abrirme el vientre. Mamá, quiero morirme.

Adulta de Tamira: ¿Por qué, cariño?

Niña de Tamira: Porque a nadie le importo. Nadie me quiere. Estoy sola. Me siento muy sola. Yo no podía satisfacer ninguna de sus necesidades [las de su padre], de modo que me abandonó. Todo lo que teníamos era muy especial para mí. Evidentemente, no significaba nada para él: me echó. Pero, si era una guerra que tenía con mamá, ¿por qué tuve que entrar yo? ¿De qué parte soy responsable? ¿Qué hice yo?

Adulta de Tamira: Cariño, no hiciste nada. No tenía nada que ver contigo. (Dice a su Niña la verdad.)

Niña de Tamira: Pero entonces, ¿por qué me dejó? ¡Yo lo quería tanto! Era mi sustento. Me compraba helados y presumía de mí en público. Estaba orgulloso de mí ante los demás. ¡Qué raro! No cuando estábamos solos, sino solo ante sus amigos. ¿Por qué, mamá?

Adulta de Tamira: Te amaba. Simplemente, le daba demasiado miedo ocuparse de ti él solo. Sabía que no era capaz de controlarse con la bebida y le daba mucha vergüenza su conducta. Sentía que tú podías ver lo que tenía dentro, hasta su alma, que no podía ocultar ante ti la verdad de quién era.

Niña de Tamira: Pero yo sí podía; por eso lo amaba.

Adulta de Tamira: Ya lo sé, pequeña. Esa era la paradoja. Él pensaba que tú solo lo amabas porque eras demasiado pequeña para conocerlo. Si él hubiera sabido... Siempre has hecho lo que él más temía. Siempre has estado aquí para ayudarle a limpiar su vergüenza. No podías hacerlo entonces: no disponías de las herramientas necesarias. No fallaste: él no podía oírte. Sabía que no era el momento. Él no podía enfrentarse a ello, aunque tenía delante de sí mismo la respuesta. Despreció el don que le ofrecías con tu mirada amorosa. No se sentía digno de tu adoración, de tu confianza inocente ni de tu amor y devoción incondicionales.

Niña de Tamira: Mamá, ¿te abandonan todos los hombres cuando les muestras cuánto amor tienes dentro? ¿Es feo?

Adulta de Tamira: No, cariño. Solo lo son los hombres que no se aman a sí mismos lo suficiente como para aceptar tu don. Tienes un corazón tan grande que todavía no hemos encontrado a un hombre que pueda enfrentarse a la grandeza de tu belleza. Cuando los amas y ellos no pueden amar a su vez, sienten vergüenza. Es su vergüenza lo que les hace huir. No eres tú, querida.

Niña de Tamira: Gracias, mamá. Me siento muy bien llorando. ¿Me ayudarás a encontrar amigos con los que no sienta que tengo que comprometerme, que no me limiten ni me hagan ajustarme a sus necesidades? Quiero ser amada por ser *yo misma* al cien por ciento.

Adulta de Tamira: Eres completamente digna de ser amada, y esto te lo prometo. Te escucharé cuando esté con hombres, y tú me dirás lo que sientes. ¿De acuerdo?

Niña de Tamira: De acuerdo.

Adulta de Tamira: ¿Cómo te sientes ahora?

Niña de Tamira: Todavía me siento un poco llena y asustada de estar gorda, pero me siento mucho más segura y no tan enfadada. Ya no quiero morirme. Cuando era pequeña, mamá no me dejó nunca lamentarme por la pérdida de papá. Ahora tengo que hacerlo, pues de lo contrario no voy a dejar nunca de ser la Reina de las Nieves. Me enseñaron a controlar y a negar mis sentimientos, pero yo no era esa.

Adulta de Tamira: Esto es como abrir una fuente dentro. Estoy muy orgullosa de tu valor.

Niña de Tamira: Gracias, mamá. No podría hacerlo sin ti.

Adulta de Tamira: Te amo. Que tengas dulces sueños. *Niña de Tamira:* No te pases con la comida, mamá, por favor.

Adulta de Tamira: Está bien. Te amo.

Trastornos de angustia

Los trastornos de angustia, tales como los ataques de pánico con o sin agorafobia y las fobias sencillas tales como el miedo a volar, a las alturas, a las serpientes o a los perros, también son comunes en nuestra sociedad. Los ataques de pánico se producen cuando el Niño Interior se encuentra con una situación que desencadena sus sentimientos de miedo intenso o de soledad y no tiene a un Adulto que lo nutra, lo apoye y se enfrente a la situación. Los ataques de pánico suelen suceder cuando el Niño Interior se siente atrapado y obligado a traicionarse a sí mismo para evitar el rechazo, o se siente atrapado en una situación de la que cree que no puede salir sin peligro.

Karen es una mujer de poco más de cuarenta años. Ha padecido ataques de pánico intermitentes desde que tenía poco más de veinte años, época en que se casó por primera vez. Después de divorciarse de su primer esposo, no sufrió ataques de pánico hasta algunos años después de casarse con su segundo marido. Bruce, su marido actual, es el típico buen hombre, emocionalmente remoto pero cariñoso externamente. La familia de ella le ha comentado muchas veces la suerte que ha tenido al encontrarlo. Cuando ella comenzó la terapia, no comprendía por qué solía tener ataques de pánico cuando salía con su marido y con otras personas. Ella también es oradora. No comprendía por qué tenía a veces un ataque de pánico antes de pronunciar un discurso.

En la terapia Karen descubrió que cuando salía con su marido y con otras personas, su marido solía decir y hacer cosas que la avergonzaban, pero, dado que su Adulta no encontraba una manera de enfrentarse a la situación, su Niña se sentía atrapada e inmovilizada y caía en el pánico. Descubrió también que antes de pronunciar un discurso su Niña tenía miedo de perder la voz, y su Adulta no la consolaba nunca ni le decía la verdad, que era que nunca había perdido la voz, y que incluso si la perdía no iba a pasarle nada malo. La gente no la odiaría; lo comprenderían. Como su Adulta no le decía la verdad, la Niña Interior de Karen se quedaba sola con su miedo y caía en el pánico.

Cuando la Adulta amorosa de Karen aprendió a consolar a su Niña Interior, sus ataques de pánico se fueron aliviando. Esto tardó cierto tiempo, pues Karen tenía miedo de conocer los sentimientos de su Niña sobre Bruce. Tenía que estar dispuesta a perder aquella relación para ser capaz de llegar hasta su Niña. Y, en efecto, descubrió que en realidad no le agradaba nada Bruce, que la aburría mucho él y su distanciamiento y que su Niña se sentía atrapada en el matrimonio. El pánico de su Niña desapareció cuando Karen aseguró a su Niña que no estaba atrapada, que podía dejarlo si las cosas no salían bien, pero que antes Karen quería probar con un consejero matrimonial.

La agorafobia tiene la misma raíz. El Niño Interior está demasiado asustado para salir solo, sobre todo entre una multitud. Puede tener recuerdos ocultos de agresiones o abusos sexuales que tuvieron lugar entre multitudes, o recuerdos de haberse perdido o incluso de haber sido abandonado por uno de sus padres. Pueden existir miedos a la humillación y miedos al pánico mismo. El Niño Interior aprende a tener miedo al mismo miedo, pues se siente muy solo en el miedo. Cuando el Adulto amoroso aprende a consolar al Niño Interior, este ya no tendrá miedo al miedo; será capaz, asimismo, de curar el trauma anterior que provocó el miedo.

Cuando éramos niños pequeños, solíamos sentirnos incapaces de controlar nuestras decisiones y nuestras vidas. Si esta experiencia tuvo bastante intensidad, pudo provocar fobias en la vida adulta, cuando el Adulto Interior es incapaz de dar al Niño Interior un sentimiento de control sobre su propia vida. Las fobias son una proyección externa del miedo interior. Por ejemplo, un miedo a perder el control puede aparecer en forma de miedo a volar o de miedo a conducir por la autopista. El miedo a las serpientes puede ser la proyección del miedo a una persona. Por ejemplo, una mujer puede tener miedo a las serpientes si la serpiente se ha convertido en símbolo de un padre que abusaba sexualmente de ella. Cuando el adulto es capaz de ayudar a la Niña a separar las serpientes del padre y a ayudar a la Niña a expresar su miedo y su dolor con respecto a su padre, entonces se puede curar el miedo.

La depresión

La depresión se produce cuando el Adulto *deprime* la vivacidad y la energía del niño despreciando y olvidando sus deseos y sus necesidades. Una persona puede estar deprimida por un trabajo que al Niño le desagrada mientras que el Adulto no ha tomado ninguna medida por cambiarlo. El Adulto está actuando como si el Niño no existiese, y esto mueve al Niño a estar deprimido. Una persona puede estar deprimida cuando mantiene unas relaciones de pareja que el Niño no desea. Si la persona mantiene unas relaciones «por los niños», o porque le da miedo marcharse, entonces el Niño se siente atrapado y deprimido. Es sorprendente ver la rapidez con que desaparece la depresión cuando el Adulto está dispuesto a escuchar al Niño y a obrar en su nombre.

Nathan es un arquitecto de mucho éxito que ha sufrido ataques periódicos de depresión que lo han obligado a hospitalizarse. Si bien Nathan ha estado muy conectado con su Niño Interior en su trabajo, a lo que debe su éxito, ha solido olvidar a su Niño en las situaciones personales. Siempre que ha pasado por alto las señales de su Niño, ha terminado sufriendo una depresión grave. Su Niño se siente tan asustado cuando el Nathan Adulto lo abandona, que el miedo desencadena una reacción química en el cuerpo de Nathan que le produce una depresión grave. Desde que Nathan ha aprendido a escuchar sus señales interiores y a actuar en consecuencia, sus depresiones han cesado.

La terapia de grupo

Usted puede descubrir que obtiene mayores beneficios trabajando en un grupo que trabajando individualmente. Ver a los demás pasar por sus propios procesos puede ayudarle a ser consciente de áreas en las que debe trabajar usted. Ver a los demás aceptar su propia ira, dolor y miedo profundos y pasar por ellos puede darle el valor necesario para hacer lo mismo. Puede recibir mucho apoyo de los demás miembros del grupo, además de aprender a ofrecer la verdad tal como la ve, de una manera amorosa y compasiva. La terapia de grupo puede contribuir a curar los sentimientos de aislamiento y de desconexión en presencia de los demás. La sinceridad y el interés en un grupo produce un sentimiento de conexión con los demás que quizá no haya vivido usted nunca. La terapia de grupo, por desgracia, suele ser inadecuada para las personas que padecen trastornos de la personalidad. El Niño Interior se siente muy amenazado, y resulta tan alborotador dentro de un grupo que es mejor ayudar individualmente a esas personas.

El ejemplo siguiente le dará una idea del tipo de desarrollo que se puede producir dentro de un grupo de mujeres. Advierta las observaciones y las preguntas de las diversas mujeres y advierta también el modo en que las aportaciones del grupo ayudan a Sarah a realizar su trabajo, y cuánto aporta ella de su propio trabajo realizado fuera del grupo. Los grupos de terapia pueden ser un lugar de aprendizaje muy emocionante.

Sarah: [Sarah tiene el cabello negro y los ojos azules; tiene unos treinta y cinco años y es muy pequeña; mide quizá un metro y medio. Tiene un hijo de dos años y se ha divorciado hace poco]. Quiero hablar de mi peso. No he sacado el tema hasta ahora. Gané mucho peso cuando tuve a mi hijo, y después tuve muchos problemas físicos. Cuando me divorcié de Jeremy, uno de los problemas principales era que él me decía que era fea y gorda, y que me ordenaba que perdiera peso. Acudí a un centro dietético, pero no era capaz de perderlo. Mi caso era de aquellos en los que no se pierde el peso por algún motivo concreto: aunque se siga el régimen y se haga todo lo que marca el programa, se sigue sin perder peso. Me hablaron de que era posible quedarse aferrada mentalmente al peso. Cuando Jeremy y yo nos separamos, perdí mucho peso. Advierto que he vuelto a recuperar algo en lugar de seguir perdiendo. Sé que existe un motivo, algo dentro de mí con lo que no estoy en contacto. Cuando venía hacia aquí hoy, durante todo el camino, una parte mía decía: «Debes hablar de esto, debes trabajar sobre esto». Porque ahora quiero trabajar de verdad sobre esto, ahora quiero de verdad perder peso. Quiero volver a tener mi cuerpo en forma. Tengo que aprender acerca de lo que me está pasando.

Margie: ¿Qué siente tu Niña?

Niña de Sarah: Sí. Oh, caramba. Yo necesitaba que me protegiese. Sentía mucho dolor. Yo necesitaba que ella fuera más fuerte y que no me atacase tanto.

Margie: ¿Necesitas que te proteja porque la Sarah Adulta no ha estado allí para protegerte?

Niña de Sarah: No lo sé. Sencillamente, no me he sentido fuerte.

Linda: ¿Te sientes que estás allí fuera, sola?

Niña de Sarah: No me siento sola. Ella está aquí, pero no ha tenido la fuerza suficiente para protegerme; simplemente ha estado intentando ocuparse de muchas cosas. Yo no creía que pudiera hacerlo todo. Yo no creía que pudiera hacerlo todo sin ser mayor, más grande físicamente. Y eso es. Simplemente, mayor. Simplemente intentando ser… no tan pequeña. No tan pequeña. No quiero que me atropellen. Vaya. (Cambia su voz hasta una posición de Adulta más profunda, más calmada y muy suave.) Te amo.

Julie: ¿A quién dices «Te amo»?

Adulta de Sarah: A mí misma. Te amo. Necesito consuelo, y me estoy consolando a mí misma. Soy yo; simplemente, ser más grande y más fuerte.

Margie: ¿Cree tu Niña que la grandeza se encuentra en tu tamaño físico?

Sarah: Sí.

Margie: ¿Y no en tu fuerza emocional?

Sarah: Sí. Me doy cuenta de ello. Lo veo. Y ahora sé que no es cierto, pero eso es lo que ha estado pasando. ¡Es sorprendente cómo sale a relucir todo esto! Es sorprendente. Vi por un instante que no es la fuerza física en absoluto, sino una fuerza de energía, este núcleo de fuerza de energía muy dentro de mí, lo que tenía que reforzar. Nunca me había sentido así hasta ahora. Nunca había ganado peso para ser mayor hasta ahora.

Linda: Es posible que no tuvieras que ser así de fuerte hasta ahora.

Sarah: Que nunca tuve que ser así de fuerte hasta ahora... Eso es. Es verdaderamente sorprendente.

Megan: ¿Te sientes más protegida en cuanto a Jeremy cuando llevas ese peso a tu alrededor? ¿Sexualmente?

Sarah: Sí.

Susanna: ¿Como cuando estabas embarazada?

Sarah: En realidad, estar embarazada me daba mucha seguridad. Él no me acosaba.

Marcia: ¿Era agresivo?

Sarah: Ay. No quiero hablar de eso. Era un adicto sexual. Pero me sentí segura todo el tiempo que estuve embarazada de Dylan.

Nos casamos muy poco tiempo antes de que yo me quedase embarazada, realmente. Y él era francamente seductor hasta que me quedé embarazada. De modo que sí utilicé de este modo el peso, para protegerme también de él. Y supongo que sigo haciéndolo. Pero no sexualmente. Lo bueno es que estoy aprendiendo a enfrentarme a él, a plantar cara con mi verdad sobre lo que está sucediendo y a esperar que eso me proteja. Que mi verdad me proteja. Y está dando resultado. Lo he visto dar resultado. Es muy extraño. Ahora vuelve a ser amistoso conmigo otra vez. Ya sabéis: seductor conmigo. Es muy raro. Ya ha estado así dos veces. Me hace sentirme verdaderamente rara. Es posible que sea también por eso por lo que empiezo a ganar peso.

Megan: Iba a preguntarte sobre eso.

Sarah: ¡Me acabo de dar cuenta de ello! Es muy raro, porque las dos últimas veces que lo vi estuvo a punto de besarme.

Megan: De manera que es posible que estar delgada quiera decir ser vulnerable ante él.

Sarah: Sin duda.

Margie: Pero eso solo sería cierto si tu Adulta no estuviera protegiendo a la Niña.

Sarah: Así es. Y eso es lo que he visto. Me doy cuenta de ello. Siento de verdad que damos en el clavo cuando hablamos de que Jeremy intenta acercarse a mí de nuevo y que yo utilizo aquello como modo de distanciarme de él y de protegerme del mundo, porque mi Adulta no ha estado presente para mí.

Margie: De manera que parece que todo está relacionado con que la Adulta no cuida de la Niña y con que la Niña necesita encontrar una manera de sentirse segura. Si Jeremy intentase besarte, la Adulta amorosa oirá decir a la Niña. «No me siento bien así», y reaccionaría diciendo *«No»* a Jeremy. Pero si la Adulta no lo hace, entonces la Niña necesita protegerse de algún modo.

Megan: Sí. Entonces, tu gordura te está ayudando a decir que no, en lugar de decir tú misma que no.

Sarah: Sí, lo veo bien. Y creo que empezó con aquella traición de que hablamos la semana pasada, de mí misma y de mi Niña. Pues yo sabía antes de casarme con él que nuestras relaciones eran violentas para mí, que no eran buenas para mí, y yo no me escuché a mí misma. No estaba presente para mí misma.

Margie: ¿Sientes ira por ello?

Sarah: Sé que existe un elemento de ira, sin duda, pero me siento más bien como lo que ya hemos detectado. Es una protección, un distanciamiento de la cuestión sexual y de la cuestión del poder.

Susanna: Me ha llamado la atención cuando Marcia te ha preguntado si había sido agresivo y tú la has cortado diciendo: «¡No quiero trabajar sobre eso!». Y ahora que Margie ha hablado de la ira, tú dices que la ira no encaja contigo...

Sarah: Bueno, he pasado mucho tiempo con ella en mi casa, y no parecía que encajase conmigo. ¿Estás intentando ponerme en contacto con mi ira?

Susanna: Recuerda que dije la semana pasada que siento ira hacia Jeremy, de modo que ¡quizá sea cuestión mía! Él era agresivo, y siento ira hacia él por agredirte como te ha agredido.

Sarah: Sí. Bueno. Hay una creencia. He visto una creencia. Me he dado cuenta de que no quiero que la ira me debilite. He pasado tanto tiempo tan airada que ha tenido un efecto debilitador sobre mí. Estoy trabajando por liberarme de ella. Trabajo en ello todas las noches. Mi Niña pequeña y yo hablamos de ella, lloramos por ella e intentamos soltarla. Escribo afirmaciones, una y otra vez, tratamientos sobre la liberación de esta ira y sobre no dejar que me destruya.

Susanna: Pero nunca te he visto sentir la ira.

Sarah: He sentido la ira, pero nunca la he compartido aquí. Es muy abrumadora. Es como gritar. *Es* gritar. (Rompe a llorar.) ¡Es tanta! ¡Es tanta!

Margie: Parece que sientes que vas a imponer a la gente una carga si los dejas ver tu ira.

Sarah: Sí. Sí, porque ¡es mucha!

Margie: ¿Por que quieres descargarte a ti misma aquí?

Sarah: No lo sé. ¡No quiero más que liberarme de ella!

Megan: ¡La carga hace que se quede dentro!

Susanna: ¿Recuerdas cuando trabajé aquí hace un par de sesiones. Se trataba de la creencia que tenía sobre mi ira hacia Gene [su ex novio]. Y lo que he aprendido en el grupo es que tengo que tener ira y que tengo que dejarla salir, aunque tenga miedo de que todos los demás la vean. Creía que sería demasiado temible, o me daba demasiada vergüenza. Tenía que dejarla salir. Tenía que *tener ira.* Tenía que sentir lo que era ser aquella víctima para poder estar en paz. Es como si tú te estuvieras saltando un paso. ¿O estás intentándolo en la tranquilidad de tu casa, sola, en la cama y llorando?

Sarah: Bueno, doy puñetazos a las cosas y cosas así...

Margie: No creo que sea lo mismo hacerlo sola.

Julie: A veces hace falta un testigo para validarlo.

Marcia: ¿Quieres intentarlo? (Le da un «batacca», que es como un bate de béisbol de gomaespuma que sirve para dar golpes y liberar la ira). Sitúalo en el suelo.

Sarah: Bueno, *sí* que lo odio. Y lo pienso mucho cuando hablo con él. Cuelgo el teléfono y pienso: «Te odio, imbécil; jódete». Es muy manipulador. (Se levanta de su silla y se arrodilla en el suelo.)

Margie: Te mira con lujuria.

Sarah: ¡Oh, Dios mío, Margie! (Llora débil y suavemente. Las palabras le salen vacilantes, titubeantes.) Te odio de verdad, de verdad. Te odio de verdad. Me hiciste tanto daño sin intentarlo siquiera. Y no lo intentaste siquiera. No te importaba siquiera.

Margie: Sarah, empieza a pegarle. Empieza. Que surja la fuerza. Que surja la ira.

Sarah: (Doblada sobre sí misma, sin moverse). Me siento verdaderamente estúpida. Me siento avergonzada.

Margie: No estás dando a tu Niña una oportunidad. Le estás diciendo que es estúpida.

Sarah: Ya lo se. Voy a llegar. Voy a llegar.

Margie: Imagínate que tu hijo estuviese enfadado y tú le dijeses que era estúpido por tener ira.

Sarah: No, yo no haría eso.

Margie: Pues eso es lo que estás haciendo con tu Niña ahora mismo; le estás diciendo que es estúpida. Tiene mucha ira y tiene derecho a tenerla. Necesita una voz para expresarla. Está iracunda contra él.

Sarah: (Todavía suave y titubeante). Me violaste, y te odio.

Margie: Empieza a pegar.

Sarah: Te odio. Te odio. Te odio. Te odio.

Margie: Más fuerte.

Sarah: Te odio. Te odio. Te odio. Te odio. Te odio. Te odio. Te odio. Odio lo que me hiciste. (Sarah empieza a pegar y a vivir su ira.) Te odio.

Margie: Más fuerte, Sarah.

Sarah: (Habla más fuerte, pone todavía más energía.) *Te odio. Te odio. Te odio. Te odio. Te odio.*

Margie: (Más fuerte todavía.) *Te odio.*

Sarah: (Gritando con todas sus fuerzas y golpeando rítmicamente pero sin convicción; da un golpe por segundo, aproximadamente). Te odio. Te odio. Te odio. Te odio. (Se le contrae la garganta y recurre a sonidos inarticulados que le salen del vientre, mientras golpea el suelo.) Auuuugh. (Golpe.) Auuugh. (Golpe.)

Margie: Utiliza todo tu cuerpo. Pégale con todas tus fuerzas. ¡Deja que te entre tu ira como una vara que te atraviesa, y dale de verdad!

Sarah: (Empieza a toser. Tres o cuatro golpes con solo la fuerza de la tos. El mismo ritmo en los golpes.) Auugh. (Golpe.) Auuugh. (Golpe.) (Empieza a atragantarse de verdad.) Oooooh. Ooooh. Oh, Dios. Oooooh.

Margie: Sarah, quiero que seas consciente del bloqueo que hay en tu tos. La tos es el modo en que estás bloqueando el verdadero flujo libre de todo esto. Es como si tu Niña quisiera salir más que ninguna otra cosa, pero la Adulta le estuviese diciendo: «No, es demasiado, es demasiado». No puedes llegar hasta el fondo con esto porque todavía te estás marcando un límite a ti misma.

Sarah: Sí.

Margie: Estás diciendo a tu Niña: «Basta, basta. ¡No lo lleves demasiado lejos!».

Sarah: Tengo mucho miedo.

Susanna: ¿Por qué? ¿De qué tienes miedo?

Sarah: (Rompe a llorar otra vez). Tengo mucho miedo de perderlo y de no ser capaz de ocuparme de Dylan ni de nada ahora mismo. Tengo que recogerlo en la guardería y tengo que estar bien.

Margie: Sarah, todas las presentes nos encargaremos de que salgas de aquí en buenas condiciones, ¿de acuerdo?

Sarah: De acuerdo, de acuerdo, lo haré otra vez.

Margie: Déjate deshacer. Que no te importe deshacerte. Llega hasta el fondo.

Sarah: De acuerdo. (A Susanna, que está a su lado). Será mejor que te apartes. Está bien. Voy a quitarme el reloj. De acuerdo. Pero tengo mucho miedo.

Margie: Eso no importa. Di a tu Niña que estás rodeada de personas de todo tipo que la van a cuidar. No importa que se deshaga.

Sarah: (A sí misma, suavemente). No importa. No importa. No importa.

Margie: Puede deshacerse por completo.

Sarah: De acuerdo. De acuerdo.

Linda: Y puede decir que tiene miedo tantas veces como quiera.

Niña de Sarah: De acuerdo. (Respira a fondo unas cuantas veces y entra plenamente en su ira, pegando con más fuerza y más deprisa, unos tres golpes cada dos segundos.) Ungh. Ungh. Ungh. ¡ARRRRRRGH! (Un grito primitivo, que le arranca de las puntas de los pies y le sube por todo el cuerpo.) ¡ARRRRRRRRRGH! (Un segundo grito, tan profundo como el primero.) *¡TE ODIO! ¡TE ODIO! ¡TE ODIO! ¡ME HICISTE MUCHO DAÑO! ¡ERES TERRIBLE! ¡ERES TERRIBLE! ¡ERES TERRIBLE! ¡TE ODIO! ¡DESGRACIADO! ¡ME HICISTE MUCHO DAÑO! ¡ME HICISTE MUCHO DAÑO! ¡NO ME MEREZCO LO QUE ME HAS HECHO! ¡TE ODIO! ¡YO NO PODÍA NEGARME! ¡TE... ODIO! ¡TE ODIO! ¡TE ODIO! AUUUUUUUUGH. ¡AL PRINCIPIO NO ESTABAS ALLÍ! ¡NO ESTABAS ALLÍ PARA MÍ! ¡NO... ESTABAS ALLÍ... PARA MÍ! ¡NO ESTABAS ALLÍ... Y NADIE ME AYUDABA! ¡NADIE ME PROTEGÍA! ¡Y NADIE ESTABA ALLÍ PARA MÍ! ¡ME HICISTE MUCHO DAÑO!* (Rompe a llorar.) *ME.... HICISTE... MUCHO DAÑO...* (Solloza, agotada. Deja de pegar y se queda doblada sobre sí misma, llorando e intentando recobrar el aliento.) Te odio. Te odio. (Respira profundamente durante unos cuarenta y cinco segundos, mientras Sarah se rehace y valora lo que acaba de suceder.) Dios mío. Siento mucha ira contra mí misma.

Margie: Ponte allí a ti misma, delante de ti, para pegarte. Pon allí a tu yo de Adulta y deja que la Niña le hable.

Niña de Sarah: Sí. (Calladamente y como paralizada.) No estabas allí para mí, y le dejaste que me hiciera todo aquello. Te odio por haber hecho eso. No me amabas, y no me has amado nunca. Siempre me has hecho daño. En todo, y a lo largo de los años. Nunca te has preocupado.

Sarah: Caramba. No lo sabía. Me odiaba a mí misma.

Margie: Habla a tu Niña.

Adulta de Sarah: Te amo. Lo siento mucho. Te he hecho daño. Te he hecho daño. Te he hecho daño. Yo soy quien te ha hecho daño.

Además de él. Verdaderamente, dejé que sucediera sin negarme. No creía que estuviera bien negarme. Lo lamento. Lo lamento de verdad. Lo haré ahora. Te estoy cuidando ahora. Estoy haciendo el bien contigo ahora. Te amo. Y no te abandonaré. ¡Caramba! ¡Caramba! No tenía idea de cuántas cosas tenía ahí abajo. Te amo. Te amo de verdad. Eres muy especial. Muy especial.

Margie: ¿Le dirás que comprendes que ella ha necesitado tener exceso de peso por ti?

Adulta de Sarah: Comprendo cómo has tenido que protegerte, y me he limitado a dejarte hacerlo. Lo he fomentado, y no te he ayudado de verdad a ser poderosa sin ello. Sé que ya no necesitas hacer eso más, porque estaré contigo para ayudarte. Esto es mucho. Es mucho de verdad.

Margie: No parece que te estés deshaciendo.

Sarah: No, tienes razón. No me estoy deshaciendo. Me siento mucho mejor.

Margie: De manera que quiero que observes a fondo esa creencia falsa. En realidad, se trata de una creencia falsa aquello de que si llegas hasta el fondo de tu ira te desharás.

Sarah: Sí, así es.

Margie: No es eso lo que sucede.

Sarah: Son cosas que aprendí de mi madre, ¿sabes? Ella también lo creía. Todo eso del estoicismo.

Megan: Sarah, quiero decirte lo conmovida que estoy. Me alegro mucho de que hayas sido capaz de hacer esto. Ha sido un paso enorme, monumental, y estoy verdaderamente contenta por ti. Te admiro de verdad por haberlo hecho.

Linda: Eres muy valiente por haber avanzado tanto tan deprisa.

Sarah: Bueno, es asombroso, ¿sabéis? Mi Niña quiere trabajarlo todo de verdad; quiere hacerse oír. Creo que cuando venía hacia aquí hoy, la cuestión del peso me estaba martilleando la cabeza durante todo el camino. No sabía cómo sacarla a relucir o qué decir exactamente, pero eso tampoco importa verdaderamente, pues salió. Está bien. ¡Adelante! Es el turno de otra.

Margie: ¡Qué alivio! Cuando alguien llega de verdad hasta el fondo de esa rabia...

Sarah: Sí, se siente como una verdadera liberación.

A la semana siguiente, Sarah volvió a trabajar. Contó al grupo que cuando tenía doce años se había quemado la mano y había pasado algún tiempo en el hospital. Cierto día, cuando no había delante ninguna enfermera, pudo leer su historia clínica y descubrió que no estaba allí en realidad por su mano, sino porque estaba demasiado alterada emocionalmente como para que su madre se ocupase de ella; se arrancaba los vendajes de la quemadura todas las noches y tenían que atarla a la cama. De modo que Sarah decidió que su dolor emocional era inaceptable y lo cerró desde entonces. En la semana siguiente a esta tuvo algunas visiones más:

Sarah: Realicé un gran avance la semana pasada. Me di cuenta de una cosa de mi infancia. Estuve drogada de verdad en mi infancia. Cuando me quemé la mano me dieron Nembutol, que es una droga muy fuerte. Dieron a mi madre un frasco enorme de Nembutol y le dijeron que me lo diese siempre que sintiera dolor. De modo que ella me lo daba siempre que yo sentía algún dolor *emocional.* Eso me enseñó mucho. Lo que quiero decir es que, aunque no soy alcohólica ni drogadicta, bebo Coca-Cola cuando me siento verdaderamente alterada. He aprendido a reprimir mis sentimientos con drogas como la cafeína. El alcohol no me gusta excesivamente.

Margie: Y fumas, ¿no es cierto?

Sarah: He estado fumando últimamente.

Margie: Y esa es otra droga.

Sarah: Oh, desde luego. Es una cosa oral. Y quería decir al grupo que después de la reunión de la semana pasada me he dado cuenta de que he estado haciendo eso.

Susanna: Y ¿qué hay de la comida?

Sarah: Es posible... Sí; desde que tuve el niño, desde que estaba con Jeremy, he utilizado la comida.

Margie: Porque la comida y la cafeína y la nicotina funcionan muy bien para reprimir los sentimientos.

Sarah: Así es. Y mi Niña quería de verdad decírselo al grupo, confesarlo. Ha sido una visión de primer orden para mí después de lo de la semana pasada. Y he conocido a un tipo increíble con el que voy a trabajar. Es el primer hombre lúcido, intuitivo, que he conocido. Vino a mi casa la otra noche para mantener una reunión, y yo estaba nerviosíííísima. Hasta estoy nerviosa ahora que hablo de ello. Y yo tomé vino y fumé. Me di cuenta de ello de verdad. De manera que dejé de hacerlo ayer. Bueno, es un comienzo. Dejé de fumar, de beber y de meterme cosas en el cuerpo.

Emily: Caramba, ¿así, sin más? ¡Es magnífico!

Sarah: Bueno, estoy hablando de un par de cigarrillos que fumaba por la noche. No es que fuese una fumadora en cadena, pero ahora veo por qué lo hacía. Porque por la noche es cuando me salen principalmente los sentimientos. Sencillamente, ya no quiero drogar más a mi Niña. Ha sido eso más que ninguna otra cosa, darme cuenta de cómo aprendí a hacer eso. Es como lo de ver por fin aquella creencia falsa de que las emociones son excesivas, de que hay que reprimirlas y recurrir a algún tipo de producto químico o de alimento, como dijiste tú. La comida es algo nuevo. Yo sabía lo de la Coca-Cola, porque cuando estaba verdaderamente alterada mi madre solía darme Coca-Cola y a mí me gustaba. Eso lo aprendí. De modo que no voy a hacerlo más. Eso es todo. Es sorprendente. He empezado a hablar de aquel hombre y me he puesto a temblar. ¿No es sorprendente?

Margie: ¿Por qué?

Sarah: (Llorando.) Porque estaba muy asustada cuando estaba cerca de alguien. Lo que quiero decir es que puedo trabajar, pero sentía algo, decididamente, por esta persona. Algo simplemente agradable, no extremadamente lascivo, aunque en parte sí era lascivo. Pero era simplemente que es posible que exista un hombre que se parezca algo a mí: ya sabes, intuitivo, y no un jodido imbécil que quiere hacerme daño. Como una amiga verdaderamente agradable en quien yo pueda confiar. Me gusta este hombre. Era sorprendente cómo fumaba yo. Yo era verdaderamente consciente de que lo estaba usando para distanciarme de él y de la situación, para que nos centrásemos en el trabajo.

Margie: Me pregunto si has hablado a tu Niña desde tu adulta. ¿Le has dicho que no es cierto que tus sentimientos sean excesivos o demasiado intensos?

Sarah: Se lo he estado diciendo mucho. Anoche, por ejemplo, no hice nada, deliberadamente. Ni me fumé un cigarrillo, ni tomé café, ni té, ni Coca-Cola, ni comí nada que yo sintiera que fuera a quitar algo de los sentimientos de ella. Estaba hablando de verdad con ella sobre el hecho de que nuestras emociones no son excesivas. Toda mi historia me enseñaba que las emociones eran excesivas, que había que reprimirlas y no enseñarlas a la gente. Y anoche lo último que pude hacer fue hacérselo saber a mi niña pequeña. Porque me ha estado gritando dentro de mí: «¡Me has estado drogando!», siempre que me han surgido estas emociones extremas y he tomado algo. Algo que puede ser aceptable socialmente, nada demasiado radical, pero ha sido exagerado para ella. De modo que me sentí bien al respecto, por primera vez desde que tenía doce años. Fue entonces cuando aprendí a hacerlo, cuando me sedaron durante tanto tiempo mientras me curaba. Tenía dolor en la mano, pero en realidad lo que aprendí a reprimir fue el dolor emocional. De modo que se trata en general de un proceso en marcha dentro de mí, y quería compartirlo con el grupo.

Margie: Una decisión increíble. Verdaderamente poderosa.

Sarah: Sí. Es una decisión verdaderamente grande. Ni siquiera quiero un cigarrillo ni nada ahora mismo. Siento que ella está en paz conmigo al respecto.

La terapia de pareja

Las parejas acuden a la terapia por diversas razones: porque se pasan el tiempo riñendo, o porque están aburridos el uno del otro, o porque uno ha descubierto que el otro tiene una aventura amorosa, o porque no tienen vida sexual, o porque no pueden hablar entre sí. Cada uno suele ser muy consciente de lo que hace el otro para provocar los problemas, y muy inconsciente de su propia aportación al problema. Cada uno se ve a sí mismo reaccionando ante el otro. «No me enfadaría tanto si ella quisiera tener relaciones sexuales con más frecuencia». «Yo no tendría que regañarle si fuese más responsable en la casa». «Yo no me pondría tan furiosa si él me prestase atención de vez en cuando». «Me apetecería más hablar si ella no tuviese tan mala intención». Y así sucesivamente, acusando al otro de las opciones propias de cada uno: se trata de una relación de codependiencia.

Para que tal relación se desarrolle y se vuelva amorosa, cada miembro de la pareja debe estar dispuesto a realizar su propio trabajo interior. A veces pueden aprender a hacerlo juntos en las sesiones de terapia, pero otras veces necesitan de la terapia individual. Cuando uno de los miembros de la pareja o ambos están muy airados, acusadores o cerrados, las sesiones conjuntas no dan resultado. Cada uno tiene que hacer su propio trabajo hasta que puedan apoyar mutuamente el proceso interior del otro. Entonces podrán trabajar juntos en una misma sesión.

Si uno de los miembros de la pareja ha decidido acudir a la terapia para trabajar sobre sí mismo, suele resultar útil que el otro miembro asista a algunas sesiones. Un paciente puede parecer muy abierto en solitario en la consulta, pero puede cambiar por completo cuando está allí su compañero o compañera. Algunas veces no se aprecia la profundidad de un sistema de codependencia hasta que el terapeuta es capaz de presenciar su interacción.

Sherrill acudió a la terapia porque su marido, Roger, siempre andaba con otras mujeres. Sherrill era una mujer hermosa, con talento y muy inteligente, que parecía muy abierta, amorosa y consciente. Era difícil apreciar el papel que desempeñaba Sherrill en la creación del problema, aparte del hecho de que seguía adelante con la relación y esperaba que Roger cambiase. Pero la terapeuta sabía que, como sucede en todas las parejas, ambos miembros habían creado el problema. Afortunadamente, Roger estuvo dispuesto a asistir a algunas sesiones. La terapeuta se quedó sorprendida de ver lo que sucedía a Sherrill en presencia de Roger. Su Adulta simplemente desaparecía. Se convertía en una niña pequeña, lloriqueante y manipuladora, que utilizaba sus poderes de seducción para intentar controlarlo. Ella lo mentía delante de la terapeuta y estaba extremadamente distante emocionalmente. Roger reaccionaba ante esto con ira, que asustaba a Sherrill reduciéndola por completo al silencio. Pronto quedó claro para la terapeuta que ambas personas eran Niños abandonados cuando estaban juntos, y cada una de las dos actuaba a su propia manera. Con ayuda de la terapeuta, Sherrill y Roger pudieron verlo también. Decidieron trabajar cada uno sobre sí mismo en terapia individual y mantener sesiones conjuntas cada dos semanas. Ahora que cada uno va aprendiendo a reaccionar ante el otro como Adulto y a conectar con sus Niños Interiores, sus relaciones se están volviendo más amorosas y conectadas.

Capítulo 13
Establecer el compromiso

> Volvemos... y volvemos... y volvemos... a través de las capas de miedo, vergüenza, rabia, daño y fórmulas negativas, hasta que descubrimos al niño exuberante, sin trabas, delicioso y digno de amor que estaba en nosotros y que sigue en nosotros.
>
> Y cuando lo encontramos, lo amamos y lo acariciamos; y nunca, nunca, lo dejamos marchar.
>
> MELODY BEATTIE
> *Beyond Codependece*

A usted nunca se le ocurriría presentarse para dar un recital de piano sin haber practicado el piano cada día durante meses enteros hasta haber alcanzado el punto en que le pareciese que sería capaz de tocar incluso sometido a una presión. Si usted fuese cirujano, no pensaría en realizar una operación importante sin haberla practicado una y otra vez y sin saber que podría enfrentarse a una situación difícil. Ser un Adulto amoroso para nuestro Niño Interior cuando este está asustado requiere mucha práctica. Sabemos, a partir de nuestras propias experiencias y de las de nuestros clientes, que la práctica de los diálogos crea una conexión interior amorosa, pero que solo da resultado si *se practica.* Es muy frecuente que algunas personas lean un libro como este, comprendan los conceptos y crean que, como han comprendido, se producirá un cambio. *El cambio solo tendrá lugar si se establece el compromiso de practicar diariamente.*

El desafío es seguir conectados amorosamente ante el miedo. Algunas personas funcionan de un modo conectado amorosamente durante una parte del tiempo, pero se desconectan en cuanto sienten miedo: miedo al rechazo, a estar descontrolados, al dominio, al fracaso, al dolor, a la ira, a la humillación o a la soledad. Pero es entonces cuando su Niño Interior lo necesita más a usted como Adulto amoroso. No será capaz de hacerlo con constancia si no practica la conexión amorosa con su Niño Interior y aprende lo que significa estar allí para el miedo de su Niño.

Usted no encontrará la paz y la felicidad que busca si no está *verdaderamente dedicado a su propia alegría.* En la terapia hablamos a veces de trabajar nuestra alegría en lugar de trabajar nuestras cuestiones. ¿Cuántos podemos decir con sinceridad que estamos dedicados a nuestra alegría, a descubrir lo que nos hace felices de verdad, y que estamos actuando para producirlo? La mayoría de las personas, si son sinceras consigo mismas, reconocerán que están dedicadas a sentirse seguras, a evitar el dolor, a ser amadas. Usted no descubrirá su alegría mientras no esté dispuesto a optar por los riesgos en lugar de la seguridad, a aprender de su dolor en lugar de evitarlo, y mientras no desee ser amoroso más que lo que desea ser amado.

Uno de nuestros pacientes exclamó cuando captó el concepto de la conexión Adulto Interior/Niño Interior: «¿Es eso lo que significa ser una persona "de una pieza"?». ¡Sí! Una persona «de una pieza» es una persona integrada, una persona que tiene un sentido de la armonía interior y del equilibrio interior, una persona que funciona en el mundo desde una posición de poder personal. Estas personas están conectadas interiormente, aunque es posible que ellas mismas no sean capaces de explicarlo con estos términos. Todos nosotros tenemos la opción de ser «de una pieza» dentro de nosotros mismos, pero se precisa el compromiso profundo del Adulto para aprender con y del Niño Interior.

La Biblia habla de «la caída» en el sentido de apartamiento de Dios, y afirma que este fue el pecado original. Podemos utilizarlo como metáfora para simbolizar la caída como apartamiento de nosotros mismos, de nuestro Niño Interior. Podemos ver en el paraíso la conexión entre el Adulto Interior y el Niño Interior, que conduce a la plenitud, al Yo Superior, y a la conexión con el amor y la conciencia universal del Dios/Diosa. Cuando nos desconectamos de nosotros mismos y buscamos consuelo y aprobación fuera de nosotros (la manzana), en lugar de buscarlos dentro, pasamos a un estado de negativa, de negativa de nuestra conciencia interior, y caemos del estado de gracia. Este es, verdaderamente, nuestro pecado original, un pecado contra nosotros mismos, contra nuestro propio Niño Interior, un pecado que todos tenemos el poder de curar estableciendo el compromiso de aprender.

Cuando nos abrimos al aprendizaje, nos enfrentamos inevitablemente con la pregunta: «¿Cuál es nuestro propósito en la vida?

¿Por qué estamos aquí? ¿De qué se trata todo?». Nos gustaría compartir con usted nuestra respuesta personal a esta pregunta. Nuestro propósito es despejar cualquier cosa que nos bloquee para ser seres humanos totalmente amorosos. Nuestro propósito inmediato es ser amorosos con nuestro Niño Interior, pues entonces seremos automáticamente amorosos con los demás. Convirtiéndonos en seres humanos plenamente amorosos, así y de ninguna otra manera, contribuiremos a curar el planeta. Creemos que todos estamos aquí para aprender a ser seres humanos amorosos y para contribuir así a curar el planeta. Creemos que cualquier cosa que hagamos que nos aporte alegría y que nos ayude a evolucionar, convirtiéndonos en personas más amorosas, es un paso más para sanar el planeta. Creemos que nuestra propia conciencia afecta a la conciencia de los demás y afecta a la conciencia colectiva, y que todos nosotros estamos aquí por ese mismo motivo. Todo esto aporta una enorme cantidad de significado a nuestras vidas, pues afecta a todo lo que hacemos. Si estamos jugando con alegría, estamos aportando alegría al mundo. Si estamos pintando y poniendo nuestras propias vivencias sobre el lienzo para que otras personas puedan vivirlas, o si estamos componiendo música, o escribiendo libros, y el proceso nos produce alegría, entonces estamos aportando algo al mundo. Si estamos haciendo terapia y estamos ayudando a las personas a volverse más amorosas, entonces estamos aportando algo al mundo, pero solo si el proceso mismo nos produce alegría. Si estamos solos y cuidando de nuestro Niño Interior de algún modo, haciendo solitarios, leyendo, paseando en barca, meditando, creando y sintiendo una sensación de paz, estamos aportando algo a la paz del mundo.

El motivo por el que estamos aquí (hacernos amor puro, hacernos uno con la energía universal de amor y verdad del Dios/Diosa) siempre está con nosotros. El amor que expresamos afecta al mundo. Cuando cada persona expresa más amor, afecta profundamente al mundo. Pero no podemos hacer que otras personas se dirijan a esa meta; no poseemos ese tipo de control sobre ellas. Solo podemos dirigirnos hacia ella nosotros mismos.

Cuando usted deje que sea su guía lo que es amoroso para usted mismo; cuando «siga su dicha», entonces se mantendrá conectado y en su Yo Superior, porque es así como es guiado. Si una relación personal, o un trabajo, o una conducta, no es amorosa para usted mismo, no le aporta paz o alegría, entonces no es amorosa para el planeta. Esto es fundamental, pase lo que pase en otros sentidos. Esto es lo que nos aporta el valor necesario para seguir adelante y para hacer lo que tenemos que hacer, aunque pueda darnos miedo abandonar unas relaciones personales, o cambiar de trabajo o comportarnos de una manera diferente. Cuando empezamos a amar a nuestro Niño Interior, nos curamos a nosotros mismos. Cuando nos curamos a nosotros mismos, curamos al mundo.